우라아이
첫 공부
어휘사전

엄마가
미리 잡아 주는
기초

우리아이
첫 공부
어휘사전

강승임 지음

글담출판

 머리말

"엄마들의 고백,
결국 어휘가 문제였다"

한번은 강의가 끝나고 수업을 듣는 한 엄마가 돌아가지 않고 남아 있다가 조용히 물었습니다.

"어휘력을 키우는 방법이 따로 있을까요? 큰애를 키워 봤더니 정말 이게 중요하다는 생각을 많이 합니다. 그런데 그 방법을 도무지 모르겠어요."

사실 어휘력이 왜 중요한지 구구절절 설명하지 않아도 이 분처럼 대다수의 엄마들은 이미 알고 있습니다. 아이를 키우다 보니 현실에서 가장 많이 부딪힌 문제였거든요. 어휘력과 관련하여 엄마들은 이런 하소연을 많이 합니다.

"아이가 어휘력이 부족해서인지 말귀를 못 알아들어요."
"책을 읽어도 뜻을 제대로 파악하지 못해요."
"선생님, 결국 어휘가 부족하면 모든 공부가 다 힘들더라고요."

공부도 책 읽기도 글쓰기도 문제는 어휘와 표현!

그렇습니다. 같은 책을 읽어도 어떤 아이는 깊이 이해하고 어떤 아이는 줄거리 정도만 이해합니다. 같은 교과서로 비슷한 시간과 노력을 들여 공부를 해도 어떤 아이는 좋은 성적을 받고 어떤 아이는 신통치 못한 성적을 받습니다. 글도 마찬가지입니다. 비슷한 생각을 하고 비슷한 경험을 해도 어떤 아이는 개성 넘치는 글을 쓰고 어떤 아이는 뻔한 글을 씁니다.

이 모든 것의 근본적 차이는 무엇일까요? 바로 어휘력입니다. 모든 공부의 기본은 말(용어)을 배우는 것이고, 모든 책 읽기의 기본 또한 말을 이해하는 것이며, 모든 글쓰기의 기본 역시 말을 사용하는 것이지요.

그러면 어떻게 하면 어휘력을 기를 수 있을까요?

가장 먼저 떠오르는 방법은 아마 책 읽기일 것입니다. 그 다음은 아예 사전을 보고 암기하는 방법이 있겠지요. 하지만 둘 다 한계가 있고 생각보다 효과가 적습니다. 아이들은 책을 읽을 때 의미를 생각하며 천천히 읽지 않고 재미있는 내용 위주로 후다닥 읽습니다. 또 모르는 말을 사전에서 찾아 뜻을 보아도 그 맥락과 쓰임까지 알기는 어렵습니다. 때로는 사전에 풀이된 뜻이 더 이해하기 어려울 때도 많지요.

마지막으로 엄마가 가르쳐 주는 방법이 있습니다. 생활 속에서나 책을 읽다가 아이가 잘 모르는 어휘가 있으면 알고 있는 지식을 총동원하여 쉽게 설명해 주는 것입니다. 이 방법은 위의 두 가지보다 교육 효과가 훨씬 더 크기 때문에 매우 권장합니다. 하지만 엄마가 직접 설명해 주기란 쉽지 않습니다. 이를 잘하려면 아이 눈높이에 맞추어 설명하고 교과 지식과 아이의 인지 발달에 대한 이해가 있어야 하거든요.

엄마는 쉽게 가르치고 아이는 즐겁게 배우는 어휘사전!

그래서 엄마는 쉽게 가르치고 아이는 즐겁게 배울 수 있는 어휘사전을 쓰게 되었습니다.

어휘 교육이라고 하면 어떤 어휘를 아이에게 가르쳐 줘야 할지부터 막막해집니다. 이 책은 그런 엄마들을 위해 아이의 인성과 지성 발달에 도움이 되는 대표 그림책 50권과 1학년 교과에 나오는 기초 필수 어휘의 뜻을 익힐 수 있도록 내용을 구성하였습니다. 그대로 읽어 주기만 해도 아이가 이해할 수 있도록 친근한 문체로 풀이해 놓았습니다. 엄마가 먼저 읽고 이해한 뒤 설명해 주어도 좋습니다. 단순 이론이나 설명에 그치지 않고 생활 속에서 직접 활용해 볼 수 있도록 하였답니다.

이와 더불어 수학을 모르고 수학을 가르칠 수 없고 영어를 모르고 영어를 가르칠 수 없는 것처럼, 우리말의 특성을 모르고 우리말을 가르칠 수 없기 때문에 엄마가 먼저 어휘에 대한 기본 지식을 쌓을 수 있도록 구성하였습니다. 다소 어렵지만 조금 전문적인 문법 지식도 함께 소개하였습니다. 문법이라고 해서 너무 걱정하지 않으셔도 됩니다. 아주 기초적인 것들로, 이것들만 알아도 띄어쓰기나 어휘 교육이 훨씬 쉬워집니다.

그림책과 함께 곁에 두고 활용해 보세요. 그림책이 더욱 재미있어지고, 아이의 어휘력은 눈에 띄게 달라질 것입니다.

 **차례**

머리말 "엄마들의 고백, 결국 어휘가 문제였다"　4

1부

5~7세 우리아이 첫 공부, 어휘력이 전부다

초등 입학 전, 어휘력 공부가 꼭 필요한 이유　12
시험 문제를 잘못 이해해 틀리는 아이들　17
공부한 시간만큼 결과가 나오지 않는 아이들　21
독서량과 절대 비례하지 않는 아이들의 어휘력　25
잘 읽지만 잘 쓰지는 못하는 아이들　28
면접에서 떨어지는 아이, 붙는 아이　31

2부
엄마는 아이에게 최고의 어휘 선생님이다

엄마는 쉽고 아이는 즐겁게! 어휘력을 향상시키는 방법 36

언어 능력은 타고나는 걸까? 37

아이의 어휘력에 말을 걸어라 40

엄마가 수다쟁이가 될 필요는 없다 43

뜻을 물어보면 사전을 찾게 한다? 직접 말해 주는 게 좋다 46

아이가 질문하지 않는 것은 알아서가 아니다 49

어휘의 뜻을 아는 것보다 중요한 건 활용할 수 있는 힘이다 52

말놀이는 최고의 어휘 교육이다 55

그림책은 최고의 어휘 교과서, 단지 방법이 문제 58

아이 스스로 어휘의 뜻을 추론해 보도록 돕는 엄마의 대화법 61

어휘 대장이 되기 위해 꼭 극복해야 하는 것, 한자 64

속담에서 시작해서 속담으로 끝나는 국어 공부 67

'제대로 가르치고 있는 걸까?' 기본 문법만 알아도 의문이 사라진다 70

하나의 단어로 여러 단어를 익히는 '어휘 사이의 의미 관계' 71

낱말의 구조를 알면 뜻이 저절로 보인다 74

띄어쓰기 지도가 쉬워지는 품사 공부 77

정확한 발음은 정확한 뜻만큼이나 중요하다 81

3부
엄마가 들려주는 그림책 속 필수 어휘이야기

아이에게 이 세상은 신기한 것투성이! 구체어　86
알수록 생각의 힘이 커진다! 추상어　100
수를 세고 양을 재며 교과 공부까지! 단위　120
말의 재미를 일깨워 준다! 의성어와 의태어　132
생생하고 구체적으로 말하고 싶다면! 수식어　148
내가 지금 하는 행동을 뭐라고 말하지? 동사　160
성질이나 상태를 나타낸다! 형용사　176
문장에 따라 뜻이 달라진다! 다의어　192
따로 또 같이 쓸 수 있다! 합성어　204
글자 하나로 의미가 달라진다! 파생어　218
겉뜻과 속뜻이 다르다! 관용어, 속담　228
아는 직업의 수만큼 꿈도 커진다! 직업　238
역사 공부의 시작, 옛이야기 읽기! 전통문화　250
집 안에서 하는 세계 여행! 외국 문화　272
아이들의 호기심을 해결해 주다! 자연 및 과학 어휘　286
초등 입학, 걱정 없다! 교과 공부를 위한 기초 학습 용어　300

이 책에 실린 어휘들이 나온 50권의 그림책 목록　318

아이가 일상생활에서 대화하는 데 아무런 문제가 없다고 하여, 부모가 예상치도 못한 기발한 표현들을 한다고 하여 아이의 어휘력을 안심해서는 안 됩니다. 서울대 국어교육연구소와 함께 실시한 학년별 독해력 지수 검사에서 초등학생의 실제 독해력 지수가 국어 교과서에서 요구하는 독해력 지수를 크게 밑돈다는 결과만 보더라도 알 수 있지요. 초등 입학 전, 5~7세 시기 어휘력 교육의 중요성을 다양한 아이들의 사례를 통해 살펴보고자 합니다.

1부

5~7세
우리아이 첫 공부,
어휘력이 전부다

초등 입학 전, 어휘력 공부가 꼭 필요한 이유

　전 세계에서 우리나라 문맹률이 세계 최저라는 사실은 익히 잘 알려져 있습니다. 배우기 쉽고 읽기 쉬운 한글 덕분에 초등학교 입학 전에 벌써 글자를 깨치는 아이들이 절반이 넘고 나머지도 대체로 1학년이 끝나기 전에 다 익히지요.

　그런데 이렇게 글자를 잘 읽으면 글을 이해하고 글자로 의사소통하는 능력도 높을까요? 2015년에 OECD(경제협력개발기구)에서 발표한 국제성인문해력 조사 결과는 다소 충격적입니다. 우리나라 성인의 문해력(글을 읽고 이해하는 능력) 수준이 21개 조사국 중에서 평균보다 낮은 10위였던 것입니다. 1위는 일본, 2위는 핀란드였습니다.

　특히 더 우려스러웠던 점은 고급 문해력 수준이 더 낮았다는 것입니다.

OECD는 문해력을 평가하는 문서를 난이도에 따라 1급 미만부터 5급까지 나눠 조사했습니다. 여기서 2급 이하는 직장 생활에서 어려움을 겪을 정도이고, 전문직에 종사하거나 사회 지도층 역할을 하려면 4급 이상의 문해력을 갖춰야 한다고 합니다. 우리나라의 경우 2급 이하자도 적지만 4급 이상자도 매우 적었습니다. 4급 이상자가 일본이 22.6, 핀란드가 22.2인데 비해, 우리나라는 8.1에 불과했습니다.

유네스코에서는 문해력을 단순히 문자를 이해하는 능력을 넘어 '책과 같은 인쇄물 등의 문자화된 자료를 읽고 그 안에 담긴 의미를 찾아내고, 이해하고, 해석하고, 창조하며, 타인과 소통하고 활용하는 능력'이라고 정의합니다. OECD 역시 이런 인식을 바탕으로 장기간에 걸쳐 문해력을 평가한 것입니다. 문해력은 그 정의에서 보듯 성공하는 삶의 가장 중요한 두 요소인 학습 능력과 의사소통 능력의 바탕이 되니까요. 실제로 위 조사에서 문해력이 낮은 경우 수학적 능력을 보여 주는 수치력과 컴퓨터 사용 능력을 보여 주는 기술적 문제해결 능력도 낮게 나왔습니다. 낮은 문해력이 높은 학업 성취를 어렵게 하고 성공적인 사회생활의 걸림돌이 되고 있음을 짐작할 수 있습니다.

이상의 결과는 우리의 언어 교육 문제를 단적으로 보여 줍니다. 글자만 읽을 줄 알면 언어 교육이 끝났다고 생각하여 막연히 책만 읽게 하거나 다짜고짜 글을 쓰게 했지요. 이해를 높이는 교육에는 거의 관심을 두지 않으면서 결과만 바란 것입니다.

여기서 아이 교육과 관련하여 가장 먼저 고민해야 할 것이 무엇인지 알 수 있습니다. 단순히 글자를 깨치는 것만 목표로 할 게 아니라 글을 읽고 이해하고 능동적으로 활용하는 능력을 키워 주어야 합니다.

그 출발점은 당연 어휘 교육입니다. 책과 글 모두 어휘로 이루어져 있기 때문입니다. 어휘가 모여 문장이 되고 문장이 모여 문단이 되며 문단이 모여 글이 되므로 단어의 뜻을 제대로 모르면 글의 의미를 파악하기 어렵고, 내 생각을 말이나 글로 표현하기도 힘듭니다. 다시 한 번 말하지만 어휘력이 떨어지면 문해력이 떨어지고, 문해력이 떨어지면 공부든 사회생활이든 잘하기 어렵습니다.

어휘 부족 문제는 성인들만이 아니라 중고생들도 똑같이 겪는 문제입니다. 중·고등학교 선생님들이 꾸준히 지적하는 문제가 바로 학생들의 어휘력 부족이지요. 국어뿐만 아니라 영어, 수학, 과학 등 각 과목 선생님들이 입을 모아 하는 말이 말뜻을 모르면 당연히 공부를 못한다는 것입니다. 어휘력이 부족하니까 교과서 본문을 이해하기 어렵고, 시험을 볼 때도 쉬운 문제임에도 불구하고 문맥을 파악하지 못해 틀리는 경우가 많다고 합니다.

그럼 초등학생은 어떨까요? 성인의 어휘력 부족 원인은 중·고등학교 시절에 있을 것이고, 중고생의 어휘력 부족 원인은 초등학교 시절에 있을 것입니다. 초등학생의 어휘 수준이 어느 정도인지 보여 주는 한 조사 결과는 또 한 번 충격을 안겨 줍니다.

어느 사설 독서교육기관(㈜낱말)이 서울대 국어교육연구소와 함께 실시한 학년별 독해력 지수(LQ) 검사에서 초등학생의 실제 독해력 지수는 국어 교과서에서 요구하는 독해력 지수를 크게 밑돈다는 결과가 나왔습니다.

전국 초등학생 5만 1,030명을 대상으로 한 이 조사에서 초등 1~2학년 교과서에서 요구하는 독해력 지수는 395~470점인데 반해 실제 아이들의 독해력 지수는 285~341점에 그쳤지요. 이 차이는 학년이 올라갈수록 더욱 심해졌습니다. 초등 3~4학년생들의 경우는 교과서 요구 독해력 지수가 635~765점인데 비해 실제 독해력 지수가 351~485점밖에 되지 않았습니다. 5~6학년생은 785~975점인데, 실제는 539~575점이었습니다. 초등 1~2학년과 5~6학년을 비교해 보았을 때, 교과서 요구 독해력 지수는 평균 400~500점이 올랐는 데 반해 아이들의 실제 지수는 그 절반인 250점 정도밖에 오르지 못했습니다.

이 조사 결과는 학년이 올라갈수록 교과서 어휘가 점점 어려워짐에 따라 아이들의 학업 성취가 덩달아 떨어질 것임을 예측케 합니다. 기본적으로 말뜻을 모르면 글을 이해하는 것이 거의 불가능합니다.

교과 어휘뿐만 아니라 생활 속에서 접하는 여러 어휘들에 대한 이해도 아이들은 매우 부족합니다. 구체적인 조사가 없더라도 이는 경험적으로 알 수 있습니다. 아이와 대화를 나누다 보면 모르는 단어가 너무 많다는 걸 금세 알게 되지요.

상황이 이럴진대 어휘 교육을 외면하거나 늦출 수는 없겠지요? 조사 결과를 보면 벌써 초등 1학년 때부터 차이가 벌어져 고학년이 되면 격차가 더 심해지니까요. 그렇다고 선행 학습이나 조기 교육처럼 다짜고짜 시킬 수도 없는 노릇입니다. 아이의 발달 상황과 학습 수준을 고려하지 않고 앞서 행하는 교육은 오히려 아이의 자존감을 떨어뜨리고 학습 능력에 부정적 영향만을 끼친다는 연구 결과들이 많기 때문입니다.

자, 그럼 본격적인 어휘 교육을 시작해야 하는 적기가 있을까요? 그 답은 우리 뇌에 있습니다.

인간의 뇌는 약 20여 년에 걸쳐 서서히 발달하는데, 그 발달 부위가 시기에 따라 다릅니다. 학습 및 고등 사고와 관련된 기능을 수행하는 대뇌피질의 경우, 크게 네 가지 영역으로 나눌 수 있는데, 3~6세에는 인성을 관장하는 전두엽이, 6~12세에는 각각 언어와 과학적 사고 발달을 돕는 측두엽과 두정엽이, 12~15세에는 감성을 담당하는 후두엽이 발달합니다.

여기서 주목할 부위는 인성 발달과 관련된 전두엽과 언어 능력을 담당하는 측두엽입니다. 전두엽은 전반적인 인성 영역을 관장하는 만큼 이성적 사고와 언어, 계획 및 감정 조절, 사회성과 도덕성 등을 두루 담당합니다. 세상에 대해 궁금해하고 호기심을 갖는 것 역시 전두엽의 기능입니다. 그래서 3세 무렵부터 아이들은 "이게 뭐야?" "왜?"라는 질문을 퍼붓기 시작합니다. 한편 측두엽은 언어를 듣고 이해하는 기능을 담당합니다. 그래서 대체로 5~6세 정도부터 아이들이 책을 읽거나 대화를 하는 중에 모르는 단어가 나오면 지체 없이 그 뜻을 물어보지요. 나아가 새로 익힌 단어를 적극적으로 사용하는 모습도 종종 보입니다. 측두엽이 발달하는 증거입니다.

이때를 놓치지 않고 아이의 어휘 교육을 시작해야 합니다. 그 구체적인 방법은 이 책에 자세히 풀어놓았습니다. 아이가 책 읽기와 대화 속에서 꾸준히 언어적 자극을 받으며 어휘의 여러 가지 뜻을 배우고 익힐 수 있다면 앞으로 공부하고 살아가는 데 가장 탄탄한 기초가 될 것입니다.

시험 문제를 잘못 이해해 틀리는 아이들

아이들을 가르치다 보면 종종 이런 경우를 접합니다. 특히 이제 막 공부란 것을 시작하고 시험을 보게 된 저학년 아이들에게 자주 있는 일입니다. 평소 아이가 책도 많이 읽고, 말하는 걸 보면 아는 것도 많아 엄마는 아이가 공부도 잘하고 시험도 잘 볼 거라고 기대합니다. 그런데 막상 받아 온 점수를 보면 생각보다 낮은 거지요. 도대체 시험 문제가 얼마나 어렵길래 점수가 낮은지 시험지를 찬찬히 들여다보면 그만 헛웃음이 나오고 맙니다. 문제의 뜻을 제대로 파악하지 못하거나 자기 마음대로 해석해 엉뚱한 답을 썼기 때문입니다.

예를 들어 볼까요? 다음은 초등학교 2학년 국어 형성평가 시험지 일부입니다.

"석유나 석탄 같은 연료를 태우면 자동차를 움직이거나 여러 가지 물건을 만들 수 있단다. 하지만 너무 많이 쓰면 환경이 오염된단다. 환경 오염은 자연뿐만 아니라 사람들에게도 큰 피해를 주게 되지. 그러니까 사람들은 오염 물질을 줄이도록 노력해야 해.

쓰레기를 함부로 버리지 말고 자원 재활용을 많이 해야 한단다. 그리고 가까운 거리는 자전거를 타고 다니며, 버스나 지하철 같은 대중교통을 이용하는 습관이 필요하지."

"여름에 냉방기를 많이 쓰지 않는 것도 도움이 되겠네요?"

"그렇지. 지윤이가 아주 좋은 생각을 했구나."

"선생님, 저는 오늘부터 환경을 지키기 위하여 노력하겠어요."

"지윤이가 ㉠우리 모두를 위한 약속을 했구나. 선생님도 함께 노력하기로 지윤이와 약속할까?"

(1) 선생님께서 오염 물질을 줄이도록 노력해야 한다고 하신 까닭은 무엇인지 쓰시오.

(대중교통을 이용해야 한다.)

(2) ㉠은 무엇인지 이 글에서 찾아 쓰시오.

(우리 모두를 위한 약속)

위의 문제들의 정답은 무엇인가요? (1)은 '환경을 오염시켜 자연과 사람에게 큰 피해를 주기 때문'이고, (2)는 '저는 오늘부터 환경을 지키기 위하여 노력해야겠어요'입니다. 그런데 아이는 뭐라고 썼나요? (1)번 문제에는 환경을 오염시키지 않기 위한 노력을 썼고, (2)번 문제에는 밑줄 그은 ㉠을 그대로 썼습니다. 이를 통해 아이가 문제의 핵심 낱말을 간과했거나 제대로 이해하지 못했음을 알 수 있습니다. (1)번 문제의 핵심 낱말은 '까닭'입니다. 이 말에 주의를 기울였다면 제시문에서 선생님이 그렇게 말한 이유를 찾았을 것입니다. 선생님의 말 중에 "그러니까 사람들은 오염 물질을 줄이도록 노력해야 해"라는 말이 있는데, 여기서 '그러니까'가 정답을 찾을 수 있는 단서가 되어 주지요. 이 접속사는 앞의 내용이 뒤의 내용의 이유가 될 때 쓰기 때문입니다. 그럼 자연히 '그러니까' 앞의 내용에 이 문제의 답이 있을 것입니다.

그리고 아이가 또 한 가지 제대로 이해하지 못한 말은 '오염 물질'입니다. 제시문에는 '오염 물질'이라는 단어 자체가 없습니다. 대신 '석유, 석탄'이라는 말이 있지요. 이 두 가지가 바로 오염 물질인데, 이를 파악하지 못하면 또 정답을 쓰기 어려워집니다. 문제를 낼 때는 이렇게 제시문에 나온 어휘를 그대로 쓰지 않고 비슷한 말이나 이를 포괄적으로 이르는 상위어를 쓰는 경우가 종종 있습니다. 따라서 어휘력이 부족하면 문제 자체를 이해하지 못하게 됩니다.

(2)번 문제에서 핵심 낱말은 '무엇'입니다. 이건 밑줄 그은 말에 해당하는 내용을 쓰라는 거지요. 그런데 아이는 약속의 내용이 무엇인지 쓰지 않고 그냥 밑줄 그은 구절을 그대로 써버렸습니다.

시험 문제를 잘못 이해해 틀리는 경우는 이것 말고도 아주 많습니다. 문제만 제대로 이해한다면 웬만한 문제는 풀 수 있는데도 말이지요. 오죽하면 "문제 안에 답이 있다"는 말까지 있을까요.

"학년이 올라가면서 이런 문제는 자연스럽게 사라지지 않을까요?"

어떤 엄마들은 이렇게 반문할지도 모릅니다. 이에 대해 저는 사라지는 것은 맞지만 자연스럽게 사라지는 건 아니라는 말씀을 드리고 싶습니다. 많은 경우 시험 문제를 주의 깊게 읽지 않고 그 뜻을 정확히 파악하지 않는 태도가 습관으로 굳어지는 걸 봐왔으니까요. 그러면 초등 고학년, 중학교, 고등학교, 나아가 수능 시험을 볼 때조차 이런 사소한 실수 아닌 실수로 결국 손해를 보게 됩니다.

초등 고학년 때부터는 서술형·논술형 문제가 본격적으로 어려워지기 시작합니다. 그런데 문제의 뜻을 제대로 파악하지 않는 것이 습관으로 굳어진 아이들은 무엇을 어떻게 써야 하는지 생각조차 하지 않습니다. 예를 들어 '~에 대해 쓰시오'와 '~에 대해 찾아 쓰시오'라는 문제가 있습니다. 앞의 문제는 본인이 나름대로 답을 정리하여 쓰라는 것이고, 뒤의 문제는 '찾아'라는 말이 있기 때문에 제시문에서 해당 내용을 찾아 그대로 쓰라는 것입니다. 이때 '찾아'라는 말의 의미를 알고 주의를 기울이는 아이는 많지 않습니다.

자, 도대체 왜 이런 일들이 벌어지는 걸까요? 우리는 근본적인 원인, 결정적인 원인을 알아야 합니다. 그건 두말할 것도 없이 어휘력이 제대로 길러지지 않은 데 있습니다. 시험 문제의 단어 하나하나에 주의를 기울이지 않는다는 건 어휘에 대한 민감성, 곧 중요 어휘를 감지하는 능력이 떨어진다는 뜻이고, 어휘 민감성이 떨어진다는 건 어휘력이 낮다는 뜻입니다.

어휘력은 단순히 '말의 뜻을 많이 안다'는 것만은 아닙니다. 뒤에 보다 자세히 어휘력의 의미를 설명하겠지만, 주어진 어휘에 주의를 기울여 관심을 갖고 의미를 정확히 파악하고자 하는 자세를 포함합니다. 그러니 어려서부터 어휘력을 제대로 키워 줘야 시험을 볼 때 문제나 제시문을 잘못 읽어 틀리는 실수를 하지 않을 것입니다.

공부한 시간만큼 결과가 나오지 않는 아이들

아이들이 중학교에 입학하고 첫 시험을 치를 때 즈음 엄마들이 묻습니다.

"선생님, 시험공부를 어떻게 해야 할까요? 아이가 나름 준비하고는 있는데, 잘하고 있는지 어쩐지 모르겠어요."

그럼 저는 이렇게 대답합니다.

"아이가 생각하는 대로, 아이가 이해하는 대로 공부하게 두면 안 돼요. 각 과목별로 용어와 개념을 충실히 익히는지 확인해야 해요."

하지만 엄마들은 이게 무슨 말인지 고개를 갸웃합니다. 저는 좀 더 자세히 설명을 덧붙이지요.

"예를 들어 국어에 시가 나왔어요. 만약 시의 특징에 '의지적'이라는 말이 있으면 이 말을 자기 느낌대로 이해하면 안 돼요. 정확히 무슨 뜻인지, 시의 어떤 표현이 이러한 특징을 뒷받침하는지 알아야 해요. 다른 과목도 다 마찬가지예요."

이렇게 각 과목별로 그 과목에서 사용하는 어휘의 뜻과 쓰임을 바로 알 것을 강조하는 이유는 모든 공부의 기본은 말을 배우는 것이기 때문입니다. 그렇기 때문에 이를 제대로 숙지하지 않고 가볍게 여겨 자기 식대로 해석을 하거나 문제집만 풀었다가는 아무리 공부를 많이 해도 헛수고가 됩니다.

국어는 국어에서 사용하는 기본 어휘가 있고, 수학은 수학대로, 사회는 사회대로, 과학은 과학대로, 도덕은 도덕대로 저마다 쓰이는 어휘가 다르다는 걸 반드시 알아야 합니다. 설령 말이 같다고 해도 그 뜻과 쓰임이 다른 경우도 많지요.

'힘'이라는 말을 예로 들어 볼까요? 우리는 보통 '철수는 힘이 세다'에서처럼 힘을 근육 작용을 뜻하는 말로 이해합니다. 하지만 과학에서는 이런 뜻이 아닙니다. 물체의 모양을 변형시키거나, 운동 상태를 변화시키는 작용을 말합니다. 여기서 운동 상태를 변화시킨다는 건 정지하고 있는 물체를 움직이게 하거나 움직이고 있는 물체의 속도를 변화시키고 정지시키는 작용을 뜻합니다. 그렇기 때문에 '오늘 정말 힘들게 일했어'라는 말에 사용된 '힘'은 과학의 '힘'이 아닙니다. '밀가루에 힘을 가했더니 모양이 변했다'에 쓰인 힘이 과학의 '힘'이지요.

사회 과목도 어휘를 제대로 익히지 않으면 순식간에 어려운 과목이 되어 버립니다. 사실 사회는 그 내용이 우리 생활과 매우 밀접하여 조금만 주의를 기울이면 그리 어려울 게 없는 과목이기도 합니다. 정치, 경제, 문화, 환경 등 인간이 살아가는 방식들에 대한 것이니까요. 하지만 아이들은 유독 사회를 어려워하지요. 그럼 도대체 왜 이렇게 어려운 걸까요? 바로 용어 때문입니다. 아이들은 '축척'이라는 말이 어렵고 '지방 자치'라는 말이 낯설며 '보통 선거'라는 말도 익숙지 않습니다. '행정부'나 'FTA'라는 말 역시 자신과는 전혀 다른 세계에서 쓰는 말 같지요. 그러니 사회를 잘하려면 이런 말들이 도대체 무엇을 가리키고 어떤 뜻인지 알아야 합니다.

수학을 배운다는 것도 기본은 그 말을 배우는 것입니다. '합, 차, 거리, 넓이, 비례, 분수, 집합, 미적분' 등의 용어가 무슨 뜻인지 정확히 알지 못하면 원리와 공식을 이해하는 데 한계가 있습니다.

마지막으로 저는 엄마와 아이에게 주의를 줍니다.

"막상 시험을 보고 나면 도덕 과목이 은근히 점수가 안 나와요. 초등학교 때 하던 대로 무조건 좋은 것만 고르면 된다고 쉽게 생각해 버려서 아이들이 보통 교과서를 대충 읽거든요. 그런데 중학교 도덕부터는 완전히 개념 문제들이기 때문에 아무리 쉬운 단어가 나와도 그게 무슨 뜻인지 책에 나온 대로 정확히 이해해야 해요. '자유, 평등, 도덕, 문제' 등의 말들이 도덕에서 쓰일 때는 또 다른 의미이기 때문이죠."

하지만 아이와 엄마는 제 말에 큰 신경을 쓰지 않습니다. 겪어 보지 않으면 그 중요성을 모르기 때문입니다. 시험이 끝나고 점수가 나오면 그제야 '아차!' 하지요.

"선생님 말씀이 맞아요. 문제집을 엄청 많이 풀었는데 생각보다 점수가 많이 낮아요. 풀 때는 다 맞은 줄 알았는데 점수는………."

중등 공부를 예로 들었지만, 이는 초등 공부에서도 마찬가지입니다. 한번은 이런 일도 있었습니다. 초등 2학년 교과서에 실려 있는 우화를 읽고 이야기 속 인물에 대해 생각해 보라는 활동이 나왔습니다. 그런데 한 아이가 이를 어려워하더군요. 알고 보니 '인물'이라는 말을 '사람'이라는 뜻으로만 생각해 캐릭터를 찾아내지 못했던 것이었습니다. 이야기에서 '인물'이란 어떤 역할을 수행하기 위해 등장하는 성격을 지닌 모든 이들을 가리키기 때문에 사람일 수도 있고 동물일 수도 있는데 말이지요.

자, 이제 꼭 기억하셔야 합니다. 모든 공부의 기본은 말을 배우는 것입니다. 공부의 기본은 어휘력이라는 뜻입니다. 어휘를 제대로 파악하지 못하면 공부가 한없이 어렵고 더딜 수 있음을 명심해야 합니다.

독서량과 절대 비례하지 않는 아이들의 어휘력

엄마들은 아이가 책을 읽을 때마다 궁금합니다. 과연 제대로 이해하며 읽는지 말입니다. 그래서 책을 다 읽으면 이렇게 물어보지요.

"이해했니?"

"뭘요?"

"책 내용 말이야."

"네."

"내용이 뭔데?"

엄마의 질문에 아이는 망설이지 않고 대답을 합니다. 아이가 하는 말을 들으면 정말 내용을 다 이해한 것 같기도 합니다. 줄거리를 줄줄 읊으니까요. 하지만 뭔가 충분하지 않습니다. 기본 내용만 얘기할 뿐 이야기의 주제나 더 깊은 의미, 읽으면서 생각한 것들에 대해서는 얘기하지 않으니까요.

초등 1학년 아이들과 종종 『손 큰 할머니의 만두 만들기』라는 책을 읽습니다. 책을 다 읽고 함께 책의 기본 내용에 대해 이야기를 나눈 다음 물어봅니다.

"여기서 손이 크다는 건 무슨 뜻일까?"

"손이 이렇게 큰 거요."

아이들은 손바닥을 힘껏 펴보이며 손의 크기가 크다는 뜻이라고 말합니다. 말 그대로의 뜻, 곧 지시적인 의미만을 설명하지요. 여기서 아이가 책을 읽을 때 그 속뜻을 생각하며 읽는 게 아니라 겉으로 드러난 문자만 읽는다는 걸 알 수 있습니다. 이는 거의 모든 아이들에게서 나타나는 현상입니다. 중요 어휘의 뜻을 풍부하게 이해하지 못하니 대체로 줄거리 정도만 알고 넘어갈 뿐 주제 파악이나 감상을 발전시키는 데까지 나아가기 어렵습니다. 이 책에서 '손이 크다'는 건 크기가 크다는 게 아니라 '씀씀이가 후하고 크다'는 뜻인데, 아이들은 당연히 이런 뜻인 줄 모를 뿐만 아니라, 이렇게 말속에 숨은 뜻이 있다는 생각조차 못 합니다. 그래서 감상을 잘 말하지 못하는 거지요. 이 뜻을 안다면 "책을 읽고 할머니의 마음이 참 크고 넓다는 걸 느꼈어요"라고 주제에 대한 감상 정도는 말할 수 있을 텐데 말이지요.

사실 유아나 저학년 아이들이 어휘의 속뜻까지 알고 책을 읽는 것은 어렵습니다. 책을 읽고 나서 글의 맥락을 통해 추론하는 것도 무리입니다. 문맥을 파악하여 속뜻을 추론하는 사고가 본격적으로 발달하는 시기는 10세 전후부터니까요. 하지만 이때까지 기다리는 것은 어리석은 일입니다. 언어 발달과 사고 발달은 상호적인 관계에 놓여 있기 때문에 언어가 사고 발달을, 사고가 언어 발달을 이끌기 때문입니다. 무엇보다 이러한 사고 역시 습관이기 때문에 추론 능력이 있다고 해서 발휘되는 건 아닙니다. 따라서 책을 읽다가 모르는 단어가 나오면 뜻을 설명해 줌과 동시에 문맥을 통해 단어 뜻을 추론하는 습관이 생길 수 있도록 유도해야 합니다.

만약 겉으로 드러난 말의 뜻만 이해하는 수준의 수박 겉핥기식 독서가 습관이 되어 버린 채 중·고등학생이 되면 큰 낭패를 볼 수 있습니다. 어휘력이 부족하면 이때는 줄거리를 요약하는 것조차 쉽지 않습니다. 책에 전문적인 용어, 평소에 거의 사용하지 않는 난이도 높은 어휘들이 많이 나오기 때문입니다. 하물며 주제를 파악하고 감상을 글로 정리하는 건 더욱 어렵겠지요.

모든 책 읽기의 기본은 어휘를 이해하는 것입니다. 책의 내용을 잘 이해하려면 책에 나온 글자들의 겉뜻만이 아니라 속뜻까지 알아야 합니다. 나아가 각 어휘가 문장에서 어떤 의미로 쓰였는지 문맥적 의미도 알아야 합니다.

부모는 아이가 책을 읽으면서 지속적으로 어휘의 다양한 의미를 파악할 수 있도록 지도해야 합니다. 그랬을 때 책 읽기의 목적 중 하나인 어휘 실력이 향상될 수 있습니다. 책을 무조건 많이 읽는다고 어휘력이 향상되는 건 아니라는 점을 명심하고 책 읽기에서 어휘력 향상을 이끌어 내려면 어떻게 지도해야 하는지 고민해 보아야 합니다.

잘 읽지만 잘 쓰지는 못하는 아이들

여기 학교 공부를 잘하는 아이가 있습니다. 또 책을 많이 읽어서 아는 것도 많습니다. 그런데 이 아이에게 글을 써보라고 하면 쭈뼛대면서 이렇게 말합니다.

"전 책은 잘 읽지만 글은 잘 못 써요."

그래도 써보라고 연필을 쥐어 주면 정말 세 줄 이상 쓰기 어려워합니다. 일기도 끙끙대며 겨우 있었던 일만 적어 냅니다. 독서록도 간신히 줄거리만 담아내지요. 그래서 글로만 평가받아야 할 땐 종종 억울한 일을 겪게 됩니다. 머릿속에 들어 있는 것을 절반도 쓰지 못해 언제나 더 낮은 평가를 받으니까요. 이런 일이 되풀이되면 아이는 결국 글쓰기에 대한 자신감이 사라져 표현 자체를 꺼리게 됩니다.

왜 이런 일이 벌어지는 걸까요? 머릿속에 들어 있는 걸 그대로 풀어놓으면 될 텐데 왜 안 되는 걸까요? 그 이유는 지식을 습득하는 능력과 그걸 재구성하여 표현하는 능력이 다르기 때문입니다. '습득 및 이해'와 '발상 및 표현'은 다른 영역이지요. 컴퓨터에 비유하자면 앞의 것은 입력에 해당하고 뒤의 것은 출력에 해당합니다. 물론 잘 이해하는 아이가 더 잘 표현할 가능성이 높지만 일치하지는 않습니다.

이 문제를 어휘력과 연관 지어 다시 검토해 볼까요? 그럼 먼저 어휘력의 뜻을 짚고 넘어가겠습니다.

어휘력이란 낱말의 뜻을 제대로 알고 풍부하게 구사하는 능력을 말합니다. 이는 어휘의 의미를 정확히 아는 것과 어법에 맞게 적절하게 사용하는 것을 모두 포함하지요.

여기서 어휘의 의미를 정확히 안다는 건 무슨 뜻일까요? 사전에 나온 지시적 의미뿐만 아니라 비유적 의미, 관용적 의미, 상징적 의미를 안다는 뜻입니다. 나아가 문장에서의 의미까지 아는 것이지요. 그리고 어법에 맞게 사용한다는 건 말을 하거나 글을 쓸 때 전하고자 하는 의미에 맞는 어휘를 선택해 맞춤법과 문장 형식에 맞게 사용할 수 있다는 의미입니다.

어휘력의 관점에서 보자면, 위의 아이는 어휘력이 절반만 좋다고 볼 수 있습니다. 이해하는 어휘는 많지만 사용하는 어휘는 많지 않기 때문입니다. 어휘력이 좋다는 건 말뜻을 잘 이해하는 것뿐만 아니라 동시에 하고 싶은 말을 적절한 어휘를 사용하여 표현하는 것까지 포함합니다. 어휘의 입력과 출력은 어휘력의 두 측면이라고 할 수 있지요. 어느 한쪽만 발달한다고 어휘력이 높다, 어휘력이 좋다고 말할 수 없습니다.

출력되는 어휘가 많지 않은 아이는 생각을 말과 글로 풍부하게 표현하고 전달하는 것이 매우 어렵습니다. 글은 말보다 좀 더 논리적이고 일목요연하면서도 내용이 풍부해야 하기 때문에 일상생활에서 쓰는 어휘만 사용해서는 한계가 있지요. 아무리 지식이 많고 참신한 생각이 떠올라도 그걸 표현할 적절한 어휘를 출력해 내지 못하면 좋은 글을 쓸 수 없습니다.

즉 모든 글쓰기의 기본은 어휘력입니다. 알고 있는 어휘를 적절히 사용할 수 있어야 글쓰기가 수월해집니다. 이는 책을 많이 읽는다고 해결되는 게 아닙니다. 새로운 어휘를 습득하는 데서 그치는 게 아니라 적극적으로 사용할 수 있도록 이끌어 주어야 합니다.

면접에서 떨어지는 아이, 붙는 아이

이번엔 시간을 훌쩍 건너뛰어 면접과 대학 입시 얘기를 해볼까 합니다.

대학 입시는 크게 수시 선발과 정시 선발로 나뉘는데, 요즘에는 점점 수시 전형이 늘고 있는 추세입니다. 수시 전형은 보통 내신과 학교생활, 논술, 자기소개서, 면접 등의 방법으로 학생을 선발합니다.

아이들과 입시를 함께 준비하고 지켜보면서 저는 또 한 번 어휘력의 중요성을 절실히 느꼈습니다. 특히 대학 입시뿐만 아니라 입사 시험에서도 최종 평가 방식으로 활용되는 면접을 치를 때 평소의 어휘 실력이 큰 영향을 미친다는 사실을 깨달았습니다.

제자 중에 내신을 비롯해 소위 말하는 스펙 좋은 아이가 마지막 면접에서 떨어진 적이 있습니다. 반대로 내신과 스펙 모두 아슬아슬했던 아이가 면접을 잘 치러 합격한 적도 있습니다. 모든 면에서 조금은 부족했던 아이가 면접을 거쳐 붙었다면 그렇지 않은 아이와 어떤 차이가 있었던 걸까요? 바로 답변의 수준이 달랐던 거지요.

내신과 학교생활이 꼼꼼히 기록된 학교생활기록부와 자신의 특별한 점과 진로 계획을 매력적으로 쓴 자기소개서가 통과되어도 면접에 잘 대처하지 못하면 공든 탑이 순식간에 무너지고 맙니다. 면접에 어떻게 대처해야 하는지 철저히 인지하고 준비하지 못하면 기회가 와도 결과는 같을 것입니다.

그럼 마지막 단계인 면접을 잘 통과하려면 어떻게 대처해야 할까요? 어떤 답변이 심사 위원의 마음을 사로잡을까요? 합격의 열쇠는 바로 '고급 어휘'에 있습니다. 다소 전문적이고 학업적인 느낌을 풍기는 어휘를 사용해야 심사 위원에게 좋은 인상을 심어 줄 수 있습니다.

예를 들어 어떻게 입시 준비를 했냐는 질문에 어떤 책을 읽으며 공부했다는 내용의 답변을 한다고 가정해 봅시다. "○○ 책을 읽으며 공부했습니다"와 "○○ 책을 정독하며 우리 경제의 문제점과 개선점이 무엇인지 생각해 보았습니다" 중 어느 쪽이 좀 더 진지한 느낌을 주나요? 알고 보면 같은 독서 활동임에도 '정독', '개선점'이라는 어휘를 쓴 쪽이 보다 열심히 준비했다는 느낌을 줍니다. 사실 이 말들은 그리 어려운 말이 아니지만 일상에서 흔히 쓰는 말도 아닙니다. 고급 어휘는 단순히 어려운 말이라기보다는 분명한 뜻을 담고 있는 좀 더 전문적인 어휘라고 할 수 있습니다. 일상에서 두루뭉술하게 사용되는 어휘와는 다르지요.

대학 입시가 끝나면 많은 입시 기관에서 면접을 실시한 대학의 합격자를 분석한 결과를 발표하는데, 언제나 어휘력과 의사소통 능력이 우수한 학생이 합격한다고 보고합니다. 입시 지도 선생님들도 학생들을 준비시키며 이렇게 강조합니다. 어떤 질문을 받아도 당황하지 말고 고급 어휘를 쓰면서 대답해야 한다고 말이지요. 쉬운 질문이라도 평소 말하던 대로 일상적인 어휘를 사용하여 간단히 대답하지 말고 공부를 많이 하고 깊이 있는 독서를 한 사람답게 전문적이고 교양 있는 어휘를 써서 대답해야 합니다.

말을 세련되게 잘하는 사람, 고급 어휘를 다양하게 구사하며 마치 책의 한 페이지를 읽는 것처럼 술술 말하는 사람을 보면 입이 떡 벌어지지요. 이런 사람들은 상대에게 똑똑하다는 인상, 진지하다는 인상, 전문적이라는 인상을 줍니다. 그래서 긍정적으로 평가하게 만들지요.

그런데 문제가 있습니다. 고급 어휘를 사용하며 말하는 능력은 몇 개월 단기로 길러지지 않는다는 것입니다. 그래서 아이들이 아무리 예상 질문을 뽑아 면접 준비를 철저히 한다고 해도 막상 면접장에서는 일상 어휘를 쓰게 됩니다. 면접 질문은 변수가 많기 때문에 평소 쓰지 않던 말, 모르던 말을 갑자기 쓰기란 거의 불가능하거든요. 그래서 어렸을 때부터 고급 어휘를 사용하는 환경에 노출되어 자연스럽게 익힐 수 있도록 하는 것이 좋습니다. 이를 위해 평소 가정에서 교양 있고 고급스러운 어휘를 사용하도록 주의를 기울여야 합니다. 아이가 자라면서는 적합한 책을 함께 읽으며 좀 더 다양하고 전문적인 어휘를 익힐 수 있도록 신경을 써야 합니다.

어휘 교육만큼 난감하고 어려운 것도 없을 것입니다. 아이가 "이 단어 뜻이 뭐야?" 하고 물으면 엄마는 잘 알고 있던 단어의 뜻도 어떻게 설명해 줘야 할지 말문이 막힙니다. 또 내가 제대로 설명해 주고 있는지 확신이 서지 않지요. 그러다 보니 학습지나 독서선생님에게 의존하게 됩니다. 그런데 5~7세 아이들에게 가장 좋은 어휘 선생님은 바로 엄마입니다. 아이의 어휘력에 끊임없이 말을 걸어 주세요. 기본적인 요령과 방법만 알면 즐겁게 어휘력을 잡아 줄 수 있습니다.

2부

엄마는 아이에게 최고의 어휘 선생님이다

엄마는 쉽고 아이는 즐겁게!
어휘력을 향상시키는 방법

언어 능력은 타고나는 걸까?

 학창 시절 이런 친구가 있지 않았나요? 같은 영화를 보고 같은 책을 읽고 같은 교육을 받았는데도 나보다 말도 더 잘하고 글도 더 잘 쓰는 친구 말입니다. 아니면 나 자신이 그런 친구였을 수도 있겠지요. 이런 친구들은 같은 내용이라도 보다 실감 나게 말하고 풍부한 어휘로 표현합니다. 그런데 어째서 이런 차이가 나는 걸까요? 타고난 능력의 차이일까요, 아니면 학습에 의한 차이일까요?

 다중 지능 이론을 창시한 하워드 가드너는 인간의 지능을 여덟 가지로 구분했습니다. 이에는 언어 지능, 논리수학 지능, 음악 지능, 공간 지능, 신체운동 지능, 대인관계 지능, 자기이해 지능, 자연탐구 지능이 있습니다. 그는 연구를 통해 어떤 사람들은 운동을 잘하고 어떤 사람들은 음악을 잘하며, 또 어떤 사람들은 인간관계를 잘 맺는 능력이 탁월하다고 했습니다. 이렇게 지능은 한 가지가 아니라 여러 가지이며 어떤 지능은 높고, 어떤 지능은 낮을 수 있다는 거지요.

이 중 어휘력과 관련된 지능은 두말할 것도 없이 언어 지능입니다. 가드너는 언어 지능을 '단어의 의미나 순서 그리고 언어의 다양한 활용과 관련된 능력'이라고 정의하고 있습니다. 즉 언어 지능은 곧 언어 능력을 뜻합니다.

그럼 언어 지능이 높은 아이가 낮은 아이보다 당연히 말도 잘 이해하고 표현력도 좋겠지요? 같은 책을 읽어도 언어 지능이 높은 아이는 내용을 잘 이해하고 감상을 언어로 표현하는 능력이 뛰어난 데 반해, 언어 지능이 낮은 아이는 내용 파악도 쉽지 않고 감상 표현도 어려울 것입니다.

언어 지능이 높은 아이는 무엇보다 새로운 어휘에 대해 민감하게 반응합니다. 처음 듣거나 보는 낱말에 관심을 보이고 암기해 두었다가 나중에 사용하지요. 어휘를 접하고 사용하는 걸 매우 즐깁니다. 당연히 말도 잘하고 글도 잘 쓸 가능성이 높습니다.

그러면 언어 지능이 낮은 아이는 어떻게 해야 할까요? "언어 능력이 없으니 교육을 해봤자 헛수고야"라고 단정 짓고 지도를 포기해야 할까요? 절대 포기하면 안 됩니다. 이런 판단은 매우 섣부르며 어리석습니다. 왜냐하면 언어 능력을 타고났다고 하더라도 개발하지 않으면 없는 것이나 마찬가지인 것처럼, 언어 능력을 타고나지 않았다고 하더라도 지속적으로 교육적인 도움을 주면 원래 지니고 있었던 것처럼 개발되기 때문입니다.

어렸을 때 말을 빨리 배우고 참신한 표현을 즐겨 쓰던 아이가 고학년이 되어서 언어 능력이 평범해지는 경우를 종종 보았습니다. 1학년 때 쓴 일기와

6학년 때 쓴 일기를 비교해 보면, 1학년 때 쓴 일기가 표현이나 어법 면에서 더 뛰어난 거지요. 이는 타고난 아이의 언어 능력이 거의 개발되지 않았다고 볼 수 있습니다. 반면 언어 감각이 떨어지고 어휘력도 부족해 공부며 독서며 서툴렀던 아이가 꾸준히 새로운 어휘를 익혀 나간 결과 나중에 고학년이 되어서는 언어 능력이 눈에 띄게 향상된 경우도 있었습니다.

많은 교육학자들이 입을 모아 강조합니다. 지능은 선천적인 요소와 환경적인 요소 모두에 의해 결정이 난다고 말이지요. 이는 곧 선천적으로 어떤 지능이 낮다 하더라도 교육에 의해 향상될 수 있다는 뜻입니다.

그럼 어떻게 해야 할까요? 아이의 타고난 언어 지능이 높든 낮든 크게 연연하지 말고 언어 능력을 키워 주기 위해 교육적인 도움을 주어야 합니다. 그 첫걸음이 어휘 교육인 것은 두말할 것도 없습니다. 언어 지능의 핵심이 단어의 이해와 사용이니까요. 게다가 어휘력은 모든 공부와 모든 일에서 성과를 내는 바탕이 됩니다.

아이를 새로운 어휘에 적극 노출시켜 주세요. 또 말뜻을 친절하게 풀어서 얘기해 주고 그것을 과감하게 적용할 수 있도록 격려해 주세요. 이 과정에서 아이의 어휘력이 늘고 언어 지능도 쑥쑥 높아질 것입니다.

아이의 어휘력에 말을 걸어라

앞서 올바른 책 읽기를 위해서는 어휘력을 쌓아야 한다고 말했습니다. 이렇게 말하면 '어휘력을 쌓기 위해서 책을 읽는 게 아닌가?' 하는 의문이 들 수 있습니다.

우리가 일상 속에서 사용하는 어휘는 거의 한정되어 있습니다. 개수를 세보면 하루 300~500개 정도의 단어를 사용합니다. 보통은 쓰던 말만 쓰지 새로운 말, 전문적인 말, 교양 있는 말은 잘 안 쓰니까요.

그런데 책을 읽으면 어떤가요? 책 속에 있는 어휘들은 일상의 어휘를 바탕으로 하지만 분명 다릅니다. 우리가 평소 잘 쓰지 않는 말들도 풍부하게 사용되어 있지요. 새로운 말, 평소 안 쓰는 말들을 지속적으로 접하게 되니까 언어 감각이 자극됩니다. 뜻이 알고 싶어지고, 뜻을 알게 되면 쓰고 싶은 마음이 생기지요.

그래서 아마 어휘력을 키울 수 있는 방법으로 책 읽기가 가장 먼저 떠오를 것입니다. 독서는 실제로 어휘력뿐만 아니라 표현력, 논리력, 창의력, 상상력 등 인간의 고등정신 능력을 개발하는 데 가장 효율적인 수단이기도 합니다. 더군다나 책을 읽기만 하면 되니까 특별한 방법을 배우거나 별도의 노력을 기울이지 않아도 되지요. 이렇게 책을 읽으면 안 읽는 것보다 분명 어휘력 향상에 도움이 됩니다.

하지만 다 그렇지는 않습니다. 사실 대다수의 아이는 그 순간에만 새로운 어휘에 잠깐 주의를 기울일 뿐 그 말을 적극적으로 이해하려고 하거나 받아들이려고 하지 않습니다. 활용은 말할 것도 없지요. 언어 지능까지 낮다면 아예 뜻을 알려고도 하지 않고 그냥 넘어가 버립니다. 책벌레라 불리는 아이들도 상황은 비슷합니다. 책을 많이 읽는데도 매번 말뜻을 몰라 물어보거나 아주 단순하고 간단한 표현만을 사용해 글을 쓰는 경우가 많습니다. 따라서 책 읽기만으로 어휘력과 표현력이 늘 거라고 기대하여 여기에만 의존하면 안 됩니다. 엄마가 도와주어야 합니다. 그렇다면 어떻게 도울 수 있을까요?

첫 번째는 책 읽기에 앞서 '들려주기'를 하는 것입니다. 이야기를 들려주듯 말입니다. 엄마가 직접 겪은 일이나 어디서 듣거나 읽은 이야기, 생각이나 느낌 등을 솔직하고 다정하게 들려주는 거지요. 엄마의 따뜻하고 다정한 목소리는 아이의 귀를 즐겁게 하고 집중시키는 힘이 있습니다. 어느새 아이는 자신도 모르게 엄마가 무슨 말을 하는지 귀 기울여 듣게 되지요. 이 과정에서 아이의 머릿속에 새로운 말들이 차곡차곡 쌓입니다.

두 번째 방법은 '대화'입니다. 역시 어휘력을 기르는 기본 중의 기본이 되는 방법입니다. 언어의 연금술사라 불리는 천재적인 문학가들의 어린 시절을 살펴보면 한 가지 공통점을 발견할 수 있습니다. 바로 엄마와 대화를 많이 나눴다는 것입니다. 이들은 하나같이 엄마에 대해, "내가 물어보면 친절하게 대답해 주었다, 내가 하는 말을 조용히 다 들어 주었다, 위트 있는 분이라 대화를 나누는 게 즐거웠다"고 고백합니다. 엄마와 즐겁고 편하게 대화를 나누다 보면 마음속에서 말이 살아나는 걸 느낄 수 있게 됩니다.

자, 언어가 어떻게 해서 발생했는지 떠올려 보세요. 내 앞에 있는 사람과 좀 더 다양한 생각과 느낌을 나누기 위해서 생겨났습니다. 즉 소통하기 위해서 만들어진 것이 바로 언어지요. 따라서 어휘 교육도 소통과 대화의 울타리 안에서 이루어져야 합니다. 그래야 아이들이 자연스럽게 배우고 익혀 완전히 자기 것으로 만들 수 있습니다.

의미는 너와 나 사이에서 만들어지는 것입니다. 내가 알고 있는 의미가 옳다고 고집하며 일방적으로 전달해서는 안 됩니다. 아이 입장에서 그 의미를 능동적으로 받아들이려면 의미 생성에 적극적으로 참여하도록 길을 열어 주어야 합니다. 교감하고 소통하며 대화를 나눌 때 진짜 어휘 교육이 이루어진다는 사실을 꼭 명심해야 합니다.

엄마가 수다쟁이가 될 필요는 없다

　엄마가 언어 능력이 높다면 아이와 대화할 때 자연스럽게 어휘 교육을 할 수 있을 것입니다. 분명 똑같은 내용을 말해도 아이의 귀를 쫑긋하게 하는 참신하고 재미있는 표현을 섞어 쓸 테니까요. 아이가 잘 모르는 어휘가 있다면 설명도 쉽게 해줄 수 있을 테지요.

　하지만 그렇지 않은 엄마라면 어떻게 해야 할까요? 이럴 경우 일단 엄마가 먼저 아이에게 이야기를 들려주고 대화를 나누려고 의식적으로 노력해야 합니다. 그렇다고 아이에게 끊임없이 말을 걸어야 한다는 뜻은 아닙니다. 다만 어휘 선택에 많은 주의를 기울여야 하지요. 엄마가 어떤 어휘로 말하느냐에 따라 어휘 교육이 이루어질 수도 있고 아닐 수도 있으니까요.

　그럼 아이와의 대화에서 어떤 어휘를 선택해 말하는 게 좋을까요?

이는 아이의 마음과 관련이 있습니다. 아이가 좋아하고 능동적으로 반응하는 어휘를 선택해야 합니다.

유아의 마음은 아직 상상의 세계에 머물러 있습니다. 현실과 비현실을 구분하지 못하고 환상적인 세계를 좋아하지요. 그렇기 때문에 유아와 대화를 나누려면 전문적이고 논리적인 어휘를 사용하기보다 참신하고 엉뚱하고 재미있고 비유적인 표현을 쓰는 것이 좋습니다.

예를 들어 바람이 부는 상황을 표현해 볼까요?

① "바람이 부네."
② "바람이 쌩쌩 부네."
③ "저기 봐. 바람이 나뭇잎이랑 춤을 추네."

①번은 사실만 표현했습니다. ②번은 '쌩쌩'이라는 의태어를 넣어 감각적으로 표현했지요. ③번은 바람을 의인화해서 비유적으로 표현했습니다.

보통 아이의 마음은 ②번과 ③번 표현에 반응을 합니다. 말도 재미있고 상상력을 자극하기 때문이지요. 이런 말들을 듣고 마음이 즐거워진 아이는 자신도 그렇게 표현하게 됩니다.

이제부터 아이와 대화를 나눌 때는 감각적인 표현, 비유적인 표현을 섞어 풍요롭고 실감 나게 말해 보세요. 그럼 잠자고 있는 아이의 언어 감각이 싹을 틔우고 쑥쑥 자랄 겁니다.

◆ **감각적인 표현이란?**

감각적인 표현이란 시각, 청각, 촉각, 미각, 후각 등 다섯 가지 감각을 자극하는 표현이에요.
- 시각적 표현 : 색깔, 크기, 모양을 표현 예 파란 하늘, 둥근 해
- 청각적 표현 : 소리를 표현 예 부릉부릉 자동차 나간다.
- 촉각적 표현 : 부드러움, 거침 등 피부에 닿는 느낌을 표현 예 까끌까끌한 아빠 수염
- 미각적 표현 : 맛을 표현 예 새콤달콤 맛있는 아이스크림
- 후각적 표현 : 향기나 냄새를 표현 예 어디서 구수한 누룽지 냄새가 나지?

◆ **비유적인 표현이란?**

말하고자 하는 대상을 다른 것에 빗대어 표현하는 거예요. 사물을 사람처럼 표현할 수도 있어요.
예 동전만 한 달, 배꼽시계가 울린다

뜻을 물어보면 사전을 찾게 한다? 직접 말해 주는 게 좋다

아이가 뜻을 물어볼 때 엄마들은 갈등합니다.

'이걸 가르쳐 줘야 하나, 말아야 하나?'

갈등은 점점 깊어져 교육관에까지 영향을 주지요.

'아이 스스로 사전을 찾아보게 하는 것이 더 좋지 않을까?'

그러다 문득 유대인의 교육법이 떠오릅니다.

'그래, 물고기를 잡아다 줄 게 아니라 물고기 잡는 법을 가르쳐야 해. 내가 언제까지 떠먹여 줄 수 있겠어? 스스로 찾아 먹어야지.'

이제 엄마는 아이에게 말합니다.

"모르면 사전 찾아봐. 이제 스스로 할 때도 되지 않았니?"

그럼 아이는 샐쭉한 표정으로 뒤돌아서지요. 그런 다음 정말 엄마 말대로 사전을 찾아볼까요? 대부분의 아이는 그냥 포기해 버립니다. 사전을 찾는 것도, 단어의 뜻을 알아보는 것도 말입니다. 이런 아이에게 사전을 찾아보라고 닦달하면 그야말로 잔소리가 되어 버리지요.

그럼 어떻게 하는 것이 좋을까요? 판단하기 전에 하나씩 따져 보겠습니다.

먼저 사전을 찾는 게 아이에게 쉬운 일인지 아닌지 생각해 보세요. 참고로 말씀드리자면 사전 찾는 법은 초등학교 3~4학년 때나 가능합니다. 사전을 찾으려면 우리말 자음과 모음의 순서를 알아야 하는데, 그러려면 순서에 맞는 체계적인 사고를 할 수 있어야 하지요. 하지만 유아들은 이런 사고를 하지 못합니다. 10세 정도부터야 가능하지요. 게다가 사전의 뜻풀이는 어른이 이해하기에도 어려운 게 많고 글자마저 너무 작아 아이가 보기에 그리 적합하지 않습니다.

그래서 유아나 저학년의 경우, 모르는 단어가 있으면 일단은 엄마가 쉽게 풀어 설명해 주는 게 좋습니다. 구체적인 예를 들어 설명하고, 그 단어와 관련하여 엄마가 보고 듣고 겪은 일이 있다면 그 경험도 얘기해 주는 것이지요.

아이가 "엄마, 이게 무슨 뜻이야?" 하고 모르는 단어를 물어보는 건 좋은 신호입니다. 무언가를 배울 기회를 스스로 얻은 거니까요. 그 배움이 엄마의 따뜻한 목소리로 시작된다면 아이는 안정감 있게 지식을 습득할 수 있을 것입니다. 아이들의 지적 호기심은 마음이 안정되었을 때 왕성해집니다. 그러니 갈등하지 말고 엄마가 직접 쉽고 친절하게 그 뜻을 풀어서 설명해 주세요.

하지만 엄마들의 고민처럼 언제까지나 이렇게 일일이 설명해 줄 수는 없지요. 때가 되면 스스로 사전을 찾아보게 해야 합니다. 이를 위해 엄마가 먼저 사전을 찾는 모습을 보여 주세요. 아이가 보는 앞에서 사전을 펼쳐 놓고 한 장씩 들추며 모르는 단어의 뜻을 찾는 거지요. 엄마 혼자 찾은 다음 보여 주는 게 아닙니다. 그리고 아무 말 없이 묵묵히 찾는 것도 안 됩니다.

예를 들어 '맷돌'을 찾는다면 이런 식으로 혼잣말을 해야 합니다.

"맷돌이라……, 미음(ㅁ)으로 시작하니까 기역, 니은, 디귿, 리을, 그다음이 미음이지. 아, 여기 있다! 그다음 '맷'이니까 '마' 다음에 '매'가 나오고 받침이 시옷(ㅅ)이니까……."

엄마 옆에서 이 모습을 지켜보던 아이는 저도 모르게 사전 찾는 법을 배우게 되겠지요. 이 과정을 여러 번 되풀이해야 아이가 사전을 찾는 행위를 자연스럽게 익힐 수 있습니다. 사전을 찾은 다음엔 풀이된 설명을 아이와 함께 소리 내어 천천히 읽어 보고, 엄마가 다시 그 뜻을 좀 더 구체적이고 실감 나게 풀어 설명해 주세요.

한편 요즘에는 종이 사전이 아니라 전사 사전이나 더 간편하게 인터넷에서 단어를 검색하여 뜻을 찾아보는 일이 많습니다. 어느 사전을 찾든 아이에게 모범을 보여 주고 함께하는 과정이 필요합니다. 종이 사전을 이용할 땐 자음과 모음의 순서에 주의하도록 하고, 전자 사전이나 인터넷을 이용할 땐 그 이용법과 검색법을 알려 주어야 합니다.

여기서 꼭 기억할 점은 유아와 초등 저학년 때는 일단 사전에 연연하지 말고 엄마가 직접 말해 주라는 것입니다. 당장은 사전을 이용하는 게 중요한 게 아니라 뜻을 정확히 이해하고 새 어휘에 친근함을 갖는 게 중요하기 때문입니다.

아이가 질문하지 않는 것은 알아서가 아니다

책을 읽다가 또는 대화를 나누다가 아이가 어떤 단어의 뜻을 물어보면 귀찮다고 여기지 말아 주세요. 물어보지 않는 것보다 훨씬 훌륭한 태도임을 알아야 합니다. 단어의 의미를 물어본다는 건 자신이 아직 그 의미를 모른다는 사실을 인지하고 있다는 뜻이니까요.

"너 자신을 알라"라는 말이 있지요? 고대 그리스에서 똑똑하다고 자부하는 사람들도 이해하지 못한 이 말을 소크라테스만이 유일하게 이해했다고 합니다. 사실 이 말은 소크라테스가 한 말이 아니라 고대 그리스 델포이의 아폴론 신전 현관 기둥에 새겨져 있는 말입니다. 소크라테스는 이 말의 속뜻을 '내가 무엇을 모르는지 아는 것'이라고 풀이했어요. 이것이 바로 배움의 출발이지요.

내가 그것을 정확히 모른다는 걸 알아야 그것을 알고 싶고 그것에 대해 배우고 싶은 마음이 생깁니다. 이런 마음가짐을 가져야 성실하고 열성적으로 배움에 임할 수 있지요. 따라서 아이들이 단어뿐만 아니라 무언가에 대해 물어보면 배움을 시작한다는 신호로 기쁘게 받아들이세요.

그런데 모르는 게 확실한데 물어보지 않는 경우도 있습니다. 아이들은 대체로 궁금증을 참지 못하는데 어째서 안 물어보는 걸까요? 물어봤다가는 그것도 모르냐면서 야단맞을 것 같아 그러는 경우도 있지만, 자신이 그 단어를 아는지 모르는지 몰라서 안 물어보는 경우도 많습니다. 모른다는 사실조차 인지하지 못하는 거지요.

그러면 아이들은 어떤 경우에 그러할까요?

아이들은 감각적이고 구체적인 어휘에는 즉각 반응합니다. 눈에 보이고 만질 수 있는 사물을 표현한 말은 금방 이해하지요. 그래서 자신이 본 적이 없거나 사용한 적이 없는 사물을 지칭하는 표현이 나오면 이게 뭐냐고 바로 물어봅니다. 반면 눈에 보이지 않고 만질 수 없는 것, 추상적인 어휘들은 잘 이해하지 못합니다. 그래서 무슨 뜻인지 별로 궁금해하지 않습니다.

예를 들어 "갑순이는 방망이질을 잘하려고 노력했지만 안타깝게도 잘 안 되었습니다"라는 문장을 읽고 "방망이질이 뭐야?"라는 질문은 하지만, "노력이 뭐야?", "안타까운 게 뭐야?" 같은 질문은 거의 하지 않습니다. 느낌으로 대충 알 것 같기 때문에 정확히 모른다는 인식 없이 그냥 넘어가 버리지요.

그러므로 아이가 모를 것 같은 추상어는 먼저 콕 집어서 의미를 물어보세요. '방망이질' 같은 구체적인 말보다 '노력', '안타까움', '행복' 같은 추상어를 잘 이해하는 것이 어휘력 향상에 더 도움이 됩니다. 이런 말들이 아이의 생각과 느낌을 더 풍요롭고 깊이 있게 키워 주기 때문입니다.

아이가 질문하지 않는다고 안다고 생각하면 큰 오산입니다. 정작 꼭 알아야 하는 것, 잘 모르는 것은 질문하지 않는 경우가 많습니다. 그러니 엄마가 먼저 아이가 잘 모를 것 같은 말은 없는지 살펴 주세요. 그런 뒤 알고 있는지 물어보고 모른다면 친절하게 설명을 해줘야 합니다.

어휘의 뜻을 아는 것보다 중요한 건
활용할 수 있는 힘이다

아이들에게 한글이나 영어를 가르칠 때 낱말카드를 많이 이용합니다. 이 낱말카드는 보통 어떻게 되어 있나요? 앞면에는 그림이, 뒷면에는 글자가 적혀 있는 경우가 많습니다.

예를 들어 '모자'라고 하면 앞면에는 모자 그림()이 그려져 있고, 뒷면에는 글자가 쓰여 있지요. 그래서 '모자'라는 글자를 가르칠 때 모자 그림을 가리키며 "이게 모자야, 모자!" 하고 말합니다. 그런 다음 글자를 보여 주며 암기시키지요. 그럼 아이들은 모자 그림을 보면서 그것이 글자로는 '모자'라는 걸 알게 됩니다. 다시 말해 '모자'라는 글자의 뜻()임을 알게 되는 거지요.

이렇게 단어의 뜻은 일차적으로는 그것이 가리키는 사물, 곧 대상입니다.

가리키는 대상이 실제로 눈에 보이고 감각적으로 지각되면 구체어이고, 머릿속에서 관념적으로 지각되면 추상어지요. 구체어든 추상어든 모든 어휘는 일단 지칭하는 대상이 있습니다. 그래서 아이들에게 글자 공부를 시킬 때 사물 그림과 글자를 일대일 대응시키며 익히도록 하는 거지요. 그러면 정말 빨리 사물의 이름을 익혀 나가 어휘력이 향상됩니다.

하지만 이것으로 어휘 교육이 끝난 게 아닙니다. 그 어휘를 자유자재로 활용할 수 있어야 진짜 어휘력이 좋다고 말할 수 있으니까요. 이를 위한 어휘 교육은 어떻게 해야 할까요? 어휘의 뜻에 해당하는 사물을 보여 주는 것에서 나아가 그 어휘의 쓰임과 활용을 함께 말해 주어야 합니다. 모자 그림을 보면서 '모자'라고만 알려 줄 게 아니라, "모자를 써요", "모자를 벗어요", "모자가 걸려 있어요", "모자가 햇빛을 가려 줘요", "모자에 눌린 자국이에요"와 같이 모자의 쓰임과 관련된 여러 가지 상황들을 말해 주는 것입니다. 그러면 아이는 모자라는 말을 좀 더 풍요롭고 다양하게 이해할 수 있습니다. 뜻이 한 가지가 아니라 문장 속에서 그 의미가 약간씩 변하는 것을 어렴풋이 느끼는 거지요.

"모자가 햇빛을 가려 줘요"에 들어 있는 '모자'는 고마운 느낌을 줍니다. "모자에 눌린 자국이에요"의 '모자'는 오랫동안 이마에 붙어 있었던 장난꾸러기 같은 느낌을 줍니다. 이렇게 '모자'라는 말의 쓰임을 배우면 뜻만 배웠을 때보다 훨씬 풍요롭고 실감이 납니다. 그럼 모자라는 말을 더 잘 사용할 수 있지요.

혹시 "뉘앙스가 다르다"는 말을 들어 본 적이 있나요? 여기서 '뉘앙스'는 프랑스어로, 우리말로 순화하면 '어감', '말의 맛' 정도로 표현할 수 있습니다.

음색, 명도, 채도, 색상, 말의 느낌 따위의 미묘한 차이를 일컫는데, 모든 어휘는 어떻게 쓰이느냐에 따라 바로 이 뉘앙스가 다릅니다. 그러니 말로는 정확히 표현할 수 없는 미묘한 차이를 느낄 수 있도록 해주어야 합니다. 이 미묘한 느낌은 문장 속에서 특히 살아나지요.

　이제부터 어휘의 뜻, 그 지시적인 의미만을 가르칠 게 아니라 어감을 다채롭게 느낄 수 있도록 여러 가지 문장을 만들어 들려주세요. 이때 목소리의 높낮이, 색깔, 굵기 등을 다르게 하면 좀 더 생생하게 전달될 것입니다.

말놀이는 최고의 어휘 교육이다

아이들을 가르치면서 새삼 놀란 점은, 아이들 스스로 무엇을 어떻게 교육받아야 하는지 잘 알고 있다는 것입니다. 아이들은 자신들이 성장해야 할 때가 언제인지, 어떤 활동을 해야 그것을 이룰 수 있는지 잘 알고 있습니다.

예를 들어 손을 자신의 의지대로 사용할 수 있어야 하는 시기가 오면 아이들은 누가 시키지 않아도 공기놀이에 빠져듭니다. 그 전에도 물론 손을 쓰는 활동에 참여하며 즐거워하지만 이 시기 공기놀이를 할 때의 모습을 보면 완전히 집중하고 몰입하고 있음을 한눈에 알 수 있습니다. 공기놀이는 아이의 의식과 바로 연결됩니다. 쥐고, 잡고, 펴고, 오므리는 거의 모든 손의 활동을 생각한 대로 바로 해야 하니까요. 그런데 아이들마다 공기놀이에 빠지는 시기가 조금씩 다릅니다. 일찍감치 소근육이 발달한 아이는 좀 더 일찍 공기놀이에 빠져들고, 그렇지 않은 아이는 작은 근육들이 좀 더 발달한 다음에야 이 놀이에 집중하기 시작합니다.

어휘력도 마찬가지입니다. 아이들은 어떻게 해야 자신들의 어휘 실력을 늘리고 쌓을 수 있는지 자신들에게 가장 적합한 방법을 잘 알고 있습니다. 유아들을 관찰해 보면 어느 순간 말놀이에 빠져드는 걸 볼 수 있습니다. 이때는 시도 때도 없이 말놀이를 하자고 조릅니다.

말놀이는 말을 변형하거나 일반적인 어법을 어김으로써 생겨나는 변화로 재미를 주는 언어 놀이입니다. 말놀이는 아이에게 말의 재미를 느끼게 해주어 자꾸 말을 쓰고 싶게 합니다. 그리고 규칙을 어김으로써 도리어 단어 구성에 대해 논리적으로 생각할 수 있도록 유도하지요. 나아가 상황에 맞는 말을 센스 있고 유창하게 할 수 있는 표현력도 길러 줍니다.

아이들이 좋아하는 말놀이를 몇 가지 살펴보겠습니다. 아이들과 함께 해보세요. 놀이를 하기 전에 규칙을 정할 수도 있고, 하면서 정할 수도 있습니다. 규칙을 정할 때는 아이에게도 의견을 물어 수용해 주면 더욱 좋습니다.

스무고개 | 한 사람이 어떤 물건을 마음속으로 생각하면 다른 사람이 스무 번까지 질문을 해서 알아맞히는 놀이입니다. 질문은 보통 "네", "아니오"로 대답할 수 있는 것이어야 한다는 규칙이 있지만, 놀이를 하는 사람들이 새롭게 정할 수도 있습니다.

삼행시 | 세 글자의 단어를 사용하여 각 음절의 첫소리로 시작하는 구

절을 각각 만들어 하나의 시를 만드는 놀이입니다. 보통 이름으로 많이 하지요. 사행시, 오행시로도 지을 수 있습니다.

꽁지 따기 | "원숭이 엉덩이는 빨개, 빨간 건 사과, 사과는 맛있어……" 하면서 말의 뒷부분을 따 새로운 구절을 만들어 이어 가는 놀이입니다. "공은 둥글어, 둥근 건 달, 달은 밝아……" 등 다양한 구절로 시작하며 즐길 수 있습니다.

끝말잇기 | 앞 사람이 말한 단어의 마지막 글자로 시작하는 단어를 이어 말하는 놀이입니다. "사과, 과자, 자전거, 거미……"처럼 말이지요.

시장에 가면 | 시장에서 파는 물건들, 시장에 가면 볼 수 있는 것들을 말하는 놀이입니다. "시장에 가면, 호박도 있고, 머리핀도 있고, 고등어도 있고……" 하면서 리듬을 타며 진행합니다. "학교에 가면~", "놀이동산에 가면~" 등으로 장소를 바꿔 부를 수도 있습니다.

이름 대기 | "아이 엠 그라운드 과일 이름 대기!"로 시작해 정해진 주제에 맞게 놀이의 참여자들이 저마다 이름을 정한 후 서로의 이름을 부르는 놀이입니다. 과일 이름, 동물 이름, 학용품 이름, 책 이름, 영화 이름 등 주제가 무궁무진하지요.

수수께끼 | 발음의 유사성이나 모양 및 쓰임을 이용하여 만든 엉뚱한 질문에 재치 있게 대답하는 말놀이입니다. "감은 감인데 못 먹는 감은? 장난감!", "거꾸로 자라는 것은? 고드름!", "물에 빠져도 죽지 않는 것은? 그림자!" 등 재미있는 수수께끼들이 참 많습니다.

노래 가사 바꿔 부르기 | 패러디 방식으로 원음에 노랫말만 바꾸어 부르는 것입니다. 동요나 아이들이 좋아하는 가요를 골라 가사를 새롭게 붙여 재미있게 바꿔 부릅니다.

그림책은 최고의 어휘 교과서, 단지 방법이 문제

　그림책은 분명 유아들이 새로운 어휘를 익히기에 가장 좋은 도구입니다. 흥미롭고 참신한 이야기 속에서 어휘를 접하기 때문에 그 의미를 풍요롭게 이해할 수 있습니다. 하지만 어떤 방법으로 읽어 주느냐에 따라 최고의 어휘 교과서가 될 수도 있고, 일상 속에서 나누는 대화보다 못할 수도 있습니다. 그림책이 아이에게 훌륭한 어휘 교과서가 되려면 엄마가 잘 읽어 주어야 합니다. 이에는 두 가지 방법이 있습니다.

　첫 번째 방법은 아이와 함께 그림을 보면서 설명하듯, 대화하듯 읽어 주는 것입니다. 그림책은 원래 아이는 그림을 보며 상상하고, 어른은 글자를 보며 읽어 주는 책입니다. 그런데 많은 엄마들이 아이를 글자에 집중시키며 읽어 주지요. 혹시 한눈을 팔까 봐 손가락으로 한 자 한 자 짚으면서 말입니다.

어휘력은 문자를 빨리 익힌다고 느는 게 아닙니다. 이 세상을 언어로 표현할 수 있다는 걸 알고 그 언어를 배우고 싶다는 마음을 가졌을 때 어휘 하나하나에 관심이 생기고 익히게 되지요. 아이들은 그림책의 그림을 보며 엄마의 이야기를 들을 때 내용을 더 잘 파악하고 새로운 어휘도 더 잘 받아들입니다.

이때 책에 나온 글자들을 있는 그대로 다 읽어 주지 않아도 됩니다. 아이에게 책을 읽어 주기 전에 엄마가 먼저 읽고 내용을 파악한 뒤 입말로 자연스럽게 들려주세요. 아이가 질문을 하면 대답도 해주고, 반대로 엄마가 아이에게 질문할 수도 있지요. 이렇게 상호작용을 하며 함께 그림책을 읽다 보면 아이 마음속에서 어휘들이 생생하게 살아납니다.

두 번째 방법은 실감 나게 읽어 주는 것입니다. 앞의 방법이 그림 위주로 대화를 하듯 자연스럽게 이야기를 들려주는 것이었다면, 이번엔 책에 나온 글자들을 거의 그대로 읽어 주는 것입니다. 대신 아무 감정 없이 딱딱하게 읽어 주는 게 아니라 한 마디 한 마디에 감정을 넣어 읽어 주어야 합니다. 목소리, 높낮이, 굵기에 변화를 주면서 실감 나게 읽어 주세요. 새로운 어휘가 나오면 약간 높고 굵은 목소리로 강조하며 읽어 줍니다. 그럼 그 소리가 아이에게도 인상 남아 무슨 뜻인지 알고 싶어질 것입니다.

그림책은 한 번만 읽어 주지 말고 여러 번 되풀이해서 읽어 주는 게 좋습니다. 읽어 줄 때마다 다른 방식을 쓰지 말고 같은 방식으로 말이지요. 옛말에 "독서백편의자현(讀書百遍義自見)"이라는 말이 있습니다. '글을 백 번 되풀이해 읽으면 그 뜻을 저절로 알게 된다'는 뜻이지요. 같은 글을 자꾸 듣고 읽으면 어느 순간 내용이 이해되면서 맥락 속에서 단어의 의미를 파악하게 됩니다. 처음에 관심을 기울이지 않았던 말이나 내용도 되풀이해 듣다 보면 관심이 생기고 이해되기 시작합니다. 그러면 비로소 진정으로 그림책을 통해 어휘력을 키울 수 있습니다.

아이 스스로 어휘의 뜻을 추론해 보도록 돕는 엄마의 대화법

앞서 아이가 모르는 단어를 물어보면 구체적인 예를 들어 쉽게 풀이해 주거나 함께 사전을 찾아보면 된다고 했습니다. 여기에 한 가지 더 추가하자면 아이 스스로 추론해 보도록 유도하는 것입니다.

『해치와 괴물 사형제』(정하섭 글/ 길벗어린이)에 보면 이런 대목이 나옵니다.

"괴물 사형제는 해치에게 앙갚음을 하려고 늘 벼르고 있었어"

여기서 '앙갚음, 벼르다'의 단어를 아이가 어려워한다면 이에 대해 아이와 대화를 나눌 때 이렇게 유도해 보는 거지요.

아이	"앙갚음이 무슨 뜻이에요?"
엄마	"무슨 뜻일까? 한번 생각해 볼까?"

⇨ 아이가 추론해 볼 수 있도록 되물어요.

아이	"잘 모르겠어요."
엄마	"여기 보면 괴물 사형제가 해치를 미워한다고 나와 있지? 해치한테 당한 게 많아서 그래. 그럼 어떤 마음이 생길까?"

⇨ 책 내용과 연관 지어 힌트를 줘요.

아이	"해치를 없애고 싶은 마음이요."
엄마	"맞아. 나한테 해를 준 사람한테 똑같이 해를 주고 싶은 마음이야."

⇨ 아이 말을 정리해서 좀 더 정확하게 풀어서 말해 줘요.

아이	"복수심이요?"
엄마	"바로 그거지!"

⇨ 아이가 단어의 뜻을 알아낸 것에 대해 칭찬해요.

위 대화에서 책 내용과 연관 지어 힌트를 주는 부분이 바로 문맥 속에서 단어의 뜻을 이해하도록 유도하는 방법입니다. 모르는 단어가 나왔을 때 이런 방식으로 접근하는 건 독해의 기본 태도입니다.

어떤 글을 읽든 거기 쓰인 모든 단어의 뜻을 미리 다 알고 읽을 수는 없습니다. 아무리 똑똑한 어른이라고 해도 여전히 모르는 단어가 있지요. 그때마다 누군가에게 물어보거나 사전을 찾는 건 힘듭니다. 특히 시험을 보거나 할 때는 모르는 채로 내용을 파악해야지요. 이때 주변 단어와 전체적인 내용을 힌트 삼아 단어의 뜻을 추론할 수 있어야 합니다.

그런데 아이 혼자 추론하는 것은 힘듭니다. 그래서 추론하도록 유도하고, 힌트를 주어 좀 더 생각해 볼 수 있도록 격려해 주는 게 중요합니다. 마지막으로 아이가 한 말들을 조합하여 정리도 해주어야지요. 이걸 한두 번만 하는 게 아니라 그림책을 읽을 때마다 자주 해주세요. 그래야 뜻을 추론하고 문맥 속에서 파악하는 능력이 길러진답니다.

어휘 대장이 되기 위해 꼭 극복해야 하는 것, 한자

우리말 어휘 대장이 되려면 꼭 극복해야 하는 것이 있습니다. 바로 한자입니다. 왜냐하면 우리말 어휘의 65퍼센트 이상이 한자어로 되어 있기 때문입니다. 특히 학습 용어는 90퍼센트 가까이가 한자어입니다. 따라서 한자를 잘 모르면 어휘력과 이해력을 키우는 데 한계가 있고, 나아가 학습 능력 또한 떨어질 수 있습니다. 그렇다면 이 한자와 한자어를 어떻게 아이에게 가르쳐야 할까요?

엄마가 한자 선생님처럼 가르치는 건 쉽지 않습니다. 그러려면 전문적으로 한자 지도법을 배워야 하지요. 하지만 기본적인 것들은 충분히 지도할 수 있습니다. 한자에 관심이 생기고 알고 싶다는 마음을 갖게 할 수 있는 것입니다.

그럼 먼저 한자에 흥미를 갖게 하는 방법부터 알아볼까요? 이건 한자가 어떤 문자인지 파악하면 쉽게 떠올릴 수 있습니다. 한자는 표의문자이지만 그 발생을 보면 상형문자에서 출발했습니다. 말소리를 그대로 기호화하여 만들어진 표음문자인 우리말과 달리 한문인 표의문자는 음과 상관없이 글자 하나하나가 뜻을 가진 문자를 뜻합니다. 한자를 보면 모두 저마다 뜻을 갖고 있지요. 하지만 한자가 처음부터 표의문자였던 건 아닙니다. 그 시작인 상형문자는 사물의 모양을 본떠 만든 문자입니다. 예를 들어 '日(해 일)'은 해(☀)의 모양을 본 뜬 것이고, '月(달 월)'은 달(🌙)의 모양을 본 뜬 것입니다. '明(밝을 명)'은 해와 달을 결합했지요. 그러니 얼마나 밝을까요!

처음 한자를 접하는 아이에게는 이를 활용하여 그림을 그려 가며 설명해 주세요. 해를 그린 다음 그 옆에 日을 쓰고 "해모양을 닮았지? 뜻은 '해'이고, 읽을 때는 '일'이라고 해. 그래서 '해 일' 자야"라고 말해 줍니다. 그런 다음 "생일의 '일'도 이 한자를 쓴단다"라고 한자의 쓰임도 덧붙이는 겁니다. 그럼 아이에게 한자의 뜻과 음이 좀 더 분명하게 와 닿을 테지요.

한자어에 익숙해졌다면 그 뜻을 추론해 보도록 유도해 주세요. 한 가지 예를 들어 보겠습니다. 『지각대장 존』이라는 그림책이 있어요. 여기서 '지각'과 '대장'이 모두 한자어인데, 각각 이렇게 설명할 수 있습니다.

◆ **지각** | 정해진 시각보다 늦음.

⇨ 분석 : 늦을 '지(遲)' + 시각 '각(刻)'

> ⇨ 엄마의 풀이 : 지각이 무슨 뜻인지 알지? 이게 한자어인데, 늦을 지, 새길 각이야. 각에는 시각, 때라는 뜻도 있어. '지'가 늦는다는 뜻이고, '각'이 시각이라는 뜻이니까 합쳐서 '정해진 시각보다 늦는다'는 뜻이 되었어.

◆ **대장** | 우두머리, 어떤 일을 잘하거나 즐겨하는 사람.
> ⇨ 분석 : 클 '대(大)' + 장수 '장(將)'
> ⇨ 엄마의 풀이 : 대장은 '우두머리'야. 무리에서 최고로 높은 사람 말이야. 여기 '대'는 크다는 뜻이고, '장'은 장수를 뜻해. 클 대, 장수 장이지. 그래서 우두머리라는 뜻이 된 거야.

한자어인 경우에 한하여 위와 같이 설명해 주는 것입니다. 만약 그 글자의 한자어 뜻을 안다면 말입니다. 부모가 아이에게 키워 줄 수 있는 건 한자어 지식이 아닙니다. 한자어를 한자어인 줄 알고 그 뜻을 분석하여 파악하려는 태도입니다. 이것이 한자어 학습의 기본 바탕이지요.

속담에서 시작해서 속담으로 끝나는 국어 공부

 "국어 공부는 속담에서 시작해서 속담으로 끝난다"는 말이 있습니다. 그만큼 속담은 우리말의 정수 중의 정수입니다. 이건 당연하지요. 속담은 어느 날 하루아침에 만들어진 게 아니라 오랜 세월을 거치며 깨닫고 터득한 조상들의 지혜가 담긴 말이니까요. 언어가 생각을 담은 집이라면, 속담은 그야말로 한 민족의 생각을 담은 대궐 같은 집이라고 할 수 있습니다.

 그래서 아이가 속담을 알아 갈수록 지혜도 함께 자라지요. 자신이 직접 겪어 보지 않은 일도 통찰할 수 있습니다. 예를 들어 "천 리 길도 한 걸음부터"라는 속담을 통해 '무언가를 이루려면 조급해하지 말고 꾸준히 노력해야 한다'는 걸 깨닫게 되지요. 또한 속담은 말에 담긴 함축적 의미를 알려 줍니다. 속담은 겉으로 드러난 의미 외에 숨은 의미를 감추고 있으니까요. "돌다리도 두들겨 보고 건너라"라는 속담은 '잘 아는 일도 세심하게 주의하라'는 뜻이 담겨 있습니다. 그렇기 때문에 속담은 어휘력을 키우는 데 아주 좋은 수단이 됩니다.

아이가 속담을 친근히 여기고 받아들이게 하려면 일상생활 속에서 자주 들려주는 게 중요합니다. 그렇다고 아무 상황에서나 마구 쓰면 안 되고 적합한 상황에 적절한 속담을 골라 써야 합니다. 예를 들어 이렇게 말하는 거지요.

"'아는 길도 물어서 가랬다'고 했으니까 은행이 어디 있는지 다시 한 번 확인해 보자."

또 속담 책을 사서 함께 읽어 보는 것도 좋습니다. 하루에 속담 한두 개 정도씩 아이와 함께 읽으며 충분히 설명해 주세요. 만화로 되어 있는 속담 책도 좋습니다. 아이가 속담에 익숙해지는 것이 중요하니까요.

격언도 어휘 교육에서 중요합니다. 격언은 명언이라고도 하는데, 인생의 의미와 가치, 그리고 나아갈 방향을 일러 주지요. 하지만 유아들에겐 아직 어렵기 때문에 격언을 얘기해 줄 때는 구체적인 상황을 예로 들어 설명해 주는 것이 좋습니다. 특히 위인들의 일화 중에는 격언과 관련지을 수 있는 이야기들이 많습니다. 예를 들어 "정직이 최선의 방책이다"라는 격언을 말할 때 링컨 대통령의 어린 시절 에피소드를 함께 들려주면 아이가 훨씬 쉽게 이해합니다. 링컨이 이웃에게 책을 빌렸는데 간수를 잘못해서 비에 다 젖어 버립니다. 하지만 링컨은 자신의 잘못을 솔직하게 말하고 용서를 구하지요. 그러자 이웃집 아저씨가 꾸중 대신 칭찬을 했다는 얘기입니다.

그런데 이때 한 가지 주의할 점이 있습니다. 아이에게 격언을 알려 주었을 때는 부모님이 이를 실천하는 모습을 함께 보여 주어야 한다는 것이지요. 아이에게는 정직을 강조하며 "정직이 최선의 방책이다"라고 말해 놓고는 정작 부모님이 지키지 않는다면 격언의 가치가 뚝 떨어져 버리겠지요? 부모님의 권위도 함께 말입니다. 이건 교육적으로 가장 경계해야 하는 상황입니다. 신뢰가 무너져 버리니까요.

속담과 격언 못지않게 관용어 역시 아이의 어휘 실력을 쑥쑥 키워 줍니다. 관용어는 둘 이상의 낱말이 모여 특별한 의미를 가지게 된 표현입니다. 오랜 세월 동안 사람들의 입에 오르내리며 관습처럼 굳어진 말이기 때문에 외국인처럼 다른 사회와 문화에서 사는 사람들은 잘 이해하지 못하지요.

앞에서도 이야기하였지만 '손이 크다'는 말은 손의 크기가 크다는 뜻도 있지만, 관용어로 쓰여 '씀씀이가 후하다'는 뜻도 있습니다. 우리말에는 손, 발, 눈, 목, 코 등 신체 기관과 관련된 관용어가 많습니다.

관용어를 많이 알면 무엇보다 의사소통이 훨씬 수월해집니다. 관용적 표현을 많이 쓰는 어른들의 말을 잘 알아듣게 되니까요. 그리고 관용어가 많이 나오는 동화나 소설 같은 문학 작품도 잘 읽게 됩니다.

평소 아이와 대화를 나눌 때 속담, 격언, 관용어를 한두 가지 정도 섞어 쓰면서 자연스럽게 가르쳐 줄 수도 있지만 초등 고학년이 되면 국어 시간에 배우기 때문에 미리 시시콜콜 지도할 필요는 없습니다. 대화를 나누며, 책을 읽으며 자연스럽게 접할 수 있도록 해주세요.

하나의 단어로 여러 단어를 익히는 '어휘 사이의 의미 관계'

아이에게 어떤 한 분야나 과목을 가르치려면 그 바탕이 되는 기본 지식을 갖추고 있어야 합니다. 그렇지 않으면 제대로 가르치고 있는지 판단이 안 서고, 아이들의 '왜?'라는 질문에 능동적으로 답하기 어렵기 때문입니다.

아이에게 어휘를 가르칠 때도 그 바탕이 되는 지식을 알고 있어야 하는데, 이때 갖추고 있어야 할 것은 바로 문법 지식입니다. 문법은 언어의 규칙을 체계적으로 정리한 것이기 때문에 알고 있으면 어휘를 이해하고 설명하는 데 많은 도움이 됩니다.

문법은 말소리에 관한 것, 단어의 형태에 관한 것, 문장에 관한 것, 그리고 의미에 관한 것 등으로 나눌 수 있습니다. 여기서 어휘 교육에 직접적인 도움이 되는 내용은 말소리에 관한 것, 단어의 형태에 관한 것, 그리고 의미에 관한 것입니다. 이제부터 이러한 문법 지식을 살펴보고 동시에 어떻게 어휘 교육에 적용할 수 있는지 알아보겠습니다.

가장 먼저 살펴볼 것은 의미에 관한 내용입니다. 이는 단어와 단어 사이의 의미 관계에 관한 것인데, 알고 있으면 어휘의 뜻을 좀 더 분명하게 설명할 수 있습니다. 말이 조금 어렵나요? 아이에게 어휘를 가르칠 때 활용할 수 있는 대표적인 의미 관계를 통해 하나하나 살펴보면 금방 이해할 수 있을 것입니다.

첫 번째, 유의 관계입니다. 말소리는 다르지만 의미가 서로 비슷한 단어들을 말하지요. '교사-선생님', '서적-책', '사고-생각', '신뢰-믿음', '어버이-부모', '책방-서점', '허파-폐', '낯-얼굴', '사망하다-돌아가다-죽다' 등이 유의 관계의 어휘들입니다. 아이에게 처음 보는 어려운 어휘를 설명할 때 그와 유의 관계에 있는 쉬운 어휘를 활용하여 말해 주면 뜻을 쉽게 파악할 수 있습니다.

두 번째, 반의 관계입니다. 말 그대로 의미가 서로 대립되는 단어들이지요. '아름답다-추하다', '부귀-빈천', '밀물-썰물', '행복-불행', '똑똑하다-미련하다', '승리-패배', '절약-낭비', '축복-저주', '미풍-강풍', '증가-감소' 등의 어휘들이 있습니다. 이 관계를 활용하여 단어의 뜻을 말해 주면 좀 더 분명하게 그 의미를 이해시킬 수 있습니다.

세 번째, 상하 관계입니다. 한 단어의 의미가 다른 단어에 포함되는 관계에 있는 어휘들을 말합니다. 예를 들어 '옷-청바지', '꽃-장미', '감정-기쁨', '동물-포유류', '사람-아이', '가구-침대' 등의 어휘들이 있습니다. 여기서 앞에 쓴 단어들이 상위 개념이고, 뒤에 쓴 단어들이 하위 개념입니다. 하위 개념의 단어들이 상위 개념에 포함되지요. 그래서 상위 개념을 설명할 때는 그 안에 포함된 하위 개념의 단어들을 활용해 설명하고, 하위 개념의 단어를 설명할 때는 상위 개념의 단어에 포함시켜 설명해 주면 좋습니다. 예를 들어 '감정'을 설명할 때는 "마음속에서 느껴지는 기분이야. 예를 들어 기쁨, 슬픔, 화, 즐거움 등이 다 감정이지" 하고 말해 주는 것입니다. 반대로 '기쁨'을 설명할 때는, "이건 어떤 감정인데, 흐뭇하고 만족스러운 감정이지" 하고 말해 줄 수 있지요.

이렇게 의미 관계를 활용하여 단어를 설명하면 뜻을 좀 더 분명하게 알 수 있을 뿐만 아니라 하나의 단어를 통해 관련된 여러 가지 단어를 동시에 배우고 이해할 수 있습니다.

낱말의 구조를 알면
뜻이 저절로 보인다

두 번째로 알아볼 문법 지식은 단어의 형태에 관한 내용 중 낱말의 구조에 대한 것입니다. 낱말의 구조를 알면 좀 더 쉽게 그 뜻을 파악할 수 있습니다. 이를 활용해 어휘의 뜻을 알려 주면 아이가 보다 쉽게 받아들입니다. 예를 들어 하나의 말로 이루어져 있는 낱말은 그냥 그 뜻을 풀어 주면 됩니다. 하지만 둘 이상의 다른 말이 결합하여 이루어진 낱말은 각각의 뜻을 설명해 주고, 아이에게 그 뜻을 추론해 보도록 유도하는 거지요.

여기서 하나의 말로 이루어진 단어를 단일어라고 하고, 둘 이상의 말로 이루어진 단어를 복합어라고 합니다. 단어를 분석할 때 쓰이는 문법 용어로 다시 설명하자면, 단일어는 하나의 어근으로 이루어진 단어이고, 복합어는 어근에 접사가 붙거나, 어근과 어근이 결합하여 만들어진 단어입니다. 어근은 단어를 분석할 때 실질적인 의미를 나타내는 중심 부분을 의미하고, 접사는 어근에 붙어서 그 뜻을 제한하는 주변 부분을 뜻합니다.

예를 들어 '하늘, 바다, 가다, 예쁘다' 등은 하나의 어근으로 이루어진 단일어입니다. '하늘'은 두 글자로 되어 있지만 '하'와 '늘'로 쪼개 버리면 원래의 뜻이 사라져 버리지요. 그래서 이들 말은 구조를 분석할 필요 없이 단어 뜻 그대로 설명해 주면 됩니다.

한편 '풋사과, 망치질, 손수건, 덮밥' 등은 복합어입니다. 둘 이상의 말로 이루어져 있지요. 그런데 '풋사과'와 '망치질'은 어근과 접사로 이루어진 파생어이고, '손수건'과 '덮밥'은 어근과 어근이 결합된 합성어입니다. 바로 이 파생어와 합성어를 설명할 때 낱말의 구조를 분석하여 뜻을 추론해 볼 수 있습니다. 다음의 풀이를 참고하여 복합어를 설명하는 방법을 연습해 보세요.

◆ **풋사과**

⇨ 낱말의 구조 : 풋(접사) + 사과(어근)

⇨ 엄마의 풀이 : 이건 '사과'에 '풋'이 붙은 말이야. '풋'이 무슨 뜻일까? 잘 익었다는 뜻일까, 덜 익었다는 뜻일까? 덜 익었다는 뜻이야. 그래서 '풋사과'는 '아직 다 익지 않은 덜 익은 사과'라는 뜻이 된단다.

◆ **망치질**

⇨ 낱말의 구조 : 망치(어근) + 질(접사)

⇨ 엄마의 설명 : 이 말은 '망치'에 '질'이 붙은 말이야. '질'은 무슨 뜻일까? '짓'과 느낌이

비슷하지? 바로 어떤 행동을 뜻한단다. 그럼 망치질은 '망치로 무엇을 두드리거나 박는 행동'을 뜻하겠지?

◆ **손수건**
  ⇨ 낱말의 구조 : 손(어근) + 수건(어근)
  ⇨ 엄마의 설명 : 이 말은 '손'과 '수건'이 합쳐져서 된 말이야. 둘 다 무슨 뜻인지는 알지? '손을 닦는 자그마한 수건'이라는 뜻이야.

◆ **덮밥**
  ⇨ 낱말의 구조 : 덮다(어근) + 밥(어근)
  ⇨ 엄마의 설명 : 이 말은 '덮다'와 '밥'이 합쳐져서 된 말이야. 무슨 뜻일까? 밥을 덮었다는 말이겠지. '밥 위에 반찬이 될 만한 음식을 얹은 요리'를 뜻해. 오징어 덮밥 같은 게 있어.

위에 엄마의 설명을 시시콜콜 다 적은 이유는 문법 지식을 알아도 실제 아이에게 적용하는 것은 쉽지 않기 때문입니다. 딱딱하게 설명하면 안 되고 아이 눈높이에서 지적 호기심을 자극하며 말해 주어야 합니다. 질문도 하고 아이의 대답도 유도하면서 말이지요. 이렇게 단어 하나를 설명할 때도 소통하며 차근차근 알려 주면 아이의 어휘력이 늘지 않을 수 없습니다.

띄어쓰기 지도가
쉬워지는 품사 공부

 반드시 알아야 하는 단어의 갈래에 대한 지식을 알아보겠습니다. 이 역시 단어의 형태에 관한 것인데, 곧 '품사'를 일컫습니다.

 품사란 그 성질이 같은 단어끼리 묶은 걸 말합니다. 우리말은 총 아홉 가지 품사로 나뉘어 있습니다. 명사, 대명사, 수사, 동사, 형용사, 관형사, 부사, 조사, 감탄사로, 이에 대해 하나씩 예시를 살펴가며 알아보고자 합니다.

명사 | 사람이나 사물의 이름을 나타내는 말입니다. '창수, 동생, 서울, 도시, 한라산, 산' 등 아주 많지요. 그런데 여기서 '창수, 서울, 한라산'처럼 다른 대상과 구별하기

위해 특별하게 붙인 이름을 고유명사라고 하고, '동생, 도시, 산'처럼 공통된 속성을 지닌 대상들에 두루 쓰이는 이름을 '보통명사'라고 합니다.

대명사 | 대상의 이름을 대신하여 그것을 가리키는 말입니다. '나, 너, 우리, 그, 누구'와 같이 사람을 가리키는 인칭대명사와 '이것, 저것, 여기, 저기'같이 사물이나 장소를 가리키는 지시대명사가 있습니다.

수사 | 사물의 수량이나 순서를 나타내는 말입니다. '하나, 둘, 셋, 일, 이, 삼'과 같이 물건의 수량을 세는 양수사와 '첫째, 둘째, 셋째'와 같이 순서를 나타내는 서수사가 있습니다.

동사 | 동작을 나타내는 말입니다. '가다, 달리다, 놀다, 자다, 하다' 등 많습니다. '간다, 가니, 가고, 가라, 갔다, 가는구나' 등 여러 가지 형태로 활용할 수 있습니다.

형용사 | 성질이나 상태를 나타내는 말입니다. '작다, 많다, 조용하다, 아름답다, 빠르다, 슬프다' 등 많이 있습니다. 동사처럼 여러 가지 형태로 활용할 수도 있지요. 단 현재형이나 명령형, 청유형으로는 활용되지 않습니다.

관형사 | 명사, 대명사, 수사를 꾸며 주는 말입니다. '새 옷'에서 '새', '옛 추억'에서 '옛'이 관형사입니다. 관형사는 꾸밈을 받는 말 앞에 씁니다.

부사 | 동사와 형용사를 꾸며 주는 말입니다. 그 외 같은 부사를 꾸며 주기도 하고 문장 전체를 꾸며 주기도 합니다. '참 귀엽다'에서 '참', '아주 빨리 달린다'에서 '아주'와 '빨리', '과연 그 일이 일어날까?'에서 '과연'이 부사입니다. 부사 역시 꾸밈을 받는 말 앞에 씁니다.

조사 | 앞말에 붙어 다른 말과의 관계를 나타내거나 앞말의 뜻을 더해 주는 말입니다. 주로 명사, 대명사, 수사 뒤에 붙어서 문법적 관계를 나타내 주지요. 예를 들어 '철수'라는 명사에 '가'라는 조사가 붙으면 '철수가'가 되는데, 보통 문장에서 주어로 쓰입니다.

> 이렇듯 조사에는 주어를 만들어 주는 '이, 가', 서술어를 만들어 주는 '이다', 목적어를 만들어 주는 '을, 를', 부사어를 만들어 주는 '에, 에게, 에서', 관형어를 만들어 주는 '의' 등의 격조사가 대표적입니다. '와, 랑'과 같이 두 단어를 이어 주는 접속조사, '만, 도, 는'과 같이 특별한 뜻을 더하여 주는 보조사도 있습니다.
>
> **감탄사** | 부름, 느낌, 대답 등을 나타내는 말입니다. '야, 어머나, 우아' 등이 있으며 문장에서 다른 말들과 관계를 맺지 않고 독립적으로 쓰입니다. 다른 말 없이 혼자 써도 의미를 갖지요.

자, 이들 품사에 대해 누가 알아야 할까요?

아이들이 아니라 엄마들입니다. 아직은 아이가 알 필요는 없습니다. 사실 가르쳐도 잘 이해하지 못하지요. 아이는 '책상'이 명사인지 동사인지 몰라도 되지만, 엄마는 명사라는 걸 알아야 합니다. 그래야 아이한테 "'책상'은 (실제 책상을 가리키거나 그림을 보여 주며) 이것의 이름이야"라고 말해 줄 수 있지요. 그런 다음 그 쓰임이나 '책상'을 넣어 만든 문장을 몇 가지 곁들여 준다면 학습 효과가 더욱 커질 것입니다.

품사를 잘 알면 또 한 가지 좋은 점이 있습니다. 띄어쓰기 지도를 아주 잘 할 수 있다는 것입니다. 아이가 쓴 글을 검토하면서 띄어 써야 하는지 붙여 써야 하는지 헷갈릴 때가 많을 텐데 그 단어의 품사를 알면 띄어 써야 하는지 붙여 써야 하는지 알 수 있습니다. 모든 품사는 띄어 쓰거든요. 즉 어떤 말이 품사면 띄어 쓰고, 품사가 아니면 붙여 씁니다. 단 조사는 품사지만 꼭 앞말에 붙여 써야 합니다.

이렇게 기본 문법 지식까지 갖추었다면 아이의 어휘 교육에 대한 자신감도 높아질 것입니다.

정확한 발음은 정확한 뜻만큼이나 중요하다

마지막으로 말소리에 관한 내용입니다. 말소리는 뜻을 구분해 주는 가장 작은 단위입니다. 무슨 말이냐고요? '문'과 '물'을 비교해 보세요. 여기서 두 단어의 뜻을 구분해 주는 것이 바로 'ㄴ'과 'ㄹ' 소리입니다. 이 두 소리를 제대로 발음하지 않으면 '문'인지 '물'인지 헷갈리지요.

우리말은 표음문자, 곧 소리문자이기 때문에 우리말을 제대로 배우고 익히려면 말소리를 정확히 인지할 수 있어야 합니다. 그래서 가정에서 부모가 정확한 발음으로 말하는 것이 매우 중요하지요. 아이는 부모의 말소리를 들으며 소리를 구분하는 능력이 길러지고, 이것이 차차 뜻을 구별하는 능력으로 이어집니다. 정확한 말소리를 들으며 자란 아이는 자신도 정확하게 발음하고 말의 의미도 잘 구별합니다. '발음까지 굳이~' 하고 생각할 수도 있습니다.

하지만 발음도 어휘 교육의 한 부분인 만큼, 짚고 넘어갈 필요가 있습니다.

실제 사례를 통해 그 중요성을 다시 한 번 이야기해 보겠습니다. 초등 5학년 아이가 '스마트폰 사용 금지'에 관한 논설문을 썼습니다. 그 내용 중에 수업 시간에는 사용하지 말고 쉬는 시간이나 급할 때만 사용하는 걸 허락하자는 주장이 있었습니다. 이 내용을 언급하며 '지금의 규칙을 보안해야 한다'고 썼습니다. 이 문장에 잘못 쓴 낱말이 있습니다. '보완해야 한다'라고 써야 하는데, '보안'이라고 쓴 것이지요. 나중에 아이에게 확인해 보니 아이는 보안의 뜻을 보완이라고 알고 있었습니다. 그 이유는 자신이 그렇게 발음해 왔기 때문이었지요. 이렇듯 정확한 말소리와 정확한 글자, 정확한 뜻이 연결되어야 어휘를 올바르게 이해하고 사용할 수 있답니다.

그럼 이제 어떻게 하면 말소리를 바르게 낼 수 있는지 구체적으로 알아보겠습니다.

우리 주변에서 말을 잘하기로 소문난 아나운서들을 떠올려 보세요. 대본이 있는 뉴스나 프로그램을 진행할 때뿐만 아니라 인터뷰나 토크 쇼에 나와서도 막힘이 없고 유창합니다. 남다른 어휘 구사력을 유감없이 보여 주지요. 이들의 공통점은 모두 발음이 아주 정확하다는 겁니다.

이들처럼 할 필요는 없지만 그래도 기본적으로 우리말 발음을 할 때 주의할 점을 몇 가지 꼽아 보겠습니다.

첫 번째는 호흡입니다. 숨을 잘 내쉬고 들이마셔야 말소리를 자유자재로 조절할 수 있고 상대방이 그 말을 편하고 자연스럽게 받아들일 수 있습니다. 이러려면 천천히, 깊게, 조용히, 규칙적으로 호흡해야 합니다. 한마디로 복식 호흡을 해야 하지요. '말을 잘해야지', '천천히 말해야지' 하고 다짐한다고 그렇게 되지 않습니다. 호흡이 먼저 가지런해야 합니다. 바르게 호흡하기 시작하면 약간 느리면서도 나직하고 부드러운 소리가 나옵니다. 아이들이 좋아하고 잘 알아들을 수 있는 말소리지요.

두 번째는 혀의 움직임입니다. 입 안에서 혀가 상하좌우로 자유자재로 움직여야 정확한 발음을 할 수 있습니다. '으, 어, 아'를 차례로 발음해 보세요. 혀의 높이가 점점 낮아지는 걸 느낄 수 있을 것입니다. 그리고 '그, 즈, 드, 브'를 발음할 때도 혀의 움직임이 달라지는 게 느껴지나요? 특히 '드'를 발음할 때는 혀끝이 윗잇몸에 살짝 닿지요. 만약 이렇게 발음하지 않으면 이상한 소리가 날 수 있습니다.

세 번째는 입술의 모양입니다. '이, 어, 아'가 들어가면 입술이 자연스럽게 옆으로 펴지며 소리가 나고, '오, 우'가 들어가면 둥글게 오므려지며 소리가 납니다. 글자에 따라 입술 모양을 오므리기도 하고 펴기도 하면서 소리를 내보세요. 특히 '외, 위, 와, 워'와 같이 이중 모음을 발음할 때는 입술의 모양이 변한다는 걸 기억해야 합니다.

물론 아나운서처럼 말을 할 때마다 호흡과 발성, 발음에 신경을 쓸 수는 없습니다. 하지만 위에 말씀드린 기본적인 것만이라도 연습하여 익숙해진다면 아이에게 말할 때 우리말을 좀 더 아름답게 전달할 수 있을 것입니다.

5~7세 아이들의 인성과 지성 발달에 큰 도움을 주는 우수 그림책 50권을 선정하였습니다. 각 책마다 중요 어휘들을 골라 책에서 활용된 뜻을 중심으로 사전적 정의와 함께 아이들의 경험과 관련지어 쉽게 풀이했습니다. 그리고 1학년에 입학하여 처음 접하게 되는 학습 용어도 담았습니다. 선택된 어휘들은 특징별로 분류하여 주요 특징과 지도법을 자세히 소개했습니다. 이 어휘들은 아이가 책 내용을 이해하고 배경지식을 넓히며 생각을 발달시키는 데 직접적인 도움을 줄 것입니다.

3부

엄마가 들려주는
그림책 속
필수 어휘이야기

아이들 세상엔 온통 새로운 사물들이 가득합니다. 이 세상을 알기 위해서는 그 사물들의 이름을 알아야 합니다. 그래서 본격적으로 말을 배울 때 가장 많이 하는 말이 "이게 뭐야?"지요. 아이들은 자기가 보고 듣고 만지고 맛보고 냄새 맡을 수 있는 눈앞의 사물이 무엇인지 정말 궁금해합니다. 이렇게 감각적으로 인식되는 특정한 대상을 가리키는 말을 바로 구체어라고 합니다. 구체어에는 크게 두 가지가 있는데, '나무, 바다, 돌'과 같은 자연물을 나타내는 말과 '의자, 집, 과자' 등과 같은 인공물을 나타내는 말입니다.

"배들이 닻을 내린 강어귀"(『깃털 없는 기러기 보르카』존 버닝햄 글 / 비룡소)라는 구절을 한번 볼까요? '닻'이 무슨 뜻인지 모르면 이 구절이 무엇을 표현한 건지 선뜻 이해가 안 됩니다. 닻은 배를 한곳에 멈추어 있게 하기 위해 줄에 매어 물 밑바닥으로 가라앉히는 기구입니다. 갈고리가 달려 있지요. 이 갈고리가 흙바닥에 박혀 배가 움직이지 못하게 하는 겁니다. 이렇게 닻이 무엇인지 알면 위 구절이 배가 정박해 있는 장면을 표현한 것임을 알게 됩니다.

아이들이 책을 읽을 때 구체어를 모르면 기본적인 내용을 파악하는 것부터 어렵습니다. 책의 내용이 머릿속에 그려져야 무슨 일이 어떻게 일어나고 있는지 이해할 수 있는데, 구체어를 모르면 막연한 느낌만 갖게 되지요. 그래서 특정한 사물의 이름이 나오면 그것이 무엇을 가리키는지 알아야 해요.

그렇다면 이런 말들을 아이에게 이해시키려면 어떻게 해야 할까요? 구체적인 사물을 가리키는 말이기 때문에 일단 그 사물을 보여 주어야겠지요? 만약 없다면 사진을 찾아서 보여 주거나 그림을 그려서 알려 주는 것도 좋습니다.

그런데 이때 실물만 보여 주어서는 완전히 이해할 수 없습니다. 그것의 기본 정의를 말로 설명해 주고, 특징과 쓰임을 함께 덧붙여 알려 주세요. 만약 그것과 관련된 경험이나 느낌이 있다면 그 얘기도 함께 들려주세요. 그럼 정말 눈앞에서 직접 보고 실제로 사용하는 것처럼 실감 나게 이해할 수 있습니다.

쏙쏙 지도포인트

- 아이가 모르는 구체어가 그림책 안에 삽화로 그려져 있으면 가리켜 알려 준다.
- 실물을 직접 보여 준다. 만약 없다면 사진, 그림 등으로 대신한다.
- 실물을 보여 준 뒤 뜻을 설명해 주거나 함께 사전에서 찾아본다.
- 해당 사물의 쓰임이나 특징에 대해 덧붙여 말해 준다.

엄마의 어휘사전

* **갑판** | 큰 배 위에 나무나 철판을 깔아서 만든 넓고 평평한 바닥

보물선이나 해적선 이야기에는 주인공이 으리으리한 배를 타고 모험을 떠나는 장면이 나와요. 이 장면들은 상상만 해도 신이 나지요. 이렇게 **큰 배에는 마루처럼 넓고 평평한 바닥이 있어요. 바로 갑판**이랍니다. 배가 항해를 할 때 갑판 위에 서서 바람을 맞으면 정말 시원해요.

*보르카는 **갑판**에 불 꺼진 배 한 척을 골라 – 『깃털 없는 기러기 보르카』

* **고삐** | 말이나 소를 몰 때 코뚜레나 굴레에 잡아매어 끄는 줄

사람이 타고 다니는 말을 보면, 등 위에는 의자처럼 안장이 올려 있고 입엔 재갈이 물려 있어요. 그리고 그 **재갈엔 말을 탄 사람이 잡을 수 있는 줄이 매어져 있지요. 이 줄이 바로 고삐**예요. 힘차게 말을 달릴 땐 이 고삐를 단단히 잡아야 해요. 고삐는 말뿐만 아니라 소나 염소의 코뚜레에도 묶여 있어 사람이 몰거나 부릴 때 손으로 잡아끌 수 있답니다.

*돌이는 염소 **고삐**도 풀어 주고 토끼장도 열어 줍니다. – 『심심해서 그랬어』

* **골무** | 바느질할 때 바늘을 밀거나 손끝이 찔리는 걸 막기 위해 흔히 둘째손가락에 끼는 용구

요즘에는 집에서 바느질할 일이 많지 않아요. 조각보를 만들거나 구멍 난 옷을 기울 일이 별로 없으니까요. 하지만 옛날에는 이런 일이 참 많았지요. 옛 여인네들은 하루 일과를 마치고 나서도 저녁이면 호롱불 앞에서 졸린 눈을 비비며 바느질을 해야 했답니다. 이때 바늘이 가늘고 날카롭다 보니 바늘을 밀 때 종종 손가락에 상처가 나곤 했어요. 이때 **손가락을 보호하기 위해 가죽 조각이나 헝겊으로 작은 모자 같은 걸 만들어 손가락에 끼웠지요. 이게 바로 골무**

예요. 골무를 끼고 바느질을 하면 손가락이 다칠 위험이 줄어들었답니다.

***골무** 할미, 담뱃대를 빡빡 빨다가 – 『아씨방 일곱 동무』

***깔개** | 무엇을 놓거나 앉을 자리 위에 까는 물건

야구장에 가거나 야외로 나들이를 나가면 그냥 바닥에 앉기가 꺼림칙해요. 그래서 휴대용 방석이나 돗자리를 가지고 가서 바닥에 깔지요. 한편 냄비를 식탁 위에 올려놓을 때도 그 아래 받침을 깔아요. 이처럼 **무엇을 올려놓거나 눕거나 앉을 수 있도록 바닥에 까는 물건을 깔개**라고 해요. 깔개를 깔고 앉으면 옷에 흙이나 더러운 것이 묻지 않지요.

***깔개**도 까맣고 의자도 까맸어요. – 『마녀 위니』

***닻** | 물 아래 흙바닥에 박혀 배를 움직이지 못하게 하는 갈고리가 달린 기구

항구에 가면 정박해 있는 배들이 많이 보여요. 파도가 출렁거려도 떠내려가지 않고 그 자리에 멈추어 있지요. 그 이유는 바다 밑으로 닻을 내렸기 때문이에요. **닻은 쇠로 만든 아주 크고 무거운 갈고리를 줄에 매달아 놓은 거**예요. 이 갈고리를 물 아래로 던지면 밑바닥으로 가라앉아 흙바닥에 박히지요. 그럼 배가 움직이지 못해요. 이렇게 닻을 내리면 배를 정박시킬 수 있답니다.

*보르카가 줄지어 배들이 **닻**을 내린 강어귀에 왔을 때는 – 『깃털 없는 기러기 보르카』

* **덤불** | 어수선하게 엉클어진, 높이가 낮은 수풀

숲에 가면 다양한 식물들을 만날 수 있어요. 개울가 주변이나 좀 메마른 땅엔 작은 나무들이, 숲 한가운데엔 큰 나무들이 있지요. 이 중 **풀이나 작은 나무, 줄기들이 뒤죽박죽으로 얽혀 있는 수풀을 덤불**이라고 해요. 덤불 사이를 헤치고 나갈 땐 혹시 가시 줄기가 있을지도 모르니 조심해야 해요.

* <u>**덤불**</u>에서 사자 한 마리가 나오더니 – 『지각대장 존』

* **돗바늘** | 가죽 등을 꿰맬 때 쓰는 매우 크고 굵은 바늘

바늘은 참 가늘고 날카로워요. 그래서 천이나 옷감을 잘 뚫지요. 하지만 가죽옷이나 가죽신을 만들 땐 가늘고 약해서 쓸 수 없어요. 억지로 힘을 주다가는 부러질 수도 있으니까요. 그래서 이때는 돗바늘을 쓴답니다. **돗바늘은 일반 바늘보다 크고 두껍고 튼튼**해서 부러질 염려가 없지요. 단단한 가죽이나 두꺼운 이불은 돗바늘을 사용해서 꿰매야 해요.

* <u>**돗바늘**</u>을 가지고 나왔습니다. – 『손 큰 할머니의 만두 만들기』

* **두건** | 헝겊으로 만들어 머리에 쓰거나 두르는 물건

사극을 보면 남자들이 종종 머리에 천으로 된 모자 같은 걸 쓰고 있어요. 또 여자들은 밭일을 할 때나 부엌일을 할 때 수건이나 보자기 같은 걸 머리에 두르고 있지요. 이렇게 **머리에 쓰는 물건을 통틀어 두건**이라고 해요. 두건은 보통 헝겊으로 만들어요.

* 옛날에 머리에 빨간 <u>**두건**</u>을 쓰고 – 『아씨방 일곱 동무』

✻ 둑 | 홍수를 막고 물을 가두기 위해 강과 호수 둘레를 흙, 돌로 막아 쌓아올린 언덕

비가 많이 내리면 강물이나 바닷물이 넘쳐서 홍수가 날 수 있어요. 그럼 주변 지역이 피해를 입지요. 이걸 예방하기 위해 **강과 호수, 바다 둘레를 흙과 돌로 높이 막아 쌓은 언덕을 둑**이라고 해요. 저수지의 둑을 높이면 물을 많이 가둘 수 있어서 가뭄을 대비할 수 있고, 홍수도 더 잘 막을 수 있어요.

＊호랑이들이 위에서 **둑**을 쌓았다가 무너뜨리면 -「재주 많은 다섯 친구」

✻ 뒷간 | 옛날에 대소변을 볼 수 있도록 만들어 놓은 시설

지금은 화장실이 거의 다 집 안에 있어요. 방, 거실, 부엌 등과 함께 말이에요. 그리고 화장실 안에서 대소변도 볼 수 있고 몸도 씻을 수 있지요. 그런데 예전엔 화장실이 집 밖에 있었고 대소변만 볼 수 있었답니다. 이 시설을 '변소'라고 불렀어요. 말 그대로 **변을 보는 곳이라는 뜻이에요. 이 말을 부드러운 표현으로 바꾼 것이 뒷간**이랍니다. 변소가 보통 집 뒤편에 있었거든요. 그래서 대소변을 보러 갈 땐 그냥 뒷간에 간다고 말했어요.

＊**뒷간** 앞을 돌아 다시 마당으로 나갑니다. -「고양이」

✻ 때때옷 | 알록달록 예쁘게 만든 아이의 옷

설이나 추석 명절 때 입는 한복을 보면 색깔이 참 알록달록하고 고와요. 보기만 해도 명절 느낌이 나지요. 아이들 말로 이 옷을 때때옷, 고까옷이라고 해요. 꼭 **한복이 아니더라도 알록달록 예쁜 옷이면 다 때때옷**이지요. 설날 아침, 때때옷을 입고 세배하는 풍경은 절로 흥을 돋운답니다.

＊아이들은 임금님을 뵈러 가려고 **때때옷**을 차려입었어요. -「빈 화분」

* **떨기나무** | 원줄기와 가지가 분명히 구별되지 않는 작은 나무

식물은 보통 뿌리, 줄기, 잎으로 되어 있어요. 여기서 줄기는 다시 뿌리에서 뻗어 나온 원줄기와 원줄기에서 갈라져 나온 가지로 나뉘지요. 그런데 진달래나 무궁화 같은 나무들은 원줄기와 가지가 분명하게 구별되지 않아요. 이런 작은 나무들을 떨기나무라고 한답니다. **떨기나무는 보통 사람 키보다 작고 가지들이 밑동에서 뻗어 나가요.** 밑동은 나무줄기의 가장 아랫부분, 곧 뿌리에 가까운 부분을 말해요. 떨기나무는 한자어로 '관목(灌木)'이라고 하지요.

＊꽃나무도, **떨기나무**도, 커다란 과일나무도 쑥쑥 자랐습니다. -『빈 화분』

* **마당귀** | 마당의 한쪽 구석

지금은 마당 있는 집이 많지 않지만 옛날에는 대문과 집 사이에 넓고 평평한 공간이 있었지요. 이 공간을 마당이라고 해요. 마당 한쪽 구석에는 개가 낮잠을 자고 또 한쪽 구석에선 닭이 모이를 쪼았지요. 이렇게 **마당의 한구석이나 부분을 마당귀**라고 해요.

＊**마당귀**에서 모이를 찾고 있는 흰 닭 뒤로 -『고양이』

* **문턱** | 문짝 밑이 닿는 문지방의 윗부분

이 방 저 방을 드나들다가 쿵 넘어진 적이 있나요? 문턱에 걸려 넘어진 거지요. **문턱은 바로 문지방의 윗부분**이랍니다. 문짝 밑이 닿는 부분이지요. 옛날 어른들은 문턱을 밟거나 그 위에 걸터앉으면 복이 나간다고 혼을 냈어요. 요즘엔 집을 지을 때 아예 문턱을 만들지 않는 경우가 많아요. 아이들이나 몸이 불편한 어른들이 뛰거나 걷다가 괜히 걸려 넘어질 수 있으니까요.

＊벌써 부엌 **문턱**에는 어린 동물들이 -『손 큰 할머니의 만두 만들기』

* **발치** | 어떤 물건이나 장소의 아랫부분이나 끝부분

침대는 보통 위쪽과 아래쪽이 구별되어 있어요. 누울 때 머리는 위쪽으로 하고 발은 아래쪽에 두지요. 이때 머리가 놓여 있는 윗부분을 '머리맡'이라고 하고, **발이 있는 아랫부분을 발치**라고 해요.
발치는 어떤 장소의 아랫부분이나 끝부분을 일컬을 때도 써요. 동산 아랫부분에 집들이 모여 있을 때 '동산 발치에 집들이 있다'고 표현해요.

*침대 **발치**에는 작은 선물 꾸러미 하나가 있었지. - 『고릴라』

* **벨벳** | 부드럽고 고운 짧은 털이 촘촘히 돋게 짠 비단

옷을 만드는 천을 옷감이라고 해요. 누에고치, 솜, 삼, 양털같이 천연에서 얻은 실로 짠 옷감도 있고, 석유 같은 원료를 사용하여 인공적으로 만든 옷감도 있어요. 이렇게 옷감의 종류는 참 많은데, **벨벳은 누에고치에서 뽑은 실로 짠 비단 천에, 짧고 부드러운 솜털을 촘촘히 심은 것처럼 한 번 더 짠 옷감**이에요. 만졌을 때 부드럽고 윤기가 나 옷뿐만 아니라 소파, 카펫, 커튼 등을 만들 때 많이 사용되지요. 그런데 재질이 건조하여 먼지가 잘 붙기 때문에 자주 털어 주어야 한답니다.

*우린 **벨벳** 바탕에 장미꽃 무늬가 가득한 의자를 사려고 해요. - 『엄마의 의자』

* **북어** | 말린 명태

아빠가 술 마신 다음 날 엄마가 끓이는 국이 있지요? 잘게 찢어진 노랗고 푸석푸석한 생선이 들어 있는 뽀얀 국 말이에요. 그게 바로 북어를 찢어 놓은 거예요. **북어는 우리나라 동해에서 많이 잡히는 물고기 중 하나인 명태를 60일 정도 바짝 말린 거**예요. 그래서 북어 요리를 할 땐 먼저 북어를 방망이로 두들

기거나 물에 불려 딱딱하게 말려진 생선살을 부드럽게 해주어야 해요.

＊선반 위에 얹힌 **북어** 한 마리를 물어 내옵니다. -『고양이』

＊ **산비탈** | 산 중턱이나 아랫부분에서 가파르게 기울어진 땅

산을 오르거나 내려갈 때 갑자기 가파른 곳이 나와요. 돌이라도 하나 던지면 떼구루루 아래로 굴러떨어질 정도지요. 이럴 땐 급하게 발을 내디디면 안 되고 조심조심 걸어야 해요. 이렇게 **산 아랫부분인 산기슭이나 산 중간 정도 되는 산허리에서 가파르게 기울어진 곳을 산비탈**이라고 해요. 산촌에 사는 사람들은 산비탈을 계단처럼 일구어 밭농사를 짓기도 해요.

＊본래 나는 저어쪽 **산비탈** 밭에서 곡식도 가꾸고 -『강아지똥』

＊ **솔** | 옷이나 이부자리를 지을 때, 두 장의 천을 맞대어 실로 꿰매어 이은 부분

옷을 자세히 관찰해 보세요. **두 장의 천을 맞대어 실로 꿰맨 부분이 보이지요. 이 부분을 솔, 또는 솔기**라고 해요. 신나게 뛰어놀다가 바지 솔이 터졌던 적이 있을 거예요. 때로는 실밥이 풀려 솔이 벌어지기도 하지요. 그럼 다시 실로 바르게 꿰매 주어야 해요.

＊내가 이 솔 저 **솔**을 꿰매고 나서야 -『아씨방 일곱 동무』

＊ **안락의자** | 편하게 기대어 앉을 수 있도록 팔걸이가 있고 푹신푹신한 의자

하루 일과를 마친 뒤 고단한 몸을 이끌고 집으로 돌아오면 아빠들은 아무것도 하고 싶지 않고 편하게 쉬고 싶어 하지요. 푹신푹신한 의자에 파묻혀 앉아

서 말이에요. 이런 의자를 안락의자라고 해요. '안락'은 근심, 걱정 없이 몸과 마음이 평안하고 즐겁다는 뜻이에요. **안락의자는 그만큼 편하게 몸을 기댈 수 있는 의자**지요. 팔걸이가 있고 앉는 자리도 무척 푹신푹신하답니다.

*아름답고 푹신하고 아늑한 <u>안락의자</u> 말이에요. – 『엄마의 의자』

* **연립 주택** | 한 건물에 두 가구 이상이 살 수 있게 지은 4층 이하의 공동 주택

주변을 둘러보면 어떤 집들이 가장 많이 보이나요? 높이 솟은 아파트도 보이고 그보다 낮은 집들도 보일 거예요. 아파트보다 작지만 몇몇 가족이 모여 살 수 있도록 지어진 집이 있어요. 바로 연립 주택이에요. **연립 주택은 한 건물에 두 가구 이상이 살 수 있게 되어 있는 4층 이하의 공동 주택**이에요. 공동 주택이란 한 건물 안에 여러 가족들이 생활할 수 있도록 지어진 건물이에요. 아파트도, 연립 주택도 모두 공동 주택이지요.

*마루 끝에 부엌이 달려 있는 좁은 <u>연립 주택</u>에서 살았습니다. – 『만희네 집』

* **재** | 물건이 불에 완전히 타고 남는 가루

명절에 차례를 지낼 때나 제사를 지낼 때 향을 피우지요? 향이 다 타면 향로에 가루가 쌓여요. 만져 보면 아주 부드럽지요. **어떤 물건이든 완전히 타고 나면 이렇게 가루가 된답니다. 이게 바로 재**예요. 재는 회색을 띠어요. 그래서 회색빛을 다른 말로 '잿빛'이라고도 해요. 옛날에는 짚이나 나무를 태운 재를 우려내 빨래할 때 쓰기도 했답니다. 이를 '잿물'이라고 해요.

*호랑이는 눈에 <u>재</u>가 들어가서 – 『팥죽 할머니와 호랑이』

* **지구본** | 지구 모양을 본떠 만든 모형

지구는 아주 큰 행성이에요. 모양은 공처럼 둥글지요. 하지만 완전한 구형은 아니고 가운데가 약간 볼록 튀어나온 타원형이에요. 이런 **지구의 모양을 본떠 만든 모형을 지구본**이라고 해요. 다른 말로 '지구의'라고도 하지요. 지구본을 자세히 보면 남극과 북극을 꿰뚫은 축이 약간 기울어져 있고, 표면엔 바다와 육지, 높은 산과 큰 강, 나라와 도시 등이 그려져 있어요. 또 가로선과 세로선이 일정한 간격으로 그어져 있는데, 가로선을 '위선', 세로선을 '경선'이라고 해요. 위선 중에서 정확히 한가운데 그어져 있는 빨간 선이 바로 '적도'지요. 지구본은 축이 고정되어 있어서 손으로 휙휙 돌리면 좌우로 자유롭게 회전시킬 수 있답니다.

*훌리오는 **지구본**을 돌렸어요. - 『코끼리랑 집을 바꿨어요』

* **포클레인** | 기계 삽으로 땅을 파내는 장비

도로를 만들거나 건물을 짓는 공사에서 제일 먼저 하는 일은 땅을 파는 거예요. 이때 쓰이는 큰 기계차가 바로 포클레인이에요. **포클레인은 아주 큰 기계 삽을 매단 차**예요. 삽 모양이 포크 같기도 하고 주걱 같기도 해요. 포클레인 운전석에서 이 기계 삽을 조종해 땅을 파거나 무거운 돌 같은 걸 옮기지요.

*팔 떨어진 로봇, 고장 난 **포클레인** - 『집 안 치우기』

* **필름** | 사진이나 영화를 찍을 때 카메라 안에 넣는 얇은 판

요즘에는 사진을 찍을 때 디지털 카메라나 스마트폰을 많이 이용해요. 사용법은 아주 간단하지요. 전원을 켜고 셔터만 누르면 돼요. 그런데 전에는 카메라 안에 필름을 넣어야만 사진을 찍을 수 있었답니다. **필름은 사진을 찍을 때 카**

메라 렌즈가 담는 장면이 찍히는 **얇은 판**이에요. 보통 롤 화장지처럼 여러 장이 연결되어 돌돌 말려 있어요. 영화를 찍을 때는 영화용 필름을 영화 카메라 안에 넣고 찍지요.

＊여우 아저씨 입맛에 영화 **필름**은 별로 맞지 않았지만 – 『책 먹는 여우』

＊ **항구** | 배가 드나들며 사람과 짐을 오르내릴 수 있도록 만든 곳

자동차를 오래 세워 두는 곳은 주차장이고, 사람을 태우거나 내려 주는 곳은 정류장이에요. 그럼 배나 비행기는 어디에 세워 둘까요? 비행기는 비행장에, 배는 항구에 세워 두지요. 즉 **항구는 배가 드나들면서 사람과 짐을 오르내릴 수 있도록 강가나 바닷가에 만들어 놓은 곳**이에요. 우리나라에서 항구가 가장 발달한 도시에는 부산과 인천이 있어요.

＊아침 일찍 동트기 전 **항구**를 떠나기로 – 『깃털 없는 기러기 보르카』

＊ **헛간** | 자질구레한 물건을 넣어 두기 위해 집 바깥에 만든, 문짝 없는 광

시골에 가면 집집마다 허름한 창고 같은 작은 건물이 딸려 있는 게 보여요. 들여다보면 온갖 잡동사니들이 널려 있지요. 녹이 슨 낫이나 쟁기 같은 농기구도 보이고, 짚단도 쌓여 있어요. 이곳이 바로 헛간이에요. 비슷한 곳으로는 광이 있는데, 다른 점은 광엔 문짝이 있고 헛간엔 문짝이 없다는 거예요. 그만큼 **헛간엔 별로 중요하지 않은 물품을 넣어 두어요.**

＊할머니는 **헛간** 지붕으로 쓰는 함지박을 – 『손 큰 할머니의 만두 만들기』

* **호미** | 김을 맬 때 쓰는 'ㄱ' 자 모양의 쇠로 만든 농기구

밭에 잡풀이 많으면 농사를 잘 지을 수 없어요. 농작물이 먹을 양분을 잡풀이 다 빼앗아 먹기 때문이에요. 그래서 잡풀이 자라기 전에 얼른 뽑아 버려야지요. 옛날 사람들은 이 잡풀을 뽑을 때 호미를 사용했답니다. 이를 '김을 매다', '밭을 매다'고 표현하지요. **이 호미의 날은 끝이 뾰족하고 위는 넓적한 삼각형 모양에다 'ㄱ' 자로 꼬부라져 있어서** 힘을 많이 들이지 않아도 땅에 쑥쑥 박혀 잡풀을 잘 뽑아낼 수 있어요. 그래서 감자나 고구마 등을 캘 때도 쓰여요.

*엄마랑 아빠는 <u>호미</u> 들고 밭매러 가고 – 『심심해서 그랬어』

보고 만지고 냄새 맡을 수 있는 사물의 이름과 뜻을 가르치는 건 그리 어렵지 않습니다. 그것을 직접 보여 주면 되니까요. 그러나 그 사물의 특성을 설명하는 건 어렵지요. 직접 보여 줄 수 없으니까요. 이런 말을 추상어라고 합니다. 구체어가 감각에 의해 인식되는 특정한 대상을 가리키는 말이라면, 추상어는 그 대상의 특성을 가리키는 말이에요. 예를 들어 자동차는 구체어이고, 그 특성에 해당하는 '빠르다, 멋있다, 검정색이다' 등은 추상어지요. 크기, 모양, 색깔, 맛, 감촉 등을 표현하는 감각적 특성이 모두 추상어에 해당돼요.

그런데 추상어는 사전에 실린 뜻이 분명하지 않은 경우가 많아요. '멋있다'라는 말을 사전에서 찾아보면, '보이게 썩 좋거나 훌륭하다'라고 풀이되어 있어요. 여기서 좋다, 훌륭하다는 말도 추상어인데 사람마다 판단 기준이 달라 정확한 뜻을 알기 어렵지요. 그래서 추상어를 설명할 때는 사전에 나온 풀이를 바탕으로 구체적인 예를 들어 설명해 주어야 합니다. 특히 아이의 경험과 관련지어 말해 주면 좋습니다. '멋있다'를 설명할 때 "지난번에 태권도 품세 할 때 정말 멋있었어. 훌륭했어. 보기 좋았어"와 같이 말해 주는 것입니다. 사전의 풀이도 들려주고, 아이 눈높이에 맞게 또 한 번 설명해 주면 추상어도 실감나게 이해할 수 있습니다.

한편 추상어에는 감정, 정서, 상태, 개념을 나타내는 말들도 포함됩니다. 기쁨, 슬픔, 분노, 평화, 도덕 등의 말이지요. 이런 말은 가르치기 더욱 어렵습니다. 모양, 색깔, 맛 등의 감각적인 느낌으로 표현할 수 없기 때문이지요. 그래서 이런 말 역시 구체적인 상황 속에서 이해하도록 가르치는 수밖에 없습니다. 예를 들어 '분노'라면 "누가 너한테 욕을 하거나 너를 때리면 기분이 어떨 것 같아? 엄청 화가 나겠지? 이렇게 아주 크게 화가 나는 걸 분노라고 해"라고 설명하는 것입니다. 그럼 아이들이 그 상황을 상상하면서 어느 정도는 이해할 수 있을 것입니다.

쏙쏙 지도포인트

- 함께 사전을 찾아보며 추상어의 뜻을 알아본다.
- 추상어와 관련한 구체적인 상황을 예로 들어 설명한다.
- 아이가 뜻을 아는 추상어도 정확히 알고 있는지 확인해 보기 위해 다시 한 번 뜻풀이를 해본다.

엄마의 어휘사전

* **공경** | 몸가짐을 겸손히 하여 예의 바르게 받들어 모심

집에 손님이 오면 어떻게 하나요? 얼른 방에서 나와 인사를 하나요, 아니면 그냥 모른 척하고 하던 일을 하나요? 옛날에는 어른을 보면 자동적으로 일어나 허리 숙여 인사를 하고 자리를 내어 주었답니다. 그런데 요즘엔 인사는커녕 어른이 묻는 말에 대답도 잘 하지 않아요. 도대체 어떤 마음이 사라졌길래 이렇게 행동을 하게 되는 걸까요? 바로 공경하는 마음이지요. **공경은 몸가짐을 겸손히 하여 상대를 예의바르게 받드는 태도**예요.

＊어른을 **공경**한다는 건, 갓 구운 쿠키를 맨 먼저 할머니께 드리는 거야. - 『쿠키, 한 입의 인생 수업』

* **공로** | 어떤 일을 마치거나 목적을 이루는 데 들인 노력 및 수고 또는 그 결과

거리가 깨끗한 건 누구 덕분인가요? 불이 나면 누가 와서 꺼주나요? 깨끗한 거리는 청소하시는 분들 덕분이고, 불이 나도 우리가 안전한 것은 소방관 아저씨들 덕분이지요. 이처럼 우리 주변 곳곳을 둘러보면 좀 더 안전하고 편리한 생활을 할 수 있도록 수고를 아끼지 않는 분들이 많아요. 이러한 분들이 들인 노력과 수고를 공로라고 해요. 그런데 나만을 위한 일을 하는 데 들인 노력과 수고는 공로라고 하지 않아요. **함께하는 일이나 다른 사람을 위한 일을 이루는 데 들인 노력과 수고를 공로라고 하지요.**

＊그것이 어떻게 너의 **공로**니? - 『아씨방 일곱 동무』

* **공평** | 어느 한쪽으로 치우치지 않고 고름

부모님이 형이나 동생에게만 장난감을 사주고 맛있는 음식을 주면 기분이 어떨까요? 아주 서운할 거예요. 차별을 받는 거니까요. 누구나 차별받지 않고 다른 사람과 똑같은 대우를 받고 싶어 해요. 형이 장난감을 사면 나도 사고, 동

생이 사탕을 두 개 받으면 나도 두 개 받는 거지요. 이렇게 **한쪽으로 치우치지 않고 고른 걸 공평**이라고 해요.

***공평**하다는 건 이런 거야. 너 한 입. 나 한 입. – 『쿠키, 한 입의 인생 수업』

* **기증** | 돈이나 물품 등을 남에게 대가 없이 그냥 주는 것

가난한 사람이나 어려움에 처한 사람을 어떻게 도울 수 있을까요? 그들에게 필요한 물건을 줄 수도 있고 돈을 줄 수도 있어요. 이때 **아무 대가 없이 그냥 주는 걸 기증**이라고 해요. 평생 힘들게 모은 재산을 장학 재단에 기증하거나 불치병에 걸린 환자가 자신의 눈과 심장 등을 다른 아픈 이에게 기증하는 일들이 있어요. 이런 이야기는 언제나 우리 마음을 따뜻하게 해요.

*악기를 **기증**해 달라고 – 『신기한 스쿨버스 키즈 6: 유령 박물관에서 열린 음악회』

* **단골** | 늘 정하여 놓고 이용하는 곳

자주 가는 슈퍼나 문방구가 있나요? 그곳에 가면 주인아주머니나 아저씨가 반갑게 맞아 주고 더 친절하게 대해 줘요. 자주 와서 물건을 사니까요. 그럼 가는 사람도 편하게 볼일을 보고 올 수 있어요. 이렇게 **늘 정해 놓고 이용하는 가게나 거래처를 단골**이라고 해요. 종종 이런 곳을 이용하는 사람을 가리키기도 하지요. 이때는 보통 '단골손님'이라고 표현한답니다.

*어릴 적부터 **단골**로 다녔던 길모퉁이서점보다 – 『책 먹는 여우』

* **딴청** | 눈앞에 닥친 일과는 전혀 관계없는 일이나 행동

사람들은 하고 싶은 일, 좋아하는 일을 할 때 아주 집중해요. 하지만 그렇지 않은 일엔 흥미를 못 느끼고 관심을 기울이지 않지요. 집중이 안 되니까 괜히 딴짓을 해요. 이럴 때 '딴청을 부리다'라고 해요. **딴청은 지금 바로 해야 할 일과는 전혀 상관없는 행동**을 뜻해요. 같은 말로는 '딴전을 부리다'가 있지요.

＊할 수 없이 선생님은 혼자서 설명하고 아이들은 **딴청**만 – 「틀려도 괜찮아」

* **망** | 상대편의 움직임을 알기 위해 조금 멀리 떨어져서 동정을 살핌

엄마가 잠깐 외출한 사이 게임을 한다고 상상해 보세요. 엄마에게 들키면 크게 혼이 나니까 엄마가 오기 전에 끝내야 해요. 그래서 동생한테 엄마가 오는지 안 오는지 잘 살피라고 했어요. 그럼 동생은 창밖을 보며 엄마가 어디 있는지 무얼 하고 있는지 보겠지요? 이런 행동을 일컬어 망을 보다라고 해요. **상대편의 움직임을 알기 위해 조금 멀리서 살피는 거**예요. 옛날 시골에서는 친구들과 서리(과일 등을 훔쳐 먹는 장난)를 할 때, 한 아이가 주인이 오는지 안 오는지 망을 보았답니다.

＊플럼스터 씨는 **망**을 보았지요. – 「깃털 없는 기러기 보르카」

* **맵시** | 곱게 다듬어 보기 좋은 모양새

옷을 깨끗하고 단정하게 차려입은 사람을 보면 자꾸 눈이 가요. 위아래 옷부터 신발까지 색깔과 모양을 맞춰 입으면 참 보기 좋지요. 이런 모습을 보고 '맵시가 있다'라고 합니다. 단정한 옷차림과 같이 **아름답고 보기 좋은 모양새를 일컬을 때 바로 이 맵시라는 말을 써요.**

＊그래야 옷도 **맵시**가 나는데 – 「아씨방 일곱 동무」

* **맹세** | 어떤 임무나 약속을 꼭 이루고 지키겠다는 굳은 다짐

엄마가 하지 말라는 일을 했다가 크게 혼이 나면 다시는 안 하겠다고 약속해요. 이때 **그 약속을 꼭 지키겠다고 굳게 다짐하는 걸 맹세**라고 해요. 우리나라 사람이라면 누구나 꼭 다짐하는 맹세도 있어요. 바로 국기에 대한 맹세예요. "나는 자랑스러운 태극기 앞에 자유롭고 정의로운 대한민국의 무궁한 영광을 위하여 충성을 다할 것을 굳게 다짐합니다"라고 말하지요. 이 말을 할 때는 꼭 약속한다는 뜻으로 왼쪽 가슴에 손을 얹거나, 모자를 쓰고 있다면 경례를 해야 해요.

＊국기에 대한 **맹세**를 할 때는 줄무늬들이 – 『줄무늬가 생겼어요』

* **배려** | 관심을 가지고 도와주거나 마음을 써서 보살핌

유치원이나 학교에서 여러 친구들과 함께 지내다 보면 이런저런 문제가 생겨요. 누가 누구를 놀리기도 하고 서로 욕심을 부리며 다투기도 해요. 이런 일이 많아지면 학교에 가기 싫지요. 그럼 즐겁고 행복한 학교생활을 하려면 어떻게 해야 할까요? 서로 배려하는 마음이 있어야 해요. **배려란 다른 사람에게 관심을 가지고 여러 가지로 마음을 써서 도와주거나 보살피는 행동**이에요. 친구가 준비물을 안 가지고 왔으면 함께 쓰자고 먼저 말하는 것, 잘 모르는 것이 있으면 가르쳐 주는 것, 뚱뚱하다고 놀리지 않는 것 등이 모두 배려예요.

＊남을 **배려**한다는 건, "걱정 마, 괜찮아. 내 쿠키 나눠 먹으면 돼" – 『쿠키, 한 입의 인생 수업』

* **번역** | 어떤 언어로 된 글을 다른 언어로 옮기거나 바꾸는 것

그림책이나 동화책 중에는 외국 작품이 많아요. 원래는 영어나 프랑스어, 일본어 등 외국어로 쓰여 있었는데 번역가가 우리 한글로 바꿔 준 거지요. 여기

서 **어떤 언어로 된 글을 다른 언어로 바꾸는 일을 번역**이라고 해요. 이때 뜻이 잘 전달될 수 있도록 단어 선택을 잘해야 해요. 번역을 잘하려면 두 언어를 모두 잘 알고 있어야 한답니다.

*열일곱 나라의 말로 **번역**되었어요. – 「책 먹는 여우」

* **법칙** | 세상이 운영되는 질서나 힘, 또는 꼭 지켜야 하는 규범

높은 곳에서 손에 쥐고 있던 물건을 놓으면 어떻게 되나요? 아래로 떨어져요. 왜냐고요? 지구가 물건을 끌어당기기 때문이에요. 이 끌어당기는 힘을 '중력'이라고 하는데, 지구에 있는 모든 물체가 이 힘을 받지요. 지구에 있는 물체들은 모두 중력의 힘을 받아 아래로 떨어지려고 해요. 이를 '중력의 법칙'이라고 해요. 여기서 **법칙이란 어떤 세상이 운영되는 질서나 힘, 꼭 지켜야 하는 규범**을 말해요. 법칙은 대체로 시간이 흘러도 변하지 않지만, 간혹 법칙을 거스르는 일이 일어나면 내용이 수정된답니다.

*이건 절대 변할 수 없는 **법칙**이라고. – 「아름다운 책」

* **부정적** | 그렇지 않다고 여기거나 바람직하지 못하다고 생각하는 것

매사 불평불만을 늘어놓으며 자꾸 안 좋은 쪽으로만 생각하는 사람들이 있어요. 먹어 보지도 않고 '맛이 없을 거야', 해보지도 않고 '난 못할 거야' 하고 생각하는 거지요. 이처럼 **어떤 일을 시작하기도 전에 이래서 저래서 안 될 거라고 여기는 마음을 부정적**이라고 해요. 그럼 될 일도 안 되고 마음은 짜증으로 가득 차게 된답니다.
부정적의 반대말로 '긍정적'이라는 말이 있어요. 어떤 생각이나 사실을 그러하다고 인정하거나 좋다고 여기는 거예요. '괜찮아', '좋아', '잘될 거야' 하고

생각하는 거지요. 긍정적인 사람은 단점도 장점으로 보기 때문에 더 발전할 가능성이 크답니다.

＊**부정적**이라는 건, '어떡해, 속상해. 쿠키가 반쪽밖에 안 남았어' – 『쿠키, 한 입의 인생 수업』

＊ **사정** | 일이 일어난 요인이나 그렇게 된 까닭

학교에서 선생님께 꾸중을 들었다거나 친구와 싸웠다는 얘기를 하면 엄마는 속이 상한 나머지 화를 내요. 어떻게 된 일인지 정확히 알지도 못하면서 말이에요. 이때 엄마에게 자세한 사정을 얘기해야 해요. 여기서 **사정이란 일이 일어난 요인이나 그렇게 된 까닭**을 말해요. 사정을 말하면 엄마가 오해하는 일은 없을 거예요.

＊여우 아저씨는 **사정**을 늘어놓고 – 『책 먹는 여우』

＊ **성미** | 사람의 성질이나 버릇, 마음씨, 비위 등을 통틀어 이르는 말

사람의 마음을 나타내는 말은 참 많아요. 마음씨, 성질 같은 말도 있고 버릇이나 비위 같은 말도 있어요. '비위'는 어떤 음식을 먹고 싶거나 어떤 일을 하고 싶은 마음을 말해요. 그런데 **마음을 나타내는 이런 말들을 통틀어 이를 때는 성미**라고 해요. 급한 성미, 까다로운 성미, 사나운 성미, 돈을 밝히는 성미, 참을성이 없는 성미처럼 쓴답니다.

＊**성미** 급한 가위 색시가 – 『아씨방 일곱 동무』

* **수** | 어떤 일을 처리하는 방법

위험한 상황에 처하거나 위기에 닥치면 거기서 벗어나기 위해 노력해야 해요. 한마디로 해결 방법을 찾는 거지요. 이때 **수를 쓴다**고 말해요. 여기서 수란 어떤 일을 해결하거나 처리하는 방법을 뜻하는 순우리말이랍니다.

　　＊자신을 지키기 위해서는 무슨 **수**를 써야만 해요. -『치과 의사 드소토 선생님』

* **소동** | 놀라거나 흥분하여 시끄럽게 떠들어 대는 일

우리 마을에 외계인이 나타나거나 산타클로스가 온다고 상상해 보세요. 모두들 너무 놀라 소리를 지르며 밖으로 뛰쳐나갈 거예요. 사람이 많이 몰리면 서로 부닥치고 한바탕 소동이 벌어질지 몰라요. 여기서 **소동이란 흥분에 휩싸여 시끄럽게 떠들어 대며 마구 행동하는 거**랍니다. 이렇게 소동을 벌이다간 큰 사고로 이어져 누가 다칠 수 있으니 주의해야 해요.

　　＊이 **소동** 때문에 신발장의 슬리퍼와 구두, 우산들도 모두 -『도깨비를 빨아 버린 우리 엄마』

* **소설** | 작가가 상상하여 꾸며 낸 이야기

우리가 읽는 책 중엔 사실을 있는 그대로 쓴 책도 있고, 없었던 일인데 이야기를 지어서 쓴 책도 있어요. 이렇게 **지어낸 이야기들 중에서 십대와 어른들이 읽도록 쓴 글을 소설**이라고 해요. 어린이를 위해 지어낸 이야기는 '동화'라고 하지요. 동화와 소설은 모두 지어낸 거지만 읽는 사람은 진짜 있었던 일처럼 큰 감동과 재미를 느낀답니다.

　　＊당신 **소설**을 진짜 책으로 만들면 -『책 먹는 여우』

* **소용** | 쓸 곳, 또는 무엇에 쓰이는 바

물건은 대부분 어떤 필요에 의해서 만들어져요. 연필은 쓰는 데 필요해서 만들어진 것이고, 그릇은 음식을 담는 데 필요해서 만들어진 거지요. 이 **'필요'라는 말과 비슷한 뜻인데 조금 어려운 말로 소용**이라는 말이 있어요. 정확한 뜻은 쓸 곳, 또는 쓰이는 바이지요. '그런 말이 무슨 소용이 있겠니?', '약을 먹어도 소용이 없어요'와 같이도 쓰인답니다.

*반짝이 비늘이 있어 봐야 무슨 **소용**이 있겠어요? – 『무지개 물고기』

* **식성** | 음식을 싫어하거나 좋아하는 성질

음식을 가려 먹으면 혼이 나지요. 하지만 입에 맞지 않는 음식을 먹는 건 정말 힘들어요. 억지로 먹다가는 탈이 날 수도 있어요. 이런 사람을 보고 식성이 까다롭다고 해요. 반면 아무 음식이나 가리지 않고 잘 먹는 경우에는 식성이 좋다고 하지요. **식성이란 말 그대로 음식에 대해서 싫어하거나 좋아하는 성질**을 말해요.

*여우 아저씨는 워낙 **식성**이 좋아서 – 『책 먹는 여우』

* **안달** | 마음을 졸이며 조급하게 구는 것

친구와 놀기로 약속했는데 엄마가 허락해 주지 않으면 마음이 어떤가요? 약속 시간에 늦을까 봐 마음이 조급해지고 친구랑 아예 못 놀까 봐 마음을 졸이게 돼요. 이런 걸 두고 안달을 부리다라고 해요. **안달이란 속을 태우고 마음을 졸이며 조바심을 내는 것**을 말해요.

*두 분은 우리가 **안달**이 나서 의자가 배달될 때까지 – 『엄마의 의자』

* **앙갚음** | 남에게 해를 입은 만큼 돌려주는 것

친구랑 싸우다가 몸이나 마음에 크게 상처를 입으면 어떤 마음이 드나요? 복수하고 싶은 마음이 들 거예요. 친구가 나한테 한 대로 똑같이 때려 주거나 욕을 해주고 싶지요. 이렇게 **복수하는 걸 앙갚음**이라고 해요. 앙갚음은 남에게 해를 입으면 자기도 그만큼 상대에게 해를 끼치는 거예요. 하지만 앙갚음은 또 다른 앙갚음을 낳아서 싸움을 멈추기 어렵게 만들기도 해요.

　　＊괴물 사형제는 해치에게 <u>앙갚음</u>을 하려고 늘 벼르고 있었어. -『해치와 괴물 사형제』

* **애** | 근심에 쌓인 초조한 마음

가족 중에 누가 아프면 마음이 쓰이고 걱정이 돼요. 병원에 입원해서 수술까지 받는다면 그 마음은 더욱 조마조마하지요. 혹시 수술이 잘못될까 봐 온갖 걱정이 다 들고 언제 끝나는지 초조하게 기다려요. 이렇게 **근심에 쌓여 조마조마한 마음으로 어떤 일을 기다릴 때 그 초조한 마음을 애가 타다**라고 표현해요.

　　＊어서 보고 싶어서 <u>애</u>가 달았지요. -『빈 화분』

* **여념** | 어떤 일에 대해 생각하고 있는 것 외의 다른 생각

장난감 조립을 하거나 인형과 노는 등 아주 좋아하는 일을 할 때 딴생각이 하나도 안 나고 집중이 잘 돼요. 여기서 딴생각을 한자어로 여념이라고 해요. 어떤 일에 대한 생각 외의 다른 생각을 뜻해요. 보통 '여념이 없다'라는 표현으로 쓰이는데, 뜻은 말 그대로 **어떤 일에 아주 집중하여 다른 생각 없이 그 일만 생각하는 거**지요. 즉 딴생각이 없다는 거예요.

　　＊병관이는 바둑알 고르기에 <u>여념</u>이 없습니다. -『집 안 치우기』

* **여유** | 느긋하고 차분하게 생각하거나 행동하는 마음 상태

가족과 해외여행을 떠난다고 생각해 보세요. 챙길 물건들이 제법 될 거예요. 그래서 여행 날이 되기 전에 미리미리 준비해야 해요. 그래야 그날 아침 우왕좌왕하지 않고 느긋하게 행동할 수 있어요. 이렇게 **서두르지 않고 차분한 마음으로 행동하는 걸 여유가 있다**고 말해요. 한마디로 여유는 급하지 않고 차분한 마음이에요.

＊제법 **여유** 있게 자기 자랑을 늘어놓습니다. - 『아씨방 일곱 동무』

* **염려** | 여러 가지로 마음을 쓰며 걱정함 또는 그런 걱정

유치원에서 체험 학습을 갈 때 엄마가 뭐라고 말하나요? "차 조심해라", "너무 뛰지 마라", "꼭 선생님 옆에 있어라" 등 주의할 점을 끝도 없이 말할 거예요. 마치 잔소리처럼 말이에요. 그런데 엄마는 왜 이런 말들을 하는 걸까요? 그 이유는 혹시 사고가 나거나 무슨 일이 잘못될까 봐 걱정해서랍니다. 그래서 자꾸 마음을 쓰고 아직 일어나지 않은 일에 근심하는 거지요. 이렇게 **어떤 안 좋은 일이 일어날까 봐 여러 가지로 마음을 쓰며 걱정하는 것을 염려**라고 해요.

＊어머니에게 꾸중을 들을 **염려**는 조금도 없습니다. - 『고양이』

* **예술** | 아름다움을 표현하고 창조하는 인간의 활동

그림 그리기를 좋아하나요? 노래 부르기는요? 아니면 춤을 추는 건 어떤가요? 여기서 그림, 노래, 춤 등을 통틀어 예술이라고 해요. 그 외 영화, 소설, 시, 조각 등도 예술에 포함되지요. **예술은 마음속의 감정(느낌)을 아름답게 표현하는 창조 활동**이에요. 나무를 보고 멋있다고 느꼈다면 나무 그림을 그리거나 나무를 소재로 노래를 지을 수 있지요. 아니면 나무 조각을 만들거나 시를 쓸

수도 있어요. 이것이 모두 예술 활동이랍니다.

＊영화도 훌륭한 **예술**이지요. －『책 먹는 여우』

＊ 요령 | 일을 하는 데 큰 도움이 되는 묘한 이치

처음부터 어떤 일을 잘하는 사람은 거의 없어요. 옷을 입는 것, 음식을 먹는 것, 세수하는 것, 청소하는 것 등 처음엔 다 서툴러요. 그런데 자꾸 되풀이해서 하다 보면 어느 순간 그걸 잘하게 돼요. 요령을 터득하게 된 거죠. 여기서 **요령이란 어떤 일을 하는 데 꼭 필요하고 큰 도움이 되는 방법**이에요. '요령을 터득했다'는 건 스스로 그 일을 하는 데 꼭 필요한 방법을 알게 되었다는 뜻이랍니다.
어떤 상황을 적당히 넘기기 위해 꾀를 부리는 것도 요령이라고 말해요. 이때는 '요령을 부리다, 요령을 피우다'라고 하지요.

＊엄마가 들어오셔서 정리하는 **요령**을 알려 주십니다. －『집 안 치우기』

＊ 으름장 | 무서운 말과 행동으로 위협하는 것

음식점이나 마트, 지하철역 같은 공공장소에서 장난을 치다가 부모님께 혼이 난 적이 있나요? 처음엔 말로 주의를 주다가 장난이 심하다고 여기면 어깨를 세게 붙잡고 무서운 표정으로 겁을 주지요. "너 계속 장난치면 여기 두고 갈 거야!" 하고 으름장을 놓아요. 이렇게 **으름장이란 무서운 말과 행동으로 위협하는 걸** 말해요.

＊할머니도 큰소리로 **으름장**을 놓았습니다. －『손 큰 할머니의 만두 만들기』

* **은혜** | 고맙게 베풀어 주는 도움과 혜택

〈흥부전〉의 주인공 흥부는 마음씨가 아주 착해요. 그래서 새끼 제비가 둥지에서 떨어져 다리를 다치자 부러진 다리를 고쳐 주지요. 이렇게 흥부에게 은혜를 입은 제비는 보물이 든 박이 열리는 박씨를 물어다 주어 그 은혜를 갚는답니다. 여기서 **은혜란 고맙게 베풀어 주는 도움**이에요.

　　　　　　　　　　＊제 생명을 구해 주신 **은혜**에 보답하고 싶어요. －『까마귀의 소원』

* **의견** | 어떤 일이나 현상, 사물에 대해 자기가 판단하여 가지는 생각

어떤 일에 대해 생각을 말해 보라고 하면 저마다 의견이 다 다를 수 있어요. 방을 깨끗이 하는 방법에 대해서도 누구는 청소를 해야 한다고 말하고, 누구는 어지럽히지 않아야 한다고 말할 수 있지요. 이렇게 **의견이란 어떤 일에 대해 여러 가지를 따져 보고 스스로 기준을 정해 결정한 생각**이에요.

　　　　　　　　　　＊틀린 **의견**에 틀린 답에 이럴까 저럴까 －『틀려도 괜찮아』

* **의심** | 확실히 안다는 느낌이 없어서 믿지 못하는 마음

외계인이 있다고 믿나요? 비행접시를 찍은 사진이나 외계인을 만났다고 한 사람들의 인터뷰를 보면 외계인이 있을 것 같기도 하지요. 하지만 확실한 증거가 없으니 여전히 의심이 생겨요. **의심이란 그것이 사실인지 아닌지 확신할 수 없어서 믿지 못하는 마음**이에요. 의심이 생기면 무조건 안 믿기보다는 사실이 무엇인지 알아봐야 해요.

　　　　　　　　　　＊**의심**이 무럭무럭 솟았죠. －『책 먹는 여우』

* **인정** | 남의 처지를 이해하고 가엾게 여기는 따뜻한 마음

우리 민족은 예로부터 서로 돕고 위하는 마음이 컸어요. 맛있는 음식이 있으면 나눠 먹고, 힘든 일은 서로 도왔지요. 이렇게 **남의 처지를 이해하고 가엾게 여기는 따뜻한 마음을 인정**이라고 해요. 한자로 하면 사람 '인(人)', 마음 '정(情)'이지요. 말 그대로 사람에게 갖는 따뜻한 마음이에요. 사회에 인정이 넘치면 모두 행복하게 잘 살 수 있을 거예요.

＊어쩌면 이렇게 **인정**이 많으신지 – 『엄마의 의자』

* **절망** | 희망이 사라져 버려 아무것도 바랄 수 없는 상태

큰 지진이 나서 집이 무너지고 사람들이 죽거나 다치면 마음이 어떨까요? 너무나도 큰 불행에 꿈과 희망이 순식간에 사라질 거예요. 이때 느끼는 감정이 절망이지요. **절망이란 희망이 사라져 버려 아무것도 바랄 수 없는 상태**를 말해요. 절망에 빠지면 해보지도 않고 처음부터 포기해 버리지요. 이때는 할 수 있다는 믿음과 잘될 거라는 긍정적인 마음을 갖고 다시 시작해야 해요.

＊수탉이 **절망**에 빠져 있을 때 수탉의 아내가 조용히 다가와 – 『세상에서 제일 힘센 수탉』

* **정의** | 공동체를 위하고 진리에 맞는 올바른 도리

힘이 세고 지혜로운 주인공이 괴물이나 악당을 물리쳐 세상을 구하는 이야기는 언제 읽어도 통쾌해요. 악당들은 자기 힘만 믿고는 사람들을 괴롭히고 세상의 질서를 어지럽혀요. 그럼 정의가 사라지고 세상은 뒤죽박죽이 되어 버려요. 여기서 **정의란 한 사회를 위한 올바른 도리**예요. 그 사회에 살고 있는 모든 사람들이 행복하고 안전할 수 있도록 마땅히 행해야 하는 것들이지요. 이것이 위태로워지거나 무너지면 사람들은 옳고 그름을 분간하지 못해 그릇된 행동을

할 수 있어요. 그럼 세상은 더욱 살기 어려워져요. 이때 영웅이 나타나 세상의 정의를 지키기 위해 목숨을 걸고 악당과 싸워 이기면 세상엔 다시 평화가 찾아온답니다.

＊**정의**를 지키는 해의 신 해치가 살았어. - 『해치와 괴물 사형제』

＊ **지시** ǀ 어떤 일을 말로 시킴

어른들은 아이들에게 이것저것 많이 시켜요. 물건을 가져오라고 하거나 책을 읽으라고 하거나 공부를 하라고 하지요. 이렇게 **명령을 내리거나 어떤 일을 말로 시키는 걸 지시**라고 해요. 보통 사람들은 지시 받는 걸 싫어해요. 누구나 자신이 원하는 걸 자유롭게 하고 싶어 해요.

＊여우는 토끼의 **지시**에 따라 훌라후프 속으로 뛰어들었습니다. - 『아름다운 책』

＊ **질색** ǀ 몹시 꺼리거나 싫어함

치과에 가거나 약을 먹거나 주사를 맞는 건 정말 너무나도 싫어요. 치과는 무섭고 약은 쓰고 주사는 아프니까요. 그래서 병원에 간다고 하면 절대 안 간다고 몸을 빼지요. 이렇게 **몹시 꺼리고 싫어하는 것을 질색**이라고 해요.

＊아픈 거라면 딱 **질색**이었거든요. - 『치과 의사 드소토 선생님』

＊ **참견** ǀ 어떤 일이나 말에 끼어들어 아는 체하거나 간섭함

내가 말을 하는데 누가 끼어들어서 아는 체하며 말을 가로채면 기분이 어떤가요? 별로 좋지 않을 거예요. 자꾸 간섭하고 끼어드는 친구가 있으면 나중엔 얘

기조차 나누고 싶지 않아요. 간섭받는 걸 좋아하는 사람은 없을 테니까요. 이렇게 **어떤 일이나 말에 끼어들어 아는 체하거나 간섭하는 걸 참견**이라고 해요.

*동물들이 조르르 달려 와 앉아 **참견**을 합니다. -『손 큰 할머니의 만두 만들기』

* **채비** | 어떤 일을 하는 데 필요한 물건이나 자세를 미리 갖추어 차림

여행 전날, 준비할 게 많아요. 여행 가서 밤에 추울 수도 있고 놀다가 옷이 더러워질 수도 있기 때문에 간식이며 비상약이며 옷가지며 다 챙겨야 하지요. 준비를 철저히 해야 즐겁게 여행을 떠날 수 있어요. 이렇게 **어디에 갈 때나 무슨 일을 하려고 할 때 필요한 물건을 챙기는 걸 채비**라고 해요.

*이미 떠날 **채비**를 마쳤습니다. -『깃털 없는 기러기 보르카』

* **체면** | 남을 대할 때의 떳떳한 도리

옛날 양반들은 비가 올 때 뛰지 않고, 아무리 급해도 음식을 먹을 때 천천히 먹었대요. 외출할 때는 언제나 옷이며 갓이며 신발을 완벽하게 갖춰 입었고요. 왜 이랬을까요? 바로 체면을 차리기 위해서예요. **체면이란 남한테 흉잡히지 않고 떳떳하게 보이기 위해 행하는 도리**를 뜻해요.

*할멈 앞에서 **체면**이 안 서겠지. -『백만 마리 고양이』

* **판단** | 일정한 논리나 기준에 따라 사물의 가치 등을 판별하여 결정함

하늘이 흐려요. 우산을 가지고 가야 할까요, 아니면 아직 비가 오지 않으니까 안 가지고 가도 될까요? 이번엔 배가 조금 아픈 것 같아요. 병원에 가야 할까

요, 아니면 집에서 쉬는 게 나을까요? 우리는 하루에도 여러 번 생각을 결정할 일이 생겨요. 이렇게 **어떤 일이나 상황에 대해 무엇이 좋고 나쁜지, 무엇이 옳고 그른지 등을 하나하나 따져서 입장을 결정하는 걸 판단**이라고 해요. 판단을 잘해야 나와 다른 사람 모두에게 이로운 결정을 할 수 있어요.

*나름대로 **판단**을 해야지. -『아름다운 책』

* **폐** | 남에게 끼치는 신세나 피해

친구 집에 놀러 간다고 하면 엄마가 뭐라고 말하나요? 아마 너무 오래 놀지 말고 얼른 집에 오라고 할 거예요. 그리고 시끄럽게 굴지도 말고 말썽 피우지도 말라고 하겠지요. 왜 이런 말을 하는 걸까요? 그건 누군가에게 피해를 입히는 걸 아주 미안하게 생각하기 때문이에요. 이렇게 **남에게 신세를 지거나 피해를 끼치는 걸 폐를 끼친다**고 해요.

*남에게 절대 **폐** 끼치지 않고 살아왔는데 -『책 먹는 여우』

* **한** | 원망과 억울함, 원통함과 슬픔 등이 쌓여 돌덩이처럼 응어리진 마음

'아리랑'이라는 노래를 들어 보았나요? "아리랑 아리랑 아라리요~ 아리랑 고개를 넘어간다~ 나를 버리고 가시는 님은~ 십 리도 못 가서 발병난다" 하고 노래하는 우리 전통 민요예요. 사랑하는 사람이 떠나는 내용에 멜로디까지 구슬퍼서 절로 슬프고 마음이 몹시 아프지요. 그래서 아리랑을 두고 '한의 노래'라고 말한답니다. **한이란 도저히 어찌지 못하는 상황에 처하여 슬프고 원통하고 억울한 마음이 쌓이고 쌓인 응어리**예요. 한마디로 가슴속 깊이 맺힌 아주 큰 원통함과 슬픔이라고 할 수 있어요.

*쫓아 올라가지 못하는 것이 노마는 큰 **한**입니다. -『고양이』

* **허기** | 굶어서 배가 아주 고픈 느낌

실컷 놀거나 오랜 시간 집중하여 공부하면 어느 순간 배가 고파요. 무엇을 먹지 않고서는 더 이상 집중이 안 돼요. 이렇게 **굶어서 아주 배가 고픈 느낌을 허기**라고 해요.

＊**허기**도 채울 수 있었어요. －『책 먹는 여우』

* **후회** | 이전의 잘못을 깨우치고 뉘우침

맛있다고 배가 부른데도 음식을 계속 먹으면 어떻게 될까요? 재미있다고 게임을 하루 종일 하면 어떻게 될까요? 음식을 많이 먹으면 나중에 배탈이 나서 고생하고, 게임을 너무 많이 하면 엄마한테 혼나지요. 그럼 음식을 먹은 일, 게임을 한 일을 뉘우치게 돼요. 이렇게 **이전의 잘못을 깨우치고 뉘우치는 걸 후회**라고 해요. 그래서 배탈이 나면 '배가 부를 때 그만 먹을걸' 하고 후회하고, 혼이 나면 '게임을 조금만 할걸' 하고 후회하지요.

＊**후회**한다는 건 이런 거야. 쿠키를 그렇게 많이 먹는 게 －『쿠키, 한 입의 인생 수업』

어른들은 일상적으로 쓰는데 아이들은 제대로 사용하지 못하는 말이 있습니다. 무엇일까요? 바로 수를 세고 양을 재는 말인 단위입니다.

아이들은 종종 "나는 칠 살이에요", "꽃 한 개 주세요"라고 말합니다. "나는 일곱 살이에요", "꽃 한 송이 주세요"라고 해야 바른 표현이 되지요. 물론 '칠 살', '한 개'가 의미상으로 틀린 말은 아닙니다. 하지만 언어는 사회적 약속이기 때문에 관습적으로 사용하는 법을 따라야 합니다. 아이들이 단위를 잘 모르거나 수를 잘못 세면 생활 속에서 의사소통이 어려울 수 있습니다.

우리는 나이나 수를 셀 때 주로 순우리말을 사용합니다. '칠'이 아니라 '일곱'이라고 말입니다. 그리고 꽃을 셀 때는 단위를 '개'라고 하지 않고 '송이'라고 합니다. 사물마다 그 수를 세거나 양을 재는 단위가 다르지요. 예를 들어 신발은 '켤레', 배추는 '포기'를 사용합니다.

단위를 나타내는 말들은 교과 학습을 할 때도 중요합니다. 국어, 수학, 사회, 과학 교과를 보면 단위 명사가 많이 나옵니다. 그런데 국어에 나오는 단위 명사와 나머지 교과에 나오는 단위 명사는 좀 다릅니다. 국어에는 위에서 예를 든 것처럼 관습적으로 사용하는 단위가 많이 나오고, 수학, 사회, 과학은 표준적으로 사용하는 단위가 나오지요. 길이를 예로 들면 국어에는 '리'나

'길'처럼 옛날에 사용했던 단위가 많이 나오고, 수학, 사회, 과학에는 '센티미터(cm), 미터(m), 킬로미터(km)'처럼 표준적으로 사용하는 단위가 나옵니다.

그림책에 단위가 나오면 일단 그것이 무엇을 세고 재는 단위인지 알려 주세요. 단위는 날짜, 나이, 길이, 양 등이 어느 정도인지를 나타냅니다. 이와 함께 단위 앞에 수가 어떤 형태로 적혀 있는지도 확인해 주세요. 보통 순우리말로 표현하긴 하지만 표준 단위를 사용할 때는 '하나 센티미터'라고 하지 않고 '1(일)센티미터'라고 합니다.

쏙쏙 지도포인트

- 하나, 둘, 셋 등 순우리말로 수를 세는 표현을 알려 준다.
- 그림책에서 단위를 나타내는 말이 나오면 날짜, 나이, 양, 길이 중 무엇을 세거나 재는 단위인지 말해 준다.
- 실제로 어느 정도의 길이이고 양인지 가늠해 보는 활동을 한다.

엄마의 어휘사전

* **고랑** | 밭을 세는 단위

농사를 지으려면 일단 땅을 갈아야 해요. 이때 평평한 땅을 한 줄로 길게 파면서 판 흙은 한쪽에 쌓아 두지요. 여기서 흙이 파인 부분을 고랑이라고 하고, 흙이 쌓인 둔덕을 '이랑'이라고 해요. 고랑에 물이 잘 고였기 때문에 옛날에는 고랑에다 작물을 심었답니다. 그래서 자연스럽게 고랑이 밭을 세는 단위가 되었지요. **밭 한 고랑을 매었다는 건 한 고랑에 심겨진 작물을 다 베거나 거두어 들였다**는 뜻이에요.

*팥 밭 한 <u>고랑</u>을 매고는 – 『팥죽 할머니와 호랑이』

* **군데** | 낱낱의 장소를 세는 단위

장소는 어떻게 셀까요? 우리 마을에 미용실이 다섯 개 있다면 **미용실이 다섯 군데 있다**고 하면 돼요. 한 장소 안의 부분 부분을 셀 때도 이 단위를 써요. 예를 들어 운동장 안의 각각 다른 곳에 다섯 개의 보물을 숨겼다면 '운동장 다섯 군데에 보물을 숨겼다'라고 해요. 그림이나 책의 어떤 부분을 일컬을 때도 '한 군데가 틀렸다', '두 군데가 다르다'는 식으로 표현한답니다.

*다르게 그린 곳이 다섯 <u>군데</u> 있네요. – 『내가 처음 만난 예술가 7: 이중섭』

* **그믐날** | 음력으로 날을 셀 때 그 달의 마지막 날

우리나라는 옛날에 음력으로 날을 셌어요. 음력은 달이 지구를 한 바퀴 도는 시간을 기준으로 달(1월, 2월 등)과 날(1일, 2일 등)을 정한 거예요. 그런데 음력으로 날짜를 셀 때 몇몇 날은 특별한 이름을 붙였어요. **첫째 날은 '초하룻날', 열다섯째 날은 '보름날', 그리고 마지막 날은 그믐날**이라고 했지요.

*섣달 <u>그믐날</u> 밤도 푹 익어 갑니다. – 『손 큰 할머니의 만두 만들기』

우리아이 첫 공부 어휘사전

* **끼** | 밥을 먹는 횟수를 세는 단위

사람들은 하루에 몇 번 식사를 하나요? 보통 아침, 점심, 저녁에 각각 한 번씩 총 세 번 식사를 하지요. 이를 삼시 세 끼라고 표현한답니다. 여기서 **끼란 밥을 먹는 횟수를 세는 단위**예요.

＊하루에 적어도 세 **끼**는 먹어야 했는데 - 『책 먹는 여우』

* **닢** | 돈이나 가마니, 멍석같이 납작한 모양의 물건을 세는 단위

'동전 한 푼'과 '동전 한 닢' 중 어느 쪽이 더 정확한 표현일까요? 둘 다 맞는 표현이랍니다. '푼'과 닢은 둘 다 돈을 세는 단위예요. 차이점이 있다면 **닢은 돈뿐만 아니라 가마니나 멍석같이 납작하게 생긴 물건을 셀 때**도 쓰이지요. '거적 두 닢을 깔다', '멍석 한 닢도 안 되는 마당'처럼 말이에요.

＊우리에게 줄 동전 몇 **닢**이 들어 있습니다. - 『엄마의 의자』

* **땀** | 바느질을 할 때 실을 꿴 바늘로 한 번 뜸 또는 그 자국을 세는 단위

옛날에는 여인네들이 직접 바느질을 했어요. 양반집 여인들은 주로 수를 놓고 여염집(일반 백성의 살림집) 여인들은 이부자리나 옷을 지었지요. 손으로 직접 바느질했기 때문에 조심조심 해야 했어요. 이때 **바느질한 자국을 하나하나 셀 때 땀이라는 단위**를 썼답니다. 한 땀 두 땀 정성들여 바느질을 하다와 같이 표현했어요.

＊한 **땀** 반 **땀**이라도 - 『아씨방 일곱 동무』

* **말** | 곡식, 액체, 가루 등의 부피를 잴 때 쓰는 옛날 단위

물건의 양이나 크기를 부피라고 해요. 이 부피를 잴 때 지금은 리터(*l*)나 세제곱센티미터(㎤)를 쓰는데, 옛날에는 '홉, 되, 말' 등을 썼어요. 그리고 각각의 부피에 딱 맞는 크기의 나무 그릇을 만들어 사용했지요. 재래시장에 가보면 밤이나 곡식을 파는 곳에서 여전히 이런 그릇으로 부피를 재는 걸 볼 수 있어요. 홉의 열 배가 한 되, 되의 열 배가 한 말, 한 말은 지금의 18리터 정도예요.

＊구슬이 서 **말**이라도 꿰어야 보배! – 『아씨방 일곱 동무』

* **미터** | 길이를 재는 단위

미터는 길이를 재는 단위예요. 키나 높이를 잴 때 사용해요. 1미터는 100센티미터 길이에요. 길이를 재는 단위를 작은 것부터 말하면 밀리미터(mm), 센티미터(cm), 미터(m), 킬로미터(km) 순으로 커지지요. 자를 보면 보통 제일 작은 눈금 하나가 1mm이고, 0에서부터 숫자가 쓰여 있는 눈금까지가 1cm예요.

＊이 토끼는 적어도 키가 십 **미터**는 되겠다! – 『아름다운 책』

* **반나절** | 한나절의 반쯤 되는 동안

옛날에는 시간을 크게 낮과 밤으로 나누었어요. 그리고 낮은 다시 한나절, 반나절로 구분했지요. 여기서 나절은 하루 낮을 절반으로 나눈 거예요. 그럼 **한나절은 나절이 하나이니 낮의 반 정도 되는 시간이고, 반나절은 나절의 절반이니 낮의 1/4 정도 되는 시간**이에요. 하루 24시간 중 낮을 12시간 정도라고 치면, 한나절은 6시간, 반나절은 3시간 정도가 되지요. '해 뜨고 반나절 밭을 갈았다'라고 하면 해 뜬 후 3시간 정도 밭을 갈았다는 뜻이에요.

＊난 사흘하고 **반나절**도 더 살지 못할 거야. – 『책 먹는 여우』

* **배** | 앞에 나온 수만큼 거듭됨을 이르는 말

수학을 배울 때, 수를 익힌 다음 보통 더하기(+), 빼기(-), 곱하기(×), 나누기(÷)를 배워요. 여기서 곱하기는 더하기와 관련이 있고, 빼기는 나누기와 관련이 있어요. 예를 들어 '2+2+2'를 곱하기로 나타내면 '2×3'이 되지요. 이는 2를 세 번 더했다는 뜻이랍니다. 다른 말로 하면 '2의 세 배'라고도 하지요. 여기서 **배는 '곱'으로 바꿔 말해도 뜻이 통해요. 둘 다 거듭되었다는 뜻**이에요.

＊열 **배** 백 **배** 아니 천 배나 많은 책들이 – 『책 먹는 여우』

* **백만** | 만의 백배가 되는 수

1부터 10씩 커지게 수를 세어 보세요. 그럼 다음 표와 같아요. 여기서 **백만(1,000,000)은 만(10,000)의 백배이고, 십만(100,000)의 열 배인 수**랍니다

1	10	100	1,000	10,000	100,000	1,000,000	10,000,000	100,000,000
일	십	백	천	만	십만	백만	천만	억

＊**백만** 마리 고양이 – 『백만 마리 고양이』

* **뼘** | 엄지손가락과 검지나 가운뎃손가락을 완전히 펴서 길이를 재는 단위

길이를 잴 때 자가 없으면 손으로 몇 뼘인지 재면 돼요. **엄지와 검지손가락을 완전히 편 만큼의 길이가 한 뼘**이에요.

＊이제 겨우 엄마 손 한 **뼘** 크기예요. – 『선인장 호텔』

※ **살** | 나이를 세는 단위

나이를 셀 때 사용하는 말은 두 가지가 있어요. 살과 '세'이지요. 보통 '세'는 한자어 수 뒤에 쓰이고, 살은 순우리말 수 뒤에 쓰여요. 예를 들어 8세, 여덟 살이라고 말하지요. 여기서 8은 인도아라비아 숫자로 쓰지만 읽을 때는 한자 팔(八)로 읽어요.

　　　　　　　　＊마흔 **살**의 나이로 이중섭이 죽었어요. －『내가 처음 만난 예술가 7: 이중섭』

※ **섣달** | 음력으로 그 해의 마지막 달을 일컫는 말

음력으로 달을 셀 때도 몇몇 달은 다른 이름을 가지고 있어요. **1월은 '정월', 11월은 '동짓달', 12월은 섣달**이라고 해요.

　　　　　　　　＊만두가 익어 갈수록 **섣달** 그믐날 밤도 －『손 큰 할머니의 만두 만들기』

※ **올해** | 지금 지나고 있는 이번 해

지금 보내고 있는 이번 해를 올해라고 해요. 한자어로 하면 금년(今年)이지요. 올해 전 해는 지난해 또는 작년(昨年)이라고 해요. 올해 바로 다음 해는 이듬해 또는 내년(來年)이라고 한답니다.

　　　　　　　　＊**올해**는 조금 빚는다고 했는데. －『손 큰 할머니의 만두 만들기』

※ **움큼** | 손으로 한 줌 움켜쥘 만한 분량을 세는 단위

좋아하는 과자나 사탕이 있으면 많이 먹고 싶은 마음에 손바닥을 활짝 펴고 한 움큼 집지요. **한 움큼은 주먹 안에 들어갈 만큼의 양**이에요. 비슷한 말로

'줌'도 있어요. 이 역시 주먹으로 쥘 만큼의 양을 뜻한답니다.

*할머니는 콩을 한 **움큼** 집어서 – 『줄무늬가 생겼어요』

* **이튿날** | 어떤 일이 일어난 날의 다음 날

이야기책을 읽다 보면 날을 표현할 때 요일이나 날짜로 정확히 표현하기도 하지만 어떤 사건을 기준으로 표현할 때도 종종 있어요. 예를 들어 주인공이 아팠던 일이 중요하면 **이날을 기준으로 다음 날을 이튿날이라고 하고 세 번째 날은 '사흗날'**이라고 하지요. **네 번째 날은 '나흗날'**이라고 한답니다.

***이튿날** 아침에 무슨 일이 벌어졌는지 알아? – 『해치와 괴물 사형제』

* **자루** | 연필, 붓 등의 필기도구나 삽, 총, 양초같이 가늘고 긴 물건을 세는 단위

호미나 도끼처럼 날이 있는 연장의 손잡이 부분을 자루라고 해요. 그런데 어떤 물건들을 셀 때도 이 말을 쓰지요. 예를 들어 **연필, 붓 등의 필기도구나 칼, 삽, 총 등과 같이 손잡이가 달린 가늘고 긴 물건을 셀 때 한 자루, 두 자루**라고 말해요.

*양초를 세 **자루**씩 나누어 주었습니다. – 『양초 귀신』

* **정각** | 조금도 틀림없는 바로 그 시각

시각은 '시간'과 비슷하지만 그 뜻이 조금 달라요. 시간은 어느 일정 동안을 의미하고 시각은 시간의 어느 한 지점을 뜻하지요. 그래서 **정각이라고 하면 정확하게 바로 그 시각을 의미**해요. 예를 들어 '여덟 시 정각에 기차가 온다'

라고 하면 틀림없이 딱 여덟 시에 기차가 온다는 뜻이랍니다.

*열한 시 **정각**에 오십시오. – 『치과 의사 드소토 선생님』

* **짝** | 한 벌이나 한 쌍을 이루는 것 또는 그 각각을 세는 단위

신발, 장갑, 젓가락 등은 모두 쌍을 이루고 있어요. 이렇게 한 쌍을 말할 때는 각각 신발 한 켤레, 장갑 한 켤레, 젓가락 한 벌이라고 해요. 여기서 **하나씩 각각 셀 때는 한 짝**이라고 해요. 신발, 장갑 등은 모두 두 짝이 한 쌍이 되는 거지요.

*할아버지는 숲속을 걷다가 장갑 한 **짝**을 떨어뜨린 채 – 『장갑』

* **척** | 배를 세는 단위

자동차를 셀 때는 한 대, 두 대라고 하고, 비행기를 셀 때도 한 대, 두 대라고 해요. 그런데 **배를 셀 때는 한 척, 두 척**이라고 해요.

*배 한 **척**을 골라 – 『깃털 없는 기러기 보르카』

* **킬로그램** | 무게를 재는 단위

리터(l)는 부피를 재고, 미터(m)는 길이를 재는 단위예요. **무게를 잴 때는 그램(g), 킬로그램(kg)** 등을 사용한답니다. 1킬로그램은 1,000그램과 같아요. 무게를 잴 때는 용수철저울, 대저울, 체중계 등으로 재지요.

*무게는 팔천 **킬로그램**, 자동차 다섯 대를 합한 것만큼 – 『선인장 호텔』

* **포기** | 배추, 벼, 풀 등 한 뿌리를 기준으로 식물을 세는 단위

나무를 셀 때는 한 그루, 두 그루라고 해요. 꽃은 한 송이, 두 송이라고 세지요. 꽃묶음을 말할 때는 한 다발, 두 다발이라고 한답니다. **배추, 벼, 풀, 화초같이 뿌리를 단위로 한 작은 나무나 풀을 셀 때는 한 포기, 두 포기라고 해요.**

* 할머니가 풀 한 **포기**를 뽑는 동안 – 『팥죽 할머니와 호랑이』

* **필** | 천을 세는 단위

천을 셀 때는 한 필, 두 필이라고 해요. 한 필은 어느 정도일까요? 옷감 가게에 가면 천이 한 필씩 말아져 있는 게 보여요. 이걸 다 펼쳐서 재어 보면, 길이는 약 33미터, 폭은 약 16센티미터 정도쯤 된답니다. 조선 시대에는 쌀과 함께 천 두 필 정도를 세금으로 냈다고 해요.

* 딱 한 **필**만 더 있어도 되는데. – 『설문대할망』

* **하루** | 한 낮과 한 밤이 지나는 동안, 순우리말로 날을 셀 때 제1일

하루는 순우리말로 날을 셀 때 달의 첫 번째 날을 말해요. 두 번째 날은 이틀, 세 번째 날은 사흘이라고 하지요. 이렇게 순우리말로 날을 세는 말들을 차례대로 알아보아요.

1일	2일	3일	4일	5일	6일	7일	8일	9일	10일
하루	이틀	사흘	나흘	닷새	엿새	이레	여드레	아흐레	열흘
11일	12일	13일	14일	15일	16일	17일	18일	19일	20일
열하루	열이틀	열사흘	열나흘	열닷새	열엿새	열이레	열여드레	열아흐레	스무날

21일	22일	23일	24일	25일	26일	27일	28일	29일	30일
스무하루	스무이틀	스무사흘	스무나흘	스무닷새	스무엿새	스무이레	스무여드레	스무아흐레	그믐

***하루**가 지나고 **이틀**이 지나고 **사흘**이 지났습니다. -『손 큰 할머니의 만두 만들기』

* **환갑** | 예순한 살

옛날에는 건강하게 오래 사시는 분들이 적었어요. 그래서 예순한 살 생일이 되면 환갑잔치라고 하여 크게 잔치를 벌였지요. 여기서 **환갑은 본래 육십갑자가 처음으로 다시 되돌아온다는 뜻**이에요. 육십갑자는 갑, 을, 병, 정 등 10간과 자, 축, 인, 묘 등 12지를 결합하여 만든 것이에요. 간과 지를 결합하면 61번 만에 같은 맞춤이 온다고 해요. 만약 병자년에 태어났다면 다시 병자년이 되는 시기가 환갑인 것이지요. 이 해가 바로 태어난 지 60년째 되는 해랍니다. 그래서 나이로 치면 61세가 되는 거예요. 순우리말로 나이를 세는 방법을 좀 더 알아보아요.

1세	태어난 지 100일	태어난 지 1년	2세	3세	4세	5세	6세	7세	8세
한 살	백일	돌	두 살	세 살	네 살	다섯 살	여섯 살	일곱 살	여덟 살
9세	10세	11세	20세	30세	40세	50세	60세	61세	70세
아홉 살	열 살	열한 살	스무 살	서른 살	마흔 살	쉰 살	예순 살	환갑	일흔 살, 칠순
80세	90세	99세	100세						
여든 살, 팔순	아흔 살, 구순	백수	백 살						

*수탉은 **환갑**을 맞았어. -『세상에서 제일 힘센 수탉』

말의 재미를
일깨워 준다!
의성어와 의태어

우리말에서 가장 발달한 어휘 중 하나가 의성어와 의태어입니다. 의성어는 소리를 흉내 낸 말이고, 의태어는 움직임이나 모양을 흉내 낸 말이에요. 의성어와 의태어는 아이들이 가장 쉽게 따라 말하고 배우는 단어이기도 합니다. 비슷한 음운이 마치 노래를 하는 것처럼 반복되어 발음하기 쉽고, 말소리가 감각을 자극하기 때문에 무엇을 표현했는지 금방 느낄 수 있지요. 예를 들어 '부르르'라는 말을 들으면 어떤 사람이나 사물이 크게 떠는 모습이 눈앞에 그려집니다. 실제로 보거나 듣지 않았는데도 그 모양과 소리가 즉각적으로 떠올려지니 자연스레 말에 대한 감각이 길러지지요.

하지만 일상생활 속에서 아이들이 의성어와 의태어를 접할 기회는 많지 않습니다. 왜냐하면 어른들은 거의 사용하지 않기 때문입니다. 게다가 학년이 올라갈수록 책에서도 찾아보기 어려운데, 다행히 그림책에는 의성어와 의태어가 비교적 많이 나옵니다. 아이들의 언어 발달을 고려하여 의도적으로 사용한 거지요. 물론 의성어와 의태어는 꾸미는 말이기 때문에 문장에서 빠져도 뜻을 이해하는 데 전혀 무리가 없습니다. 그래서 의성어와 의태어에 별 주의를 기울이지 않습니다. 하지만 말의 재미를 살리고 언어 감각을 일깨워 주고 싶다면 의성어와 의태어를 주의 깊게 보고 일상생활에서 활용할 수 있도록 해주어야 합니다.

그림책을 볼 때 의성어와 의태어가 나오면 좀 더 리듬감 있게 읽어 주세요. 그리고 아이도 즐겁게 따라 말할 수 있도록 유도해 보세요. 의성어와 의태어의 뜻을 말해 줄 땐 그 소리와 모양이 무엇을 흉내 낸 건지 구체적인 예를 들어 설명해 줍니다. 동작으로 직접 보여 줄 수도 있습니다. 그런 다음 아이에게 의성어나 의태어를 활용해 짧은 문장을 지어 보게 하거나 그림으로 표현해 보도록 합니다.

의성어와 의태어 지도에서 중요한 점은, 아이에게 그 뜻을 암기시키려 강요하기보다 그 단어의 의미를 감각적으로 느끼게 하는 것입니다.

쏙쏙 지도포인트

- 책을 읽어 줄 때 의성어와 의태어가 나오면 조금 강조하여 리듬감 있게 표현한다.
- 의성어와 의태어의 뜻을 설명해 주고 동작으로도 보여 준다.
- 의성어와 의태어를 활용하여 짧은 문장을 지어 보거나 그림으로 표현하게 한다.

엄마의 어휘사전

* **꼬박** | 한 가지 상태를 그대로 지속하는 모양

명절날 전을 부칠 때 엄마들은 하루 종일 허리 한 번 펴지 못하고 프라이팬 앞에 앉아 전을 뒤집었다 꺼냈다를 반복하지요. 이렇게 **한 가지 상태를 그대로 지속하는 모양을 표현할 때 꼬박 그 일을 한다**고 해요.

＊지난 설에는 **꼬박** 일주일 동안 – 『손 큰 할머니의 만두 만들기』

* **넙죽** | 몸을 바닥에 바짝 붙이고 재빨리 크게 엎드리는 모양

아기들이 세배할 때 보면 어떤가요? 이마를 박을 만큼 바닥에 완전히 납작 엎드려서 절을 해요. 이렇게 **바닥에 몸을 붙이고 단번에 엎드리는 모양을 표현할 때 넙죽 절하다**라고 해요.
과자나 음식 같은 걸 냉큼 받아먹을 때, 어떤 행동을 할까 말까 고민하지 않고 바로 해버리는 모양을 표현할 때도 이 말을 써요.

＊단지손이는 할아버지께 **넙죽** 절을 하고 – 『재주 많은 오형제』

* **달랑** | 딸린 것이 적거나 가뿐한 모양

몸집이 아주 큰 사람이 아주 작은 가방을 메고 있는 모습을 상상해 보세요. 아마 자신은 가방을 들었는지 안 들었는지조차 느끼지 못할 거예요. 보기에도 아주 가뿐하게 보이지요. 이렇게 **딸린 것이 적어 가뿐한 모양을 표현할 때 달랑 있다**고 해요.
나뭇가지 끝에 열매나 나뭇잎 하나만 달려 있을 때, 방 안에 물건이 하나만 남아 있는 모양을 표현할 때도 이 말을 써요.

＊버릇없는 아기를 살짝 집어, 등에 **달랑** 태우고는 – 『코끼리와 버릇없는 아기』

* **동동** | 매우 안타깝거나 몹시 추워서 발을 가볍게 구르는 모양

기대했던 일이 이루어지지 않거나 계획했던 일이 어그러지면 마음이 답답하고 속상해요. 어려운 상황에 놓인 사람을 도와줄 수 없을 때도 이런 마음이 들지요. 해결하고 싶은데 내 힘으로는 도저히 어찌할 수 없어서 그저 안타까운 마음만 드는 거예요. 이런 **속상하고 안타까운 마음을 몸으로 표현할 때 발을 동동 구른다**고 해요. 추울 때도 몸이 얼지 않도록 제자리에서 발을 동동 구르지요.

＊돌이는 밭둑에서 발만 **동동** 구릅니다. －『심심해서 그랬어』

* **두런두런** | 낮은 목소리로 여럿이 이야기를 주고받는 소리

깜깜한 겨울밤, 화롯불을 피워 놓고 둘러앉아 밤을 구워 먹으며 이야기꽃을 피우는 장면을 상상해 보세요. 문밖으로 사람들의 목소리가 조용히 새어 나와요. 무슨 말인지는 잘 들리지 않지만 말이에요. 이렇게 **여럿이 모여앉아 조용히 서로 이야기를 주고받을 때 두런두런 이야기를 한다**고 해요.

＊동물들은 저희들끼리 **두런두런** 얘기를 합니다. －『손 큰 할머니의 만두 만들기』

* **듬성듬성** | 촘촘하지 않고 매우 드물고 성긴 모양

이제 막 만들어진 공원에 가보면 잔디가 띄엄띄엄 심어져 있는 걸 볼 수 있어요. 태어난 지 얼마 되지 않은 아기의 머리카락도 빽빽이 나 있지 않고 군데군데 드물게 나 있지요. 이렇게 **간격이 촘촘하지 않고 어느 정도 떨어져 있는 모양을 표현할 때 듬성듬성 있다**고 해요. 호박이나 감자 등 채소를 썰 때도 일정하게 썰거나 다지지 않고 간격을 띄어 썰 때 '듬성듬성 썬다'라고 해요.

＊양초를 **듬성듬성** 썰어 넣고 －『양초 귀신』

* **뚜르르** | 종이 등이 팽팽하게 말리는 모양

문방구에 가서 커다란 도화지를 사면 주인아저씨가 돌돌 말아 줘요. 이걸 집에 와서 펼쳐 보면 잘 안 펼쳐져요. 손을 놓으면 다시 말리지요. 이처럼 **폭이 넓은 종이나 멍석 등을 사람이 직접 마는 것이 아니라 스스로 탄력 있게 말리는 모양을 표현할 때 두르르 말린다**고 해요. 두르르를 보다 세게 표현하면 뚜르르가 되지요.

*멍석은 호랑이를 **뚜르르** 말아 꼼짝 못하게 – 『팥죽 할머니와 호랑이』

* **바짝** | 물기가 마르거나 졸아드는 모양

햇볕이 쨍쨍 내리쬐는 날, 빨래를 널면 어떤가요? 금세 빳빳하게 마르지요. 이처럼 **열을 받아 순식간에 물기가 마르거나 졸아드는 모양을 표현할 때 바짝 마르다라고** 해요.
몸이 아주 야윈 모양, 가까이 달라붙은 모양을 표현할 때도 이 말을 써요.

*천둥도깨비가 **바짝** 말랐습니다. – 『도깨비를 빨아 버린 우리 엄마』

* **바글바글** | 작은 벌레나 짐승, 사람 등이 한곳에 많이 모여 움직이는 모양

어린이날 놀이공원에 가보면 입구부터 사람들이 아주 많이 몰려 있어요. 안으로 들어가면 더 많은 사람들이 북적이지요. 이처럼 **사람이나 벌레, 동물 등이 한곳에 모여 어수선하게 움직이는 모양을 표현할 때 바글바글 모여 있다**고 해요.
거품이 일어날 때, 물 같은 액체가 끓을 때도 이 말을 써요. 이때는 바글바글이 모양뿐만 아니라 소리를 표현하기도 해요.

*카밀라네 집 앞뜰에 사람들이 **바글바글** 모여들었어. – 『줄무늬가 생겼어요』

* **보슬보슬** | 눈이나 비가 가늘고 드물게 조용히 내리는 모양

봄비가 내리는 모양을 떠올려 봐요. 세차게 내리지 않고 듬성듬성 내려요. 비가 오는지 마는지 눈에 잘 띄지도 않고 감촉도 잘 안 느껴지지요. 이렇게 **비나 눈이 가늘고 성기게 소리 없이 내릴 때 보슬보슬 내린다**고 해요.

***보슬보슬** 봄비가 내렸어요. - 『강아지똥』

* **부르르** | 조금 크게 떠는 모양

동물들은 몸에 물이 묻으면 몸을 크게 떨어서 물을 털어 내요. 이처럼 **동작은 경쾌한 듯 가볍지만 눈에 띌 정도로 클 때 부르르 떤다**고 해요.
안 좋은 기억이나 마음속 화를 몸 밖으로 내보낼 때도 몸을 부르르 떤다고 해요. 이건 화가 나 있는 모습이지요.

*기러기들은 몸을 **부르르** 떨었습니다. - 『깃털 없는 기러기 보르카』

* **북북** | 무르고 두툼한 물건이나 얇은 종이, 천 따위를 세게 찢는 소리 또는 모양

쥐포나 오징어를 어떻게 먹나요? 손으로 먹기 좋게 뜯어먹지요. 영수증같이 자신의 정보가 담긴 종이를 버릴 때도 그냥 버리지 않고 잘게 찢어서 버려요. 이처럼 **두툼한 물건이나 질기고 얇은 종이, 천 등을 야무지게 찢을 때 북북 뜯는다, 북북 찢는다**고 해요. 이 말은 소리를 표현한 것이기도 하지요.
물체의 겉면을 세게 갈거나 긁을 때도 이 말을 써요. '북북 갈다', '북북 긁다'라고 해요.

*입으로 **북북** 뜯어 나눠 먹습니다. - 『고양이』

* **불쑥** | 갑자기 쑥 나타나거나 생기거나 하는 모양

〈빨간 모자〉 이야기에서 주인공 빨간 모자가 할머니 댁으로 심부름을 갈 때 무슨 일이 일어나나요? 숲속으로 들어서자 갑자기 덤불 사이에서 늑대가 나타나 깜짝 놀라지요. 이처럼 **갑자기 무언가가 눈앞에 쑥 나타나거나 생길 때 불쑥 나타난다**고 해요.

느닷없이 어떤 마음이 생기거나 생각이 떠오를 때, 생각 없이 아무 말이나 대뜸 하는 모양을 표현할 때도 이 말을 써요.

＊하수구에서 악어 한 마리가 **불쑥** 나와 책가방을 덥석 물었습니다. -『지각대장 존』

* **새근새근** | 어린아이가 깊이 잠들어 조용하게 숨 쉬는 소리

곤히 잠들어 있는 아기의 모습을 보면 아주 평화로워 보여요. 그 앞에서는 절로 소리를 낮추고 조용하게 되지요. 그러면 아기의 아주 편안하고 고요한 숨소리가 들려요. 이렇게 **어린아이가 깊이 잠들어 조용하게 숨 쉴 때 새근새근 잔다**고 해요. 조금 강한 표현은 '쌔근쌔근'이에요.

＊맛있겠다는 **새근새근** 잠이 들었습니다. -『고 녀석 맛있겠다』

* **솔솔** | 냄새나 가는 연기가 가볍게 풍기거나 피어오르는 모양

나뭇가지에 불을 붙이면 바로 불이 붙지 않고 연기부터 피어올라요. 부엌에서 엄마가 요리를 할 때 음식 냄새가 서서히 퍼지지요. 이렇게 **연기나 냄새가 가볍게 피어오르거나 풍길 때 솔솔 피어오른다, 솔솔 풍긴다**고 해요.

＊불씨가 들어가 **솔솔** 피어오르는 것 같았습니다. -『양초 귀신』

＊ 쉭쉭 | 여럿이 빠르게 지나가는 소리 또는 모양

고속 기차를 타고 창밖을 내다보면 나무며 전봇대며 집들이 옆으로 아주 빠르게 지나가요. 물안경을 끼고 깊은 바닷속으로 들어가 헤엄을 칠 때면 물고기들이 사방에서 떼를 지어 지나가지요. 이렇게 **무언가 여럿이 빠르게 지나가는 소리나 모양을 표현할 때 쉭쉭 지나간다**고 해요.

공기나 입김 등이 좁은 구멍이나 틈 사이로 자꾸 새어 나오는 소리를 표현할 때도 이 말을 써요.

＊바다 속을 **쉭쉭** 헤엄쳐 다녔습니다. －『무지개 물고기』

＊ 아슬아슬 | 일이 잘 안될까 봐 두려워 마음을 놓지 못하거나 조마조마한 모양

공중에서 줄타기를 하는 곡예사를 보면 떨어지지는 않을까 마음이 조마조마해요. 또 우리 팀 선수가 다른 팀 선수들과 겨루는 모습을 보면 혹시 넘어지거나 뒤처지진 않을까 마음이 불안하지요. 이처럼 **어떤 일이 잘 안 될까 봐 걱정되어 마음이 불안하고 조마조마할 때 아슬아슬하다**고 해요.

＊전깃줄을 **아슬아슬** 비켜서 －『구름빵』

＊ 야금야금 | 무엇을 입 안에 넣고 조금씩 먹는 모양

맛있는 빵이나 과자가 눈앞에 있으면 엄마와 한 약속이 스르르 무너져요. 한 입만 먹어야지 했던 처음의 마음은 온데간데없이 사라지고 손과 입이 잠시도 쉬지 않고 움직여요. 이처럼 **한 번에 다 먹는 게 아니라 먹는 듯 안 먹는 듯 잇따라 조금씩 먹을 때 야금야금 먹는다**고 해요.

재산 등을 조금씩 없애는 모양을 표현할 때도 이 말을 써요.

＊뽕잎을 **야금야금** 먹으며 누에는 무럭무럭 －『설문대할망』

* **오들오들** | 춥거나 무서워서 몸을 자꾸 떠는 모양

호랑이가 눈앞에 떡 버티고 서 있으면 얼마나 무서울까요. 몸이 덜덜 떨릴 거예요. 또 찬바람이 쌩쌩 부는 아주 추운 날도 몸이 심하게 떨리지요. 이처럼 **춥거나 무서워서 몸을 떨 때 오들오들 떤다**고 해요.
비슷한 말로 부르르와 '부들부들'이 있는데, 부르르는 순간적으로 떨 때 사용하고, 부들부들은 화나 무서움 같은 감정이 커져 몸을 떨 때 사용해요.

*밤이면 늘 <u>오들오들</u> 떨었으니까요. – 『깃털 없는 기러기 보르카』

* **와락** | 갑자기 달려들거나 무언가를 잡아당기는 등의 행동을 하는 모양

마음에 드는 친구를 갑자기 껴안거나 커다란 개에게 겁도 없이 달려드는 경우가 있어요. 이렇게 **갑자기 달려들 때 와락 달려든다**고 해요.
물건을 빼앗듯 확 잡아당길 때나 갑자기 어떤 생각이 떠오르는 모양을 표현할 때도 이 말을 써요.

*여우가 <u>와락</u> 달려들었습니다. – 『아름다운 책』

* **와르르** | 쌓여 있던 물건들이 한꺼번에 야단스럽게 무너지는 소리 또는 모양

블록 놀이를 할 때 쌓는 것도 재미있지만 무너뜨리는 것도 재미있어요. 애써 쌓은 블록의 밑을 툭 치거나 빼버리면 한꺼번에 확 무너지지요. 이처럼 **쌓여 있던 물건들이 한꺼번에 야단스럽게 무너지는 모양이나 소리를 표현할 때 와르르 쏟아진다**고 해요.
많은 사람들이 소란을 떨며 한꺼번에 몰려가거나 몰려오는 소리나 모양을 표현할 때도 이 말을 써요.

*거실 바닥에 바둑알이 <u>와르르</u> 쏟아집니다. – 『집 안 치우기』

* **어정어정** | 몸집이 큰 사람이나 동물이 이리저리 천천히 걷는 모양

키다리 아저씨가 깊은 생각에 잠겨 뒷짐을 지고 걷는 모습을 상상해 보세요. 똑바로 걷지 않고 비틀대듯이 이쪽저쪽으로 천천히 걸을 거예요. 이처럼 **키나 몸집이 큰 사람이나 동물이 천천히 걸을 때 어정어정 걷는다**고 해요.

*지게가 **어정어정** 걸어왔어요. -「팥죽 할머니와 호랑이」

* **우렁우렁** | 소리가 아주 크고 힘차게 울리는 모양

극장이나 공연장에 가면 시작 전에 안내 방송이 나와요. 비상문은 어디에 있고 관람을 할 때는 이러한 점에 주의해 달라고 말하지요. 방송 소리는 극장 안을 가득 메우며 크게 울려 퍼져요. 이처럼 **소리가 매우 크게 울릴 때 우렁우렁 울린다**고 해요.

*크게 말하면 천둥소리처럼 **우렁우렁** 울리거든요. -「설문대할망」

* **우적우적** | 단단하고 질긴 것을 마구 깨물어 씹는 소리 또는 모양

소가 풀을 뜯어 먹는 모습을 상상해 보세요. 질긴 풀을 단번에 삼키기 어려워 입 안에 넣고 마구 씹어 먹지요. 생고구마를 먹을 때도 너무 단단해서 깨물어 씹어 먹어요. 이렇게 **풀이나 고구마같이 단단하고 질긴 음식을 마구 깨물어 씹을 때 나는 소리나 그 모양을 표현할 때 우적우적 먹는다**고 해요.

*맛있겠다는 **우적우적** 풀을 뜯어 먹기 시작했습니다. -「고 녀석 맛있겠다」

* **으슬으슬** | 소름이 끼칠 정도로 매우 추운 느낌이 드는 모양

갑자기 날씨가 추워지면 몸이 저절로 떨려요. 때로는 소름이 돋기도 하지요. 또 감기에 걸려서 몸의 체온이 떨어져도 덜덜 떨려요. 이렇게 **소름이 돋을 정도로 추운 느낌이 들 때 으슬으슬 춥다**고 해요.

* **으슬으슬** 춥고 부들부들 떨리니? – 『줄무늬가 생겼어요』

* **자박자박** | 가볍게 발소리를 내면서 가만히 걷는 소리 또는 모양

아주 조용한 곳에서 누군가 걸어오는 소리를 들은 적이 있나요? 말소리나 숨소리 없이 가벼운 발소리만 들려요. 움직임도 별로 느껴지지 않지요. 이렇게 **발을 가볍게 내디디며 가만가만 걷는 소리나 모양을 표현할 때 자박자박 걷는다**고 해요.

* **자박자박** 누군가 걸어오는 소리가 들렸습니다. – 『고구려 나들이』

* **조르르** | 작은 것들이 한 줄로 고르게 잇따라 있는 모양

유치원이나 학교에서 박물관 체험 학습을 갈 때의 모습을 상상해 보세요. 입장을 하기 전에 선생님이 한두 줄로 열을 맞출 거예요. 그럼 아이들이 일렬로 죽 늘어서지요. 이렇게 **작은 것들이 한 줄로 고르게 잇따라 있을 때 조르르 서 있다, 조르르 앉아 있다**고 해요.

* 노마는 똘똘이, 영이와 **조르르** 둘러앉아서 – 『고양이』

* **주섬주섬** | 여기저기 널린 물건을 하나하나 주워 거두는 모양

한창 놀고 난 뒤 거실을 둘러보면 여기저기 장난감들이 널려 있는 걸 볼 수 있어요. 이제 정리할 시간이 되면 바구니를 들고 하나하나 주워 넣지요. 이렇게 **여기저기 널려 있는 물건을 하나하나 주워 거둘 때 주섬주섬 걷는다**고 해요. 이치에 맞지 않게 이 말 저 말을 하는 모양을 표현할 때도 이 말을 써요.

＊병관이는 블록을 **주섬주섬** 챙깁니다. -『집 안 치우기』

* **주춤주춤** | 몸으로 어떤 행동을 보이는 것을 자꾸 망설이며 머뭇거리는 모양

부끄러움이 많으면 아는 사람을 만나도 선뜻 인사를 못 해요. 그 분이 용돈을 준다고 오라고 손짓해도 어떻게 해야 할지 몰라 눈치만 보며 머뭇거리지요. 무서운 사람이 겁을 주며 다가올 때도 어찌할 바를 몰라 하며 뒷걸음치게 돼요. 이렇게 **어떤 행동을 망설이거나 걸음을 확실하게 내딛지 못하고 움츠리며 머뭇거릴 때 주춤주춤하다**고 해요.

＊동물들은 **주춤주춤** 함지박 곁으로 -『손 큰 할머니의 만두 만들기』

* **찰박찰박** | 얕은 물이나 흙탕물을 거칠게 밟거나 할 때 나는 소리 또는 모양

비가 와 여기저기 물이 고이면 괜히 그쪽으로 걸어가고 싶어요. 그것도 조심히 걷지 않고 물장구치듯 발을 구르고 싶지요. 그럼 장난치는 것처럼 재미있거든요. 이렇게 **얕은 물이나 질척거리는 땅을 거칠게 밟거나 치는 소리 혹은 모양을 표현할 때 찰박찰박 걷는다**고 해요. 찰박찰박은 '찰바닥찰바닥'의 줄임말이랍니다.

＊자라가 **찰박찰박** 기어 왔어요. -『팥죽 할머니와 호랑이』

* **철떡철떡** | 젖었거나 끈끈한 물건이 다른 것에 세게 들러붙었다 떨어졌다 하는 소리 또는 모양

떡을 만들기 위해 쌀가루 반죽을 치는 모습을 본 적이 있나요? 반죽이 끈적끈적해서 떡메에 붙었다 떨어지는 모양이 세차고 소리도 크게 나지요. 이렇게 **반죽을 칠 때처럼 젖었거나 끈끈한 물건이 다른 것에 억세게 들러붙었다 떨어질 때 철떡철떡 친다**고 해요. 이 말은 소리를 표현하기도 합니다.

*개똥이 **철떡철떡** 다가왔어요. - 『팥죽 할머니와 호랑이』

* **총총** | 발걸음을 재빨리 떼며 서둘러 걷는 모양

택배 아저씨가 물건을 가져다주고 돌아가는 모습을 보면 매우 바빠 보여요. 걸음도 어찌나 재빠른지 금세 눈앞에서 사라져요. 이렇게 **발걸음을 빠르게 떼며 서둘러서 급히 걸을 때 총총 걸어간다**고 해요. 이 말은 '종종'을 좀 더 세게 표현한 거예요.

*그러고는 집 밖으로 나가서 사람들 사이로 **총총** 사라졌지. - 『줄무늬가 생겼어요』

* **타달타달** | 무거운 발걸음으로 힘없이 계속 걷는 소리 또는 모양

햇빛이 쨍쨍 내리쬐는 여름에 그늘 하나 없는 길을 걸어간다고 상상해 보세요. 얼마 안 가 기운이 다 빠져 한 발 한 발 옮기는 게 정말 힘들 거예요. 이렇게 **지치거나 나른하여 무거운 발걸음으로 힘없이 계속 걷는 소리나 모양을 표현할 때 타달타달 걷는다**고 해요. 빈 수레나 트럭이 험한 길을 요란하게 지나가는 소리를 표현할 때도 이 말을 써요.

*울면서 **타달타달** 걷고 있는데 - 『고 녀석 맛있겠다』

* **허겁지겁** | 조급한 마음으로 침착하지 못하고 허둥거리는 모양

늦잠을 자서 유치원이나 학교에 갈 시간이 지나 버렸어요. 늦게 가면 혼나기 때문에 씻는 것도 대충하고 밥도 한 술 뜨는 둥 마는 둥 급히 집을 나서지요. 마음이 급해 걸어가면서도 어찌할 줄을 몰라 갈팡질팡해요. 이렇게 **조급한 마음으로 다급하게 서두르며 허둥댈 때 허겁지겁 가다**라고 해요.

＊맥헤너시는 **허겁지겁** 학교로 달려갔습니다. -「지각대장 존」

* **허둥지둥** | 정신을 차릴 수 없을 만큼 몹시 서두르며 갈팡질팡하는 모양

시험을 보는데 시간이 거의 다 되었어요. 하지만 풀지 않은 문제가 아직 열 개도 넘게 남아 있어요. 그럼 정신이 멍해지면서 문제도 제대로 읽지 않고 아무렇게나 마구 풀게 되지요. 이렇게 **몹시 다급하여 정신을 차릴 수 없을 만큼 갈팡질팡하며 서두를 때 허둥지둥하다**라고 해요. '허겁지겁'과 비슷한 말이지요.

＊**허둥지둥** 회사로 뛰어갔지요. -「구름빵」

* **훌훌** | 옷을 시원스럽게 벗어 버리거나 벗기는 모양

더운 여름, 마당이나 베란다에 시원한 물이 가득 채워진 미니 풀장이 있다면 신나서 옷을 벗고 그 안으로 풍덩 들어가겠지요? 이렇게 **옷을 시원스럽게 벗거나 벗길 때 옷을 훌훌 벗다**라고 해요.
새가 날개를 치며 가볍게 날 때, 눈이나 털이 가볍게 날릴 때, 날듯이 가볍게 뛰거나 장애물을 넘는 모양을 표현할 때도 이 말을 써요.

＊할머니는 입었던 옷을 **훌훌** 벗었습니다. -「설문대할망」

* **흘깃** | 조금 가볍게 흘겨보는 모양

누군가에게 삐쳐서 고개를 돌리고 있다가도 곁에서 무슨 소리가 나면 무슨 일을 하나 궁금해 슬쩍 보게 돼요. 안 보는 척하면서 눈동자를 옆으로 굴려 흘기듯 보지요. 이렇게 **가볍게 흘겨볼 때 흘깃 보다**라고 해요.

*롤라는 감자를 <u>흘깃</u> 보았어요. -『난 토마토 절대 안 먹어』

'자동차가 달려요', '빨간 자동차가 빨리 달려요'

위의 두 문장 중에서 의미가 좀 더 분명하게 다가오는 문장은 어느 것인가요? 아마 두 번째 문장일 겁니다. '빨간'과 '빨리'라는 말 때문에 자동차의 색깔과 달리는 속도까지 느낄 수 있지요. 여기서 '빨간'은 '자동차'를 꾸미고, '빨리'는 '달려요'를 꾸며 줍니다.

이렇게 다른 말을 꾸며 주는 말을 수식어라고 합니다. 수식어에는 관형어와 부사어가 있는데, 관형어는 명사, 대명사, 수사 등의 체언을 꾸미고, 부사어는 동사, 형용사 등의 용언을 꾸며 줍니다. 부사어는 문장 전체를 꾸미거나 다른 부사를 꾸미기도 합니다. 문장에서 수식어는 꾸밈을 받는 말 앞에 놓여 있어서 찾기가 쉽습니다.

그렇다면 아이들이 수식어를 알면 어떤 점이 좋을까요? 일단 글을 좀 더 자세하고 생생하게 이해할 수 있습니다. 마치 그것을 실제로 보는 것처럼 말이지요. '자동차'라고만 표현한 글보다 '빨간 자동차'라고 표현한 글을 읽을 때 시각적으로 보다 생생히 다가오는 것처럼 말입니다.

그리고 나중에 글을 쓸 때도 자신의 생각이나 느낌을 좀 더 자세하고 실감 나게 전달할 수 있습니다. 글에 꾸미는 말이 없으면 딱딱하고 재미가 없지요. 글은 구체적으로 쓰는 것이 매우 중요한데 수식어가 바로 이 역할을 해줍니다. 물론 수식어를 많이 쓰는 건 좋지 않습니다. 꾸밈이 많다 보면 핵심 내용이 가려져 의미가 제대로 전달되지 않고 산만하게 느껴지기 때문입니다. 이 점만 주의해 사용한다면 글이 아주 생동감 있고 재미있어지지요.

수식어들은 대체로 동작이나 상태, 성질 등을 구체적으로 표현한 말이 많습니다. 그래서 아이에게 지도할 때도 그 상황과 느낌을 생생히 전달해 주는 게 좋습니다. 뜻만 보고는 아이가 잘 이해하지 못할 수 있기 때문에 어떤 상황과 경우에서 쓰는지 예를 들어 말해 주세요.

쏙쏙 지도포인트

- 수식어의 의미를 스스로 추론해 보도록 한다.
- 수식어가 들어간 문장과 그것을 뺀 문장의 의미가 어떻게 다른지 비교해 보도록 한다.
- 수식어가 어떤 상황, 어떤 경우에 쓰이는지 예를 들어 알려 준다.
- 새로 알게 된 수식어를 넣어 문장을 만들어 보도록 한다.

엄마의 어휘사전

* **가까스로** | 애를 써서 매우 고생스럽게

갓난아기가 칭얼대기 시작해요. 엄마는 배가 고픈가 보다 하고 우유를 먹이려고 하지요. 그런데 아기가 고개를 돌리며 젖병을 입에 물지 않아요. 그러다 뭐가 마음에 안 드는지 고개를 젖히며 울기 시작해요. 엄마는 깜짝 놀라 아기를 안기도 하고 업기도 하면서 울음을 그치게 하려고 애를 쓰지요. 한참 만에야 아기가 울음을 그쳐요. 이렇게 **아주 애를 써서 고생을 해가며 아기를 달랬을 때 가까스로 달랬다**고 해요. 겨우 빠듯하게 어떤 일을 했을 때도 이 말을 써요.

＊**가까스로** 놀이터까지 왔습니다. - 「순이와 어린 동생」

* **감쪽같이** | 꾸미거나 고친 것이 남이 모를 정도로 티가 나지 않게

책상 위에 새로 산 딱지를 올려 두었는데 잠시 화장실에 다녀온 뒤 보았더니 사라졌어요. 가족들에게 물어보아도 다들 모른다고 하지요. 도대체 어디로 사라진 걸까요? 마치 처음부터 딱지가 없었던 것처럼 아무 흔적 없이 사라졌을 때 이를 감쪽같이 사라졌다고 하지요. 여기서 **감쪽같이는 처음부터 그랬던 것처럼 전혀 티가 나지 않게 무슨 일이 벌어진 걸** 말해요.

＊사슴은 어느 틈에 **감쪽같이** 사라져 버렸습니다. - 「고구려 나들이」

* **걸핏하면** | 조금이라도 일이 있기만 하면 바로

혹시 사춘기 형이나 누나가 있나요? 사춘기가 되면 부모님께 반항을 하고 싶은 마음이 생겨요. 그래서 전에는 말을 잘 들었던 형, 누나도 부모님께 무슨 소리를 듣기만 하면 짜증을 내고 화를 내지요. 밥을 먹으라고 해도 짜증, 청소를 하라고 해도 짜증, 학교에 가라고 해도 짜증을 내요. 이렇게 **무슨 일이 조금이라도 있기만 하면 그에 대해 바로 어떤 말이나 행동을 하는 걸 걸핏하면 그렇**

다고 해요. 사춘기 형, 누나는 걸핏하면 성질을 부리고 짜증을 내지요.

＊괴물 사형제는 **걸핏하면** 땅 위로 올라와 – 『해치와 괴물 사형제』

＊**게걸스레** | 음식을 먹거나 무언가를 하려는 욕심을 마구 부리는 듯하게

며칠을 굶은 돼지에게 여물통 한가득 먹이를 주어 보세요. 아마 누가 빼앗아 먹기라도 할까 봐 코를 박고 허겁지겁 먹을 거예요. 그 모습이 꼭 욕심 많은 놀부 같지요. 이렇게 **무언가 욕심을 지나치게 부리며 먹는 경우 게걸스레 먹는다**고 해요. 음식을 먹는 것뿐만 아니라 어떤 행동을 할 때도 욕심을 많이 부리면서 하면 이 말을 쓸 수 있어요.

＊일곱 번째 책을 **게걸스레** 먹으려는 순간 – 『책 먹는 여우』

＊**골똘히** | 한 가지 일에 온 정신을 쏟아 다른 생각이 없이

과학자와 철학자 사이에 한 가지 공통점이 있어요. 둘 다 한 가지 일에 사로잡히면 마음에 드는 결론이 나올 때까지 탐구한다는 거예요. 그 일에 완전히 빠지면 밥 먹는 것도 잊어버리고 매달리게 된답니다. 이 과정에서 새로운 이론과 지식이 탄생하지요. 이렇게 **한 가지 일에 온 정신을 쏟아 생각하고 또 생각하는 걸 골똘히 생각한다**고 해요. 이때는 한 생각에 빠져 다른 생각을 할 겨를이 없지요.

＊홀리오는 어느 곳이 좋을지 **골똘히** 생각했어요. – 『코끼리랑 집을 바꿨어요』

* **꼼짝없이** | 현재의 상태에서 벗어날 방법이 전혀 없이

"독 안에 든 쥐"라는 말이 있어요. 빠져나갈 구멍이 전혀 없이 완전히 갇힌 상황을 일컫지요. 이 속담은 궁지에서 벗어날 수 없는 처지를 뜻한답니다. 이처럼 **현재의 상태에서 벗어날 방법이 전혀 없고 대처할 여지도 없을 때 꼼짝없이 당하다**라고 해요.

＊이제 **꼼짝없이** 죽었구나! - 『아름다운 책』

* **나지막이** | 위치나 소리가 꽤 낮은 듯하게

깊은 밤, 거리에 사람은 없고 차 지나가는 소리만 간혹 들려요. 거실에서는 누군가 이야기하는 소리가 아주 낮고 조용하게 들리고요. 이처럼 **어떤 소리가 꽤 낮은 듯이 날 때 나지막이 소리가 들린다**고 해요. 이 말은 위치가 낮은 경우에도 쓴답니다. '그 마을이 산 아래 나지막이 있었다'와 같은 예가 있어요.

＊현관문을 두드리는 소리가 **나지막이** 들렸어. - 『줄무늬가 생겼어요』

* **난생** | 세상에 태어나서 여태까지

우리는 태어나 자라면서 여러 가지 일들을 경험해요. 그중엔 늘 하는 일도 있고, 가끔 하는 일도 있고, 처음 하는 일도 있어요. 이 중 처음 하는 일, 그러니까 **태어나서 지금까지 겪어 보지 못한 일을 할 때 난생 처음 해보는 일**이라고 해요. 태어나 지금까지 살면서 처음으로 자장면을 먹었다면 '난생 처음 자장면을 먹었다'라고 하는 거지요.

＊**난생** 처음 해본 강도짓이었으니 - 『책 먹는 여우』

* **단단히** | 보통보다 심할 정도로

엄마에게 심하게 야단을 맞았던 적이 있나요? 자꾸 말을 안 듣거나 지나치게 떼를 쓰면 엄마도 화를 참지 못하고 크게 꾸중할 수 있어요. 보통 때 꾸중하는 것보다 열 배, 백 배는 더 심하게 말이에요. 이렇게 **보통보다 심할 정도로 야단을 맞을 때 단단히 꾸지람을 듣다**라고 해요. 이 말은 어떤 뜻이나 생각이 흔들림 없이 굳세게라는 뜻으로 '단단히 결심하다'와 같이 쓰이기도 하고, 모양이 변하거나 부서지지 않는 상태로라는 뜻으로 '눈을 단단히 뭉치다'와 같이 쓰이기도 해요.

* 이번에는 **단단히** 버릇을 고쳐 놓겠다. - 『해치와 괴물 사형제』

* **도무지** | 아무리 하여도

아무리 하여도 잘 안 되는 일이 있나요? 크레파스를 들고 이런저런 모양을 그려 보았지만 무얼 그려도 이상하기만 해요. 달리기를 잘해 보려고 힘껏 달렸지만 아무리 힘을 내도 꼴찌예요. 이렇게 **아무리 해도 잘 안 되는 경우 도무지 안 된다**고 해요. 몇 시간째 끙끙대며 머리를 짜내도 문제가 풀리지 않으면 '도무지 못 풀겠다'라고 하지요.

* 어디에 쓰는 무엇인지 **도무지** 알 수가 있어야지요. - 『양초 귀신』

* **모조리** | 하나도 빠짐없이 모두

집에 있는 책을 하나도 빠짐없이 모두 다 읽었나요? 그랬다면 '모조리 다 읽었다'라고 해요. 식탁 위의 음식을 남김없이 모두 먹었다면 '모조리 먹어 치웠다'라고 하지요. 여기서 **모조리는 하나도 남김없이 전부**를 뜻해요.

* 남아 있는 만두소를 **모조리** 쏟아부었습니다. - 『손 큰 할머니의 만두 만들기』

* **몸성히** | 몸에 아무 탈 없이 건강하게

엄마 아빠와 떨어져 어딘가를 갈 때 "몸성히 잘 다녀와"라는 인사말을 들은 적이 있을 거예요. '성하다'라는 말은 병이나 사고 없이 온전하다는 뜻이에요. **몸성히는 말 그대로 몸에 아무 탈 없이 건강하게**라는 뜻이지요.

　　　　　　　　　　＊그럼 **몸성히** 다녀오너라. – 『재주 많은 다섯 친구』

* **몽땅** | 있는 대로 빠짐없이 모두

마트에 갔는데 좋아하는 장난감, 딱지, 인형들이 선반에 가득 놓여 있으면 어떤 마음이 드나요? 엄마를 졸라 하나도 빠짐없이 다 사고 싶어요. 또 좋아하는 친구가 우리 집에 오면 맛있는 음식을 다 갖다 주고 싶어요. 이럴 때 '몽땅 다 사고 싶고, 몽땅 다 주고 싶다'라고 해요. 이렇게 **몽땅은 가지고 있는 걸 전부 다 빠짐없이**라는 뜻이에요.

　　　　　　　　　　＊가지고 있는 돈을 **몽땅** 털어 양초를 샀습니다. – 『양초 귀신』

* **벌써** | 예상보다 앞서서

소풍 가는 날이나 여행 가는 날이면 이상하게 꼭 일찍 눈이 떠져요. 그리고 엄마가 시키지 않아도 척척 준비를 해요. 이렇게 평소보다 일찍 일어나고, 시간이 남았는데도 더 빨리 무슨 일을 하면 '벌써 일어나다', '벌써 하다'라고 해요. 여기서 **벌써는 예상보다 앞서서 더 빨리**라는 뜻이에요.

　　　　　　　　　　＊**벌써** 회사에 가신 걸까? – 『구름빵』

우리아이 첫 공부 어휘사전

* **살포시** | 포근하게 살며시

갓난아기를 안아 본 적이 있나요? 너무 작고 가냘파 부드럽게 조심조심 안아야 해요. 이렇게 포근하게 감싸듯 살며시 안을 때 '살포시 품에 안았다'라고 해요. **살포시란 어떤 행동을 할 때 포근하게 살며시 한다**는 뜻이에요. 이 말은 '살포시 미소 지었다'처럼 드러나지 않게 살며시 행동하는 걸 뜻하기도 해요.

*한나는 **살포시** 미소를 지었지. -『고릴라』

* **샅샅이** | 빈틈없이 하나도 빠뜨리지 않고 모두

장난감을 가지고 놀다가 잃어버렸어요. 분명 집 안에 있을 텐데 아무리 뒤져도 나오지 않아요. 온 식구가 집 안을 구석구석 살피고 뒤져 보았는데도 말이에요. 여기서 한 군데도 빠뜨리지 않고 빈틈없이 모조리 다 살필 때 '샅샅이 살피다'라고 해요. **샅샅이는 빈틈없이 하나도 빠뜨리지 않고 모두**라는 뜻이지요.

*자기가 모아 둔 반짝이는 것들을 **샅샅이** 뒤져서 -『까마귀의 소원』

* **손수** | 자기 손으로 직접

이제 혼자서도 밥을 잘 먹고, 옷도 잘 입으며, 책도 잘 읽나요? 이렇게 무언가를 할 때 남의 도움 없이 직접 자기 손으로 하는 경우 '손수 밥을 먹는다', '손수 일을 한다'라고 말해요. **손수는 자기 손으로 직접 한다**는 뜻이에요.

*피곳 씨와 아이들은 **손수** 저녁밥을 -『돼지책』

* **슬그머니** | 남이 알아차리지 못할 만큼 표 나지 않게 슬며시

가족이 모두 모여 밥을 먹고 있어요. 그런데 이때 엄마와 아빠가 갑자기 말다툼을 해요. 엄마 아빠의 목소리가 커지고 서로 화를 내기 시작하면 식탁 앞에 계속 앉아 있기가 불편해져요. 그래서 엄마 아빠가 알아차리지 못하게 슬며시 자리에서 일어나 방으로 들어가요. 이를 '슬그머니 자리를 뜨다'라고 해요. **슬그머니는 다른 사람이 알아차리지 못할 만큼 표가 안 나게 슬며시**라는 뜻이에요.

***슬그머니** 앉아 버렸지. - 『틀려도 괜찮아』

* **쏜살같이** | 쏜 화살과 같이 매우 빠르게

올림픽에서 우리나라 선수들이 금메달을 놓치지 않는 종목이 있어요. 바로 양궁이에요. 양궁 경기가 열리는 날이면 전 국민이 텔레비전 앞에서 한마음이 되어 응원하지요. 이때 우리 선수가 쏜 화살이 어떻게 날아가는지 잘 살펴보세요. 시위를 당겨 튕기자마자 눈에 보이지 않을 정도로 빠르게 과녁을 향해 날아가지요. 이 장면을 보면 **쏜살같이라는 말이 정말 말 그대로 쏜 화살같이 매우 빠르게**라는 뜻임을 금세 알 수 있을 거예요. 그래서 아주 빨리 움직이는 모습을 표현할 때 쏜살같이 움직이다라고 해요.

***쏜살같이** 달아났습니다. - 『도깨비를 빨아 버린 우리 엄마』

* **암만** | 정도가 매우 심하게, 아무리

아무리 애쓰고 노력해도 기대했던 것이 이루어지지 않는 경우가 있어요. 말을 잘 들을 테니 장난감을 사달라고 아무리 졸라도 부모님이 들어주지 않고, 약속 시간이 훌쩍 지났는데도 친구가 오지 않을 때 말이에요. 이럴 때 '암만 해

도 안 된다', '암만 기다려도 안 온다'라고 해요. **암만은 '아무리'와 같은 뜻인데, 아주 많이 애를 쓰고 정도 이상으로 했는데도 그것이 이루어지지 않거나 소용이 없는 경우**에 써요.

＊**암만** 기다려도 아니 나오니까 – 『고양이』

＊ **양껏** | 정해진 양의 최대치까지

'맘껏 먹어라'와 '양껏 먹어라'는 같은 의미일까요? '맘껏'은 마음에 만족스러울 정도로라는 뜻이고, **양껏은 정해진 양의 최대치까지**라는 뜻이에요. 그래서 맘껏 먹어라는 먹고 싶은 만큼 충분히 먹으라는 뜻이 되고, 양껏 먹어라는 먹을 수 있는 만큼 먹으라는 뜻이 돼요. 뷔페식당에 갔다면, 양껏 먹어야 해요. 맘껏 먹으면 탈이 날 수 있으니까요.

＊고기도 **양껏** 들어가야지. – 『손 큰 할머니의 만두 만들기』

＊ **엉겁결에** | 미처 생각지 못하거나 뜻하지 않은 순간에

원래 '엉겁결'은 명사예요. 여기에 '에'라는 조사가 붙어서 수식어가 되었기 때문에 엉겁결에라는 말은 사전에 실려 있지 않아요. 하지만 보통 '엉겁결에 소리를 질렀다', '엉겁결에 달렸다', '엉겁결에 손을 잡았다' 등처럼 엉겁결보다 엉겁결에를 더 많이 써요. **엉겁결에는 미처 생각지 못하거나 뜻하지 않은 순간에**라는 뜻이랍니다. 갑자기 예상하지 못한 상황이 벌어져 미처 생각하지도 못한 어떤 일을 하게 될 때 쓰지요.

＊할아버지는 **엉겁결에** 언덕에 있는 고양이를 – 『백만 마리 고양이』

* **틀림없이** | 조금도 어긋남 없이 확실하게

중요한 약속을 할 때나 다짐을 받을 때, 꼭 그렇게 될 거라고 확신할 때, 이를 좀 더 강조하여 말하고 싶으면 틀림없이라는 말을 쓰면 돼요. '틀림없이 지킬게'는 꼭 지킨다는 뜻이고, '틀림없이 해야 한다'는 꼭 해야 한다는 뜻이고, '틀림없이 그렇게 될 거야'는 꼭 그렇게 된다는 뜻이에요. 이처럼 **틀림없이는 조금도 어긋나는 일 없이 확실하게**라는 뜻이랍니다.

***틀림없이** 아이가 좋아할 거예요. - 『줄무늬가 생겼어요』

* **허튼** | 아무런 의미나 소용없이 함부로 하는, 헤픈

강도가 은행에 침입한 상황을 상상해 보세요. 갑자기 흉기를 꺼내 들고 사람들을 위협하면서 은행 직원에게 빨리 가방에 돈을 담으라고 해요. 그러고는 다시 사람들을 보며 움직이지 말라고 겁을 줘요. 이때 누군가 경찰에 신고하려고 하면 다시 위협을 하면서 이렇게 말하지요. "허튼짓 하지 마!" 여기서 **허튼은 아무런 소용없이 함부로 행동하거나 말하는 걸** 뜻해요.

***허튼**짓을 하면 엉덩이를 물어 줄 테다! - 『책 먹는 여우』

내가 지금 하는 행동을
뭐라고 말하지?
동사

동작이나 작용을 나타내는 말을 동사라고 합니다. 동사의 '동(動)'은 '움직이다'라는 뜻이지요. '가다, 놀다, 읽다, 공부하다, 자라다' 등과 같은 말이 바로 동사입니다. 동사는 문장에서 보통 서술어의 역할을 합니다. 서술어란 문장에서 주어의 움직임, 상태, 성질 따위를 알려 주는 말입니다. 즉 동사는 주어의 움직임을 설명해 주는 역할을 합니다.

한편 동사는 쓰임에 따라 형태가 변합니다. 예를 들어 '가다'는 '가고, 가니, 가서, 가므로, 가면서, 간다, 갔다' 등으로 변하지요. 이렇게 변하는 걸 활용이라고 하는데, 동사를 잘 활용할 수 있어야 의미를 정확하게 전달할 수 있습니다. 동사의 형태에 따라 문장의 종류도 나누어집니다.

- **현재형 문장**　　지금 놀이공원에 **간다.**
- **과거형 문장**　　어제 놀이공원에 **갔다.**
- **미래형 문장**　　내일 놀이공원에 **갈 거다.**
- **명령형 문장**　　당장 놀이공원에 **가.**
- **청유형 문장**　　우리 놀이공원에 **가자.**
- **의문형 문장**　　지금 놀이공원에 **가니?**
- **감탄형 문장**　　놀이공원에 **가는구나!**

동사를 모르면 주어가 어떤 행동을 하는지 알 수 없고, 형태 변화를 이해하지 못하면 문장의 성격을 알 수 없습니다. 그래서 동사를 가르칠 때는 그 말의 의미뿐만 아니라 형태 변화도 함께 가르쳐야 합니다.

먼저 문맥을 통해 어떤 동작을 나타낸 말인지 추론해 보게 한 다음 몸으로 직접 표현해 보도록 하세요. 아이가 잘 모르면 엄마가 직접 행동으로 보여 줄 수도 있고 어떤 상황 속에서의 움직임인지 구체적인 예를 들어 설명해 줄 수도 있습니다. 만약 그림책에 그 행위를 하는 모습이 그려져 있다면 그것과 말을 연결 지어 가르쳐 주세요. 끝으로 동사를 활용하여 새로운 문장을 만들어 봅니다.

쏙쏙 지도포인트

- 문맥을 통해 동사가 어떤 동작을 나타내고 있는지 추론해 보도록 한다.
- 동사가 가리키고 있는 행동을 직접 몸으로 표현해 보도록 한다.
- 동사를 활용하여 여러 가지 형태의 문장을 지어 보도록 한다.

엄마의 어휘사전

* **감독하다** | 일을 할 때 잘못이 없도록 살피고 제대로 하는지 통제하다

숙제를 하거나 책을 읽을 때 제대로 하는지 엄마가 옆에서 지켜봐요. 잘못하고 있으면 얼른 알려 주기도 하고 고쳐 주기도 하지요. 잘하는지 못하는지 감독하는 거예요. 여기서 **감독한다는 건 어떤 일을 할 때 잘못이 없도록 살피고 제대로 하도록 지시하고 통제하는 걸** 뜻해요.

* 무크추크는 일하는 것을 **감독하면서** 임금님과 이야기를 나누고 있었습니다. – 『뒤죽박죽 잔치』

* **구르다** | 바닥 같은 곳을 세게 내리밟다

박물관이나 전시실 안에서는 조용조용 걸어야 해요. 하지만 이게 마음처럼 쉽지 않아요. 계단을 보면 뛰어 올라가거나 뛰어 내려가고 싶고, 넓은 마룻바닥을 보면 발을 쿵쿵 구르며 뛰어다니고 싶지요. 여기서 **구른다는 건 몸을 웅크려 공처럼 구르는 게 아니라 발로 바닥을 세게 내리밟는 걸** 말해요.

* 마루를 **구르며** 쫓아 내려옵니다. – 『고양이』

* **궁리하다** | 어떤 일을 처리하거나 해결하기 위해 이리저리 따져 깊이 생각하다

장난감을 사러 가게에 갔어요. 그랬더니 마음에 드는 장난감이 너무 많은 거예요. 하지만 돈이 많지 않아서 하나밖에 못 사요. 그럼 어떤 걸 살지 이리저리 따지며 생각하고 또 생각하지요. 제일 갖고 싶은 것이나 사고 나서 가장 쓰임이 있는 장난감이 무엇인지 궁리하는 거예요. 여기서 **궁리한다는 건 어떤 일에 대해 무슨 결정을 내리고 어떻게 해결할지 이리저리 깊이 따져 생각해 보는 거**예요.

* '런던에 가면 보르카를 어떻게 해야 좋을까?' 하고 **궁리했습니다**. – 『깃털 없는 기러기 보르카』

* **뒤룩대다** | 크고 둥그런 눈알을 힘 있게 이쪽저쪽으로 움직이다

괴물이 나오는 영화를 본 적이 있나요? 영화 속 괴물들은 먹잇감이 나타나면 발톱을 세우고 달려들어요. 이때 괴물의 얼굴을 보면 아주 오싹하지요. 큰 눈을 힘껏 뜨고는 눈알을 뒤룩대면서 침을 질질 흘리고 있거든요. 여기서 **뒤룩댄다는 건 크고 둥그런 눈알을 힘주어 이쪽저쪽으로 굴리는 걸** 뜻해요.

*무서운 눈알을 **뒤룩대고** – 『괴물들이 사는 나라』

* **드리우다** | 어둠이나 그림자를 어디에 깃들이거나 뒤덮이게 하다

땡볕이 내리쬐는 여름날, 어디 시원한 곳이 없나 하고 주변을 둘러보아요. 그러다 눈에 아주 커다란 나무가 들어오면 얼른 그 나무 밑으로 들어가지요. 나무가 드리운 그늘 아래서 햇빛을 피할 수 있으니까요. 여기서 **드리운다는 건 그늘처럼 어둠이나 그림자를 뒤덮이게 하는 거**예요.

*키 큰 나무들이 시원한 그늘을 **드리우고** – 『내가 처음 만난 예술가 7: 이중섭』

* **맞장구치다** | 생각이 같아서 덩달아 긍정하거나 옳다고 하다

친구들과 대화를 나누다 보면 특히 마음이 더 잘 맞고 생각이 비슷한 친구가 있어요. 그 친구와는 어떤 얘기를 해도 서로 반대하지 않고 맞장구치며 받아들이지요. 그럼 절로 흥이 나서 더 많은 얘기를 나누게 돼요. 여기서 **맞장구친다는 건 생각이 같아서 덩달아 그렇다고 하는 거**예요.

*빅토르도 **맞장구쳤습니다.** – 『아름다운 책』

* **몰아넣다** | 사람이나 동물을 억지로 움직여 한곳으로 들어가게 하다

드넓은 초원에서 한가로이 풀을 뜯던 양들이 목동이 나타나자 느릿느릿 몸을 움직여요. 더 있고 싶어 하는 눈치인데 목동은 봐주지 않지요. 곧 날이 저물거든요. 이때 양들과 목동 사이에 잠시 실랑이가 벌어져요. 목동은 양들을 우리 안으로 들여보내려 하고, 양들은 들어가지 않으려 하니까요. 하지만 목동은 결국 양들을 모두 우리 안으로 몰아넣는답니다. 여기서 **몰아넣는다는 건 동물이나 사람을 한곳으로 억지로 들어가게 한다**는 뜻이에요.

＊동물들을 다시 우리에 **몰아넣습니다**. -『심심해서 그랬어』

* **묵다** | 일정한 곳에서 잠을 자며 한동안 머무르다

며칠 동안 여행을 갔을 때 어디에서 묵었나요? 펜션, 호텔, 게스트하우스 등 이용할 수 있는 곳이 많아요. **묵는다는 건 어느 한곳에서 잠을 자며 한동안 머무른다**는 뜻이에요. 자기 집에서 잠을 자고 지내는 건 묵는다고 하지 않아요.

＊보르카는 **묵**을 수 있는 마른 데를 찾아 -『깃털 없는 기러기 보르카』

* **물수제비뜨다** | 둥글고 얄팍한 돌을 물 위로 스치듯 던져 튕겨 가게 하다

강이나 개울에 가면 꼭 하는 놀이가 있어요. 바로 물수제비뜨기 놀이예요. **물수제비뜨기 놀이는 둥글고 얄팍한 돌을 물 위로 스치듯 던져 여러 번 튕겨 가게 하는 놀이**예요. 물수제비는 돌이 튕기는 자리마다 생기는 물결 모양을 말한답니다.

＊오빠가 **물수제비뜨는** 것 보여 줄게. -『동강의 아이들』

우리아이 첫 공부 어휘사전

* **바동거리다** | 매달리거나 주저앉아서 팔다리를 휘저으며 움직이다

나무에 오르기는 올랐는데 내려가려고 아래를 내려다보니 아득해요. 그럼 저도 모르게 너무 무서워 나뭇가지에 매달린 채 소리를 지르며 바동거리게 돼요. 여기서 **바동거린다는 건 몸이 어디에 매달려 팔다리를 휘저으며 움직인다**는 뜻이에요. 진흙 같은 데 몸이 빠져 주저앉은 채 팔다리를 바동거린다고도 써요.

＊천둥번개도깨비가 걸려 **바동거리고** 있었습니다. -『도깨비를 빨아 버린 우리 엄마』

* **배기다** | 어떤 행동을 꼭 하다

어떤 일을 하지 않을 수 없을 때가 있어요. 예를 들어 엄마가 너무너무 좋아하는 아이스크림을 냉장고에 가득 채워 놓으면 먹지 않을 수 없고, 날이 너무 더우면 선풍기나 에어컨을 틀지 않을 수 없어요. 아무리 참을성이 강해도 하지 않고는 배길 수 없지요. 여기서 **배긴다는 건 어떤 행동을 꼭 하고야 만다**는 뜻이에요. '고통을 배기다'처럼 어렵고 힘든 일을 끝까지 참고 견디는 모습을 표현할 때도 이 말을 써요.

＊이 천둥번개도깨비님이라도 안 걸리고 **배기나!** -『도깨비를 빨아 버린 우리 엄마』

* **벼르다** | 무슨 일을 이루기 위해 마음을 단단히 먹고 기회를 엿보다

매일매일 책을 읽겠다고 엄마와 약속했는데 자꾸 미루면 엄마는 어떤 마음이 들까요? 좀 지켜보다가 더 이상 가만둘 수 없다고 생각되면 기회를 잡아 혼을 내야겠다고 벼를 거예요. 여기서 **벼르다는 건 어떤 행동이나 말을 하기 위해 마음을 단단히 먹고 기회를 엿본다**는 뜻이에요. 엄마가 아직 혼을 내지 않고 벼르고만 있을 때 얼른 눈치를 채고 책을 읽어야 꾸중을 듣지 않겠지요.

＊앙갚음을 하려고 늘 **벼르고** 있었어. -『해치와 괴물 사형제』

* **북적대다** | 많은 사람이 한데 모여 어수선하게 들끓다

백화점 할인 행사에 가면 사람들이 아주 많아요. 입구부터 수많은 사람들이 구름처럼 몰려 북적대요. **북적댄다는 건 많은 사람이 한곳에 어지럽게 모여 정신없이 떠들어 대는 거**예요. 큰 야외 축제 때도 광장이나 거리에 사람들로 북적대는 모습을 볼 수 있어요.

*카밀라를 치료해 주겠다는 사람들로 **북적댔어**. -「줄무늬가 생겼어요」

* **버무리다** | 둘 이상의 여러 가지 재료를 한데 넣고 골고루 섞다

김장을 할 때 보면 배춧잎 사이사이에 넣을 김치소를 만들어요. 파, 무채, 젓갈 등을 한데 넣어 고춧가루와 잘 섞어 버무리면 김치소가 됩니다. 여기서 **버무린다는 건 여러 가지 재료를 큰 그릇에 한데 넣고 골고루 섞는 걸** 말해요. 나물을 무칠 때도 삶은 나물에 소금, 참기름, 마늘 등을 한데 넣어 버무리지요.

*이 만두소를 어디다 **버무리지**? -「손 큰 할머니의 만두 만들기」

* **빚다** | 가루를 반죽하여 만두, 송편 등을 만들다

추석 전날 가족이 모두 모여 무엇을 만드나요? 쌀가루를 반죽해 송편을 빚지요. **빚는다는 건 가루를 반죽하여 떡 등을 만드는 거**예요. 보통 쌀가루로는 떡을 빚고 밀가루로는 만두를 빚어요.
흙을 이겨 그릇을 만들 때는 '그릇을 빚다'라고 하고, 술을 담글 때는 '술을 빚다'라고 표현한답니다.

*할머니는 만두를 **빚습니다**. -「손 큰 할머니의 만두 만들기」

* **사정하다** | 일의 형편이나 연유를 말하고 도움을 청하다

어떤 옛날이야기에서 호랑이가 길 가는 사람을 붙잡아 잡아먹으려고 해요. 그러자 그 사람이 무릎을 꿇고 두 손을 싹싹 비비며 살려 달라고 애원해요. 자신은 홀어머니를 모시고 사는데, 만약 여기서 잡아먹히면 어머니는 누가 모시냐며 제발 목숨만 살려 달라고 사정하지요. 여기서 **사정한다는 건 자신의 형편이나 까닭을 말하고 간절히 도움을 구하는 거**예요. 진심으로 사정하면 도움을 얻을 수 있는 경우가 많답니다.

＊섬사람들이 아무리 **사정해도** － 「설문대할망」

* **살랑이다** | (바람에) 조금씩 흔들리거나 움직이다

선선한 바람이 불 때 나무나 호수를 보면 나뭇잎과 물결이 아주 작게 흔들려요. 바람에 나뭇잎이 살랑이고 호수 위로는 물결이 살랑이지요. 여기서 **살랑인다는 건 아주 조금 가볍게 흔들리거나 움직인다**는 뜻이에요.

＊물결이 **살랑이는** 것을 느꼈습니다. － 「무지개 물고기」

* **서성이다** | 일정한 장소 안에서 주위를 왔다 갔다 하다

엄마에게 혼이 나 잠시 집 밖으로 쫓겨나면 쉽게 집으로 들어가지 못해요. 그렇다고 들어가지 않을 수도 없지요. 결국 이러지도 저러지도 못하고 아파트 앞이나 놀이터에서 서성이며 엄마의 화가 풀리기를 기다려요. 여기서 **서성인다는 건 뚜렷이 하는 일 없이 어느 한곳에서 주위를 왔다 갔다 하는 걸** 말해요.

＊현관에서 나가지 않고 **서성이고** 있습니다. － 「집 안 치우기」

* **소스라치다** | 아주 깜짝 놀라 몸을 떠는 듯이 움직이다

한밤중에 목이 말라 물을 마시러 나왔어요. 냉장고를 여는 순간 등 뒤에서 서늘한 기운이 느껴져 몸을 돌려 보니 거대한 그림자가 서 있는 거예요. 순간 소스라치게 놀라 몸이 얼어붙은 것처럼 그 자리에 선 채 벌벌 떨었어요. 여기서 **소스라친다는 건 아주 깜짝 놀라 몸까지 떨리는 거**예요.

*비보 씨는 **소스라치게** 놀랐어요. - 『세상에서 가장 맛있는 무화과』

* **스며들다** | 기체나 액체 같은 것이 속으로 배어들거나 흘러들다

마른땅에 비가 오면 빗물이 땅을 촉촉이 적시며 땅속으로 스며들어요. 가을밤, 공원으로 산책을 나가면 찬 공기가 옷 속으로 스며들고요. 해가 질 무렵 서쪽으로 난 창으로는 저녁 햇살이 살며시 스며들지요. 여기서 **스며든다는 건 물이나 공기, 빛, 바람, 냄새 등이 속으로 배어들거나 흘러드는 걸** 말해요.

*부서진 채 땅속으로 **스며들어** 가 - 『강아지똥』

* **시중들다** | 윗사람이나 몸이 불편한 사람을 옆에서 보살피거나 심부름을 하다

가족 중 누가 아프면 병이 다 나을 때까지 보살펴야 해요. 몸을 움직이기 힘들어하면 일어설 때 부축해 주어야 하고 어떤 물건이 필요하다고 하면 얼른 갖다 주어야지요. 하나부터 열까지 시중드는 거예요. 여기서 **시중든다는 건 윗사람이나 몸이 불편한 사람을 옆에서 보살피는 거**예요.

*밤낮 **시중드는** 건 - 『아씨방 일곱 동무』

* **실례되다** | 말이나 행동이 예의에서 벗어나다

엄마와 친한 아줌마를 만났는데 갑자기 몇 살인지 궁금해요. 그래서 "아줌마 몇 살이에요?" 하고 질문했어요. 이 질문은 잘한 질문일까요, 잘못한 질문일까요? 잘못한 질문은 아닌데 그렇다고 잘한 질문도 아니랍니다. 왜냐하면 아무리 궁금해도 어른한테 다짜고짜 나이를 물어보는 건 실례되는 행동이거든요. **실례된다는 건 말이나 행동이 예의에서 벗어났다**는 뜻이에요. 이건 예의를 안 지켰다는 게 아니라 그 상황에 맞는 예의가 아니라는 뜻이에요.

*그런 **실례되는** 말이 어디 있니? – 『도깨비를 빨아 버린 우리 엄마』

* **쑤다** | 곡물이나 가루를 물에 끓여 익혀서 죽이나 풀 등을 만들다

동짓날엔 팥죽을 먹어요. 집집마다 팥을 삶아 죽을 쑤지요. 여기서 **쑤다는 건 곡식이나 가루를 물에 끓여 익혀서 죽이나 풀을 만드는 거**예요. 죽을 만들 때는 '죽을 쑤다'고 하고, 풀을 만들 때는 '풀을 쑤다'고 해요. 옛날에는 벽지 같은 걸 바를 때 밀가루를 물에 풀어 끓여서 풀을 쑤었답니다.

*맛있는 팥죽을 **쑤어** 주마. – 『팥죽 할머니와 호랑이』

* **씨근거리다** | 매우 가쁘고 거친 숨소리를 자꾸 내다

헐레벌떡 집으로 뛰어 들어오면 숨이 차서 말을 제대로 잇지 못해요. 아주 화가 났을 때도 씨근거리기만 할 뿐 말이 잘 안 나오지요. 여기서 **씨근거린다는 건 숨이 차거나 화가 나서 거칠게 숨소리를 내는 걸** 말해요.

*던지기 대왕이 **씨근거리며** 나서더니 – 『해치와 괴물 사형제』

* **아랑곳하다** | 어떤 일이나 누군가의 사정에 관심을 갖거나 참견하다

친한 친구에게 어떤 일이 벌어지면 무슨 일인지 궁금하고 참견하고 싶은 마음이 생겨요. 또 누가 나에 대해 말을 하고 다니면 신경이 쓰여요. 하지만 다른 사람의 일에 관심이 없고 무슨 말을 하든지 말든지 아랑곳하지 않는 사람들도 있어요. **아랑곳한다는 건 다른 사람의 일이나 형편에 관심을 갖고 참견한다**는 뜻이에요. 이 말은 보통 '아랑곳하지 않다'의 형태로 쓰이지요. 그럼 그 뜻은 관심이 없다, 신경을 쓰지 않는다가 되지요.

＊전혀 **아랑곳하지** 않았습니다. -『깃털 없는 기러기 보르카』

* **얕보다** | 낮추어 하찮게 보다, 깔보다

친구와 달리기 경주를 할 때 나보다 키도 작고 몸도 왜소하면 어떤 마음이 드나요? 겉모습이 약해 보이니까 달리기를 나보다 못할 거라고 얕볼 수 있어요. **얕본다는 건 상대를 나보다 낮추어 하찮게 보는 거**예요. 깔보는 거지요. 하지만 "작은 고추가 맵다"는 말처럼 작다고 얕보다가는 큰코다칠 수 있어요.

＊늙었다고 **얕보면** 절대 안 돼요. -『이모의 결혼식』

* **여쭈다** | 웃어른에게 공손하고 겸손한 태도로 묻다

친구에게 무언가를 물어볼 때와 할아버지나 할머니같이 웃어른에게 물어볼 때 쓰는 말이 달라요. 친구에게는 물어보다는 말을 그대로 쓰지만, 웃어른께는 여쭈다라고 해야 해요. **여쭌다는 건 웃어른에게 공손한 태도로 묻는 거**요. '할머니께 어떤 음식을 좋아하는지 여쭈었습니다'와 같이 써야 해요.

＊이렇게 **여쭈어** 보러 왔습니다. -『양초 귀신』

* **우거지다** | 풀이나 나무가 자라서 무성하게 되다

깊은 숲에 가면 키가 큰 나무들과 쑥쑥 자란 풀들로 무성해요. 이렇게 나무와 풀이 우거진 곳은 그늘이 짙어 햇빛이 아무리 쨍쨍 내리쬐어도 시원하지요. 여기서 **우거지다는 건 풀이나 나무가 많이 자라서 무성해진 걸** 말해요.

＊**우거진** 나뭇잎 사이에 숨어 있던 까마귀는 - 『까마귀의 소원』

* **웅크리다** | 몸을 아주 작게 오그리다

놀이터에서 놀고 있을 때 개미가 줄지어 가는 걸 보았어요. 그럼 호기심이 생겨 그 옆에 가 앉아 관찰하게 되지요. 그런데 개미는 너무 작아서 몸을 작게 웅크려 내려다봐야 잘 볼 수 있어요. 여기서 **웅크린다는 건 몸을 아주 작게 오그리는 거**예요. 친구들과 술래잡기를 할 때도 몸을 바짝 웅크려 보이지 않게 숨어야 해요.

＊노마는 굴뚝 뒤에 **웅크리고** 앉습니다. - 『고양이』

* **움츠러들다** | 목이나 어깨 등 몸의 일부가 몹시 오그라져 들어가거나 작아지다

목을 쭉 빼고 엉금엉금 기어가던 거북이에게 갑자기 위험이 닥치면 어떻게 될까요? 순식간에 목이 움츠러들면서 등껍질 속으로 들어가겠지요. 우리도 길을 가다가 난데없이 '쿵' 하는 소리가 들리면 겁이 나 저도 모르게 어깨가 움츠러들어요. 여기서 **움츠러든다는 건 목이 오그라져 들어가거나 어깨가 오그라져 작아지는 거**예요. 놀라거나 무섭거나 자신이 없을 때 몸이 움츠러든답니다.

＊손도 못 든 채 작게 **움츠러들고** - 『틀려도 괜찮아』

* **지지러지다** | 식물이나 동물이 병이 났는지 잘 자라지 못하고 오그라지다

도둑고양이나 떠돌이 개를 보면 잘 먹지 못하고 제대로 돌봄을 받지 못해 몸이 비쩍 마르고 꾀죄죄해요. 건강이 나쁘면 몸이 지지러져 있기도 하지요. 여기서 **지지러지다는 건 식물이나 동물이 잘 자라지 못하고 오그라진 걸** 말해요. 한편 '밤에 도둑고양이를 보고 지지러지게 놀랐다'와 같이 몹시 놀라 몸이 멈칫하면서 움츠러들다는 뜻도 있어요. 이건 '자지러지다'와 같은 뜻이지요.

*비쩍 마르고 **지지러진** 고양이였지요. - 『백만 마리 고양이』

* **진동하다** | 주변에 냄새가 퍼져 아주 심하게 나다

지하철이나 엘리베이터에 향수를 잔뜩 뿌린 사람이 타면 향수 냄새가 진동해요. 여름에 장미가 만발한 공원에 가면 입구부터 장미 향기가 진동하고요. 집에서 청국장을 끓이면 한동안 청국장 냄새가 진동해 코를 막을 정도예요. 여기서 **진동한다는 건 주변에 냄새가 퍼져 아주 심하게 난다**는 뜻이에요. '전화가 왔는지 스마트폰이 진동한다'처럼 흔들려 움직인다는 뜻도 있어요.

*바람에서도 꽃향내가 **진동했습니다**. - 『빈 화분』

* **진찰하다** | 의사가 환자나 그의 병을 여러 가지 방법으로 살피다

병원에 가면 의사 선생님이 청진기를 들고 심장 소리를 들어요. 입속을 살피기도 하고, 귀에 대고 체온도 재지요. 어른들은 혈압을 재기도 한답니다. 병이 있는지 없는지 진찰하는 거지요. **진찰한다는 건 의사가 환자의 병을 알아보기 위해 여러 가지 방법으로 살피는 거**예요.

*전문가 선생님들은 카밀라를 **진찰하기** 시작했어. - 『줄무늬가 생겼어요』

* **체포하다** | 범죄를 저질렀다고 의심되거나 실제 죄가 있는 사람을 강제로 붙잡다

경찰 드라마나 영화를 보면 정의감 넘치는 형사들이 범인을 쫓는 장면이 나와요. 잡을락 말락 하다가 마침내 범인 앞을 가로막고 멋있게 수갑을 꺼내 손목에 채우지요. "당신을 체포하겠소!" 하고 말하면서요. **체포한다는 건 범인이나 의심되는 사람을 강제로 붙잡는 걸** 말해요.

＊아저씨를 **체포해서** 감옥에 가두었어요. -『책 먹는 여우』

* **추스르다** | 위로 끌어올려 다루다

열심히 뛰어놀다 보면 간혹 바지가 좀 내려가 있을 때가 있어요. 그럼 얼른 바지허리를 추슬러 단정히 해야 해요. 여기서 **추스른다는 건 위로 끌어올려 잘 가다듬는 걸** 말해요. 추어올려 다룬다는 뜻이지요.
'몸을 추스르다'와 같이 겨우 힘을 내 몸을 가누어 움직인다는 뜻도 있어요.

＊까마귀는 깃털을 이리저리 **추스르며** -『까마귀의 소원』

* **항해하다** | 배를 타고 바다 위를 다니다

아주 옛날에는 여러 나라들이 지금처럼 활발하게 교류하지 못했어요. 육지로만 다녔기 때문에 많은 짐을 운반할 수 없었고 시간도 오래 걸려 멀리까지 가기도 힘들었지요. 그러다 배 만드는 기술이 발달하고 나침반이 개발되면서 아주 많은 짐을 싣고 멀리까지 항해할 수 있게 되었답니다. **항해한다는 건 배를 타고 바다 위를 다니는 걸** 말해요.

＊맥스는 꼬박 일 년쯤 **항해한** 끝에 -『괴물들이 사는 나라』

* **해치우다** | 어떤 일을 빠르고 시원스럽게 끝내다

엄마가 며칠 집을 비우면 설거지며 빨래가 산더미처럼 쌓여요. 누군가 엄마가 오기 전에 하면 좋은데 아무도 손을 대지 않지요. 그럼 엄마가 와서 보고는 한숨을 푹 쉬며 소매를 걷어붙이고 순식간에 해치워 버려요. 여기서 **해치운다는 건 어떤 일을 빠르고 시원스럽게 끝낸다**는 뜻이에요.
'말 안 듣는 녀석들은 모두 해치워 버려'와 같이 방해가 되는 이를 없애 버린다는 뜻도 있답니다.

*빨래를 모두 **해치운** 엄마는 - 『도깨비를 빨아 버린 우리 엄마』

* **훔치다** | 물기나 때 같은 것을 문질러서 말끔하게 닦다

눈물이나 콧물이 날 때 어떻게 하나요? 맨 팔뚝이나 옷소매로 한번 슥 훔쳐 닦아 내요. 여기서 **훔친다는 건 물건을 도둑질한다는 뜻이 아니라 물기나 때를 문질러서 말끔하게 닦는 걸** 말해요. 식탁에 얼룩이 묻어 행주질을 할 땐 '행주로 식탁을 훔치다'라고 표현하지요.

*맛있겠다는 눈물을 **훔치고** - 『고 녀석 맛있겠다』

* **휘둥그레지다** | 매우 놀라거나 두려워서 눈이 크고 동그랗게 되다

외출에서 돌아오자 식탁에 커다란 케이크가 놓여 있어요. 보자마자 너무 놀라서 입이 딱 벌어져요. 눈은 아주 휘둥그레지고요. 여기서 **휘둥그레진다는 건 놀라서 눈이 아주 크고 동그랗게 된 걸** 말해요. 생각지도 못했던 일이나 아주 무서운 일을 겪으면 놀라고 두려워서 저도 모르게 눈이 휘둥그레지지요.

*엄마랑 아빠는 눈이 **휘둥그레집니다.** - 『심심해서 그랬어』

성질이나 상태를 나타낸다!
형용사

성질이나 상태를 나타내는 말을 형용사라고 합니다. '아름답다, 많다, 작다, 크다, 노랗다, 빠르다, 즐겁다, 슬프다, 조용하다. 건강하다, 행복하다' 등의 말들이지요.

영어에서는 동사만 서술어의 역할을 하는데, 우리말에서는 형용사도 서술어로 쓰입니다. 그래서 동사와 형용사를 묶어 용언이라고 합니다. 용언은 문장에서 주어를 풀이하는 말로서 서술어의 기능을 합니다.

형용사도 동사처럼 형태가 변하지만 조금 제약이 있습니다. 형용사는 현재형 문장, 청유형 문장, 명령형 문장으로 쓰일 수 없기 때문입니다.

- **과거형 문장** 그 옷은 **예뻤다.**
- **의문형 문장** 그 옷을 입으니 **예쁘니?**
- **미래형 문장** 그 옷을 입으면 **예쁘겠다.**
- **감탄형 문장** 그 옷을 입으니 **예쁘구나!**
- **명령형 문장** 그 옷이 **예뻐라.** (X)
- **현재형 문장** 그 옷은 **예쁘다.** (X)
- **청유형 문장** 우리 함께 **예쁘자.** (X)

이처럼 '예뻐라'는 감탄형으로 쓰면 어법에 맞지만, 명령형으로 쓰면 틀립니다. 왜냐하면 상태나 성질은 명령에 의해 변할 수 있는 게 아니기 때문이지요. 그런데 '-어지다'를 붙이면 형용사가 동사로 성질이 바뀌어 활용을 할 수 있습니다. 그럼 '예뻐지다'가 되는 거지요. 이 말은 '예뻐져라(명령형)', '예뻐지자(청유형)', '예뻐진다(현재형)'로 활용할 수 있습니다.

형용사를 가르칠 때는 의미를 알려 주기에 앞서 먼저 아이 스스로 그 말을 감정적으로나 감각적으로 느껴 보도록 하는 게 중요합니다. 감각적으로 어떤 느낌이고, 어떤 감정을 불러일으키는지 말이지요. 그 다음 문맥을 통해 뜻을 추론해 보도록 해보세요. 아이가 잘 모르면 어떤 상황에서 사용하는지 구체적인 예를 들어 설명해 줍니다. 만약 그림책에 그 상태나 성질을 묘사한 그림이 나온다면 그 장면과 말을 연결 지어 이해하도록 합니다. 끝으로 형용사를 활용하여 새로운 문장을 만들어 봅니다.

쏙쏙 지도포인트

- 그림 등을 활용하여 먼저 어휘의 느낌을 감각적, 감정적으로 느껴 보도록 한다.
- 구체적인 상황 속에서 형용사의 의미를 파악해 보도록 한다.
- 형용사를 활용하여 문장을 지어 본다.

엄마의 어휘사전

* **가엾다** | 사정이나 형편이 좋지 않아 마음이 아플 만큼 불쌍하다

다리를 절뚝거리는 고양이, 가족과 헤어진 사람들을 보면 마음이 참 아파요. 그들의 사정이나 형편이 좋지 않기 때문에 더욱 가엾게 느껴지지요. 여기서 **가엾다는 건 마음이 쓰이고 불쌍하다**는 뜻이에요.

＊뼈가 다 드러난 엉덩이가 참 **가엾네요**. -「내가 처음 만난 예술가 7: 이중섭」

* **가소롭다** | 상대의 말과 행동이 격에 맞지 않아 아니꼽고 어이없어 우습다

"빈 수레가 요란하다"는 말이 있어요. 모르는 사람이 더 아는 척을 하고, 별 재주가 없는 사람이 재주가 더 많은 척을 한다는 뜻이에요. 진짜 실력자가 이렇게 잘난 척하는 사람을 보면 어떤 마음이 들까요? 아마 아주 가소로울 거예요. **가소롭다는 건 실력도 없으면서 함부로 말하고 행동하는 게 같잖고 어이없어서 우습다**는 뜻이에요.

＊이들의 다툼을 **가소롭게** 지켜보던 골무 할미 -「아씨방 일곱 동무」

* **갑갑하다** | 어떤 일이 뜻대로 되지 않거나 이해되지 않아 마음이 답답하다

어려운 퍼즐을 맞추거나 퀴즈를 풀 때 이렇게 저렇게 궁리해 보아도 잘 풀리지 않으면 마음이 아주 답답해요. 답을 알아낼 때까지 심장이 멈춘 것처럼 갑갑하지요. 여기서 **갑갑하다는 건 어떤 일이 뜻대로 되지 않아서 마음이 답답한 걸** 말해요. 어떤 일이 이해되지 않을 때도 갑갑함을 느껴요.

＊어디에 쓰는 무엇인지 알 수 없어서 퍽 **갑갑해하였습니다**. -「양초 귀신」

✱ 거추장스럽다 | 물건이 크고 요란해 움직일 때마다 걸리고 다루기가 부담스럽다

달리기를 할 때 굵고 커다란 구슬이 달린 목걸이를 하고 있으면 힘껏 달릴 수 없어요. 목걸이가 이리저리 움직여 신경이 쓰일 테니까요. 요리를 할 때 화려한 드레스를 입는 것도 아주 거추장스러워요. 이때도 행동이 자유롭지 못하지요. 여기서 **거추장스럽다는 건 무엇이 크거나 요란해서 움직일 때마다 걸리고 다루기 부담스럽다**는 뜻이에요. '그 일은 너무 거추장스러워서 하기 싫어'와 같이 일이 성가시고 귀찮다는 뜻도 있어요.

✱ 그런 **거추장스러운** 큰 발을 달고 어디를 간다는 거야. – 『갯벌이 좋아요』

✱ 건조하다 | 대기 중에 습기가 거의 없다

봄과 가을에는 산불이 많이 나요. 그 이유는 비가 거의 오지 않아 아주 작은 불씨에도 불이 잘 붙을 만큼 건조하기 때문이에요. 여기서 **건조하다는 건 공기 중에 습기가 거의 없다**는 거예요. 우리 몸에 수분이 없을 때도 '몸이 건조하다'라고 말해요. '그의 글은 너무 건조해서 감정이 느껴지지 않아'처럼 말이나 글, 분위기 등이 부드럽지 못하고 딱딱할 때도 이 말을 쓴답니다.

✱ **건조한** 날이 계속되다가 – 『선인장 호텔』

✱ 교활하다 | 말과 행동, 성격 등이 몹시 간사하고 나쁜 꾀가 많다

이야기 속에 나오는 여우는 대체로 꾀가 많아요. 그런데 그걸 좋은 데 쓰지 않고, 자기 욕심을 채우거나 남에게 해를 입히는 데 사용하지요. 거짓말로 남을 속이거나 나중에 배신할 궁리를 해요. 이를 교활하다고 해요. **교활하다는 건 말과 행동, 성격 등이 바르지 못하고 나쁜 꾀를 부린다**는 뜻이에요.

✱ 여우는 원래 **교활하니까**. – 『치과 의사 드소토 선생님』

* **까슬까슬하다** | 매끄럽지 못하고 거칠다

옛날에는 여름에 모시옷을 지어 입었어요. 모시는 모시풀의 껍질로 만든 천인데 통풍이 잘 되고 땀이 나도 몸에 잘 달라붙지 않아 시원해요. 하지만 피부에 닿으면 까슬까슬해서 조금 불편해요. 여기서 **까슬까슬하다는 건 부드럽지 않고 거칠다**는 뜻이에요. 이 말은 옷뿐만 아니라 목구멍, 피부처럼 어떤 표면이 거칠다고 표현할 때도 쓰인답니다.

*목구멍이 **까슬까슬하고** 배 속이 쓰라려 왔습니다. -『양초 귀신』

* **꾀죄죄하다** | 옷차림이나 모양새가 몹시 지저분하고 초라하다

며칠째 옷을 갈아입지 않고 세수도 안 하면 모습이 어떨까요? 거리의 부랑자처럼 아주 꾀죄죄할 거예요. **꾀죄죄하다는 건 옷차림이나 몸 등이 몹시 지저분하다**는 뜻이에요. 그럼 사람들 앞에서 창피함을 느낄 거예요.

*밝은 노란색은 기분까지 환하게 했지요. 조금 **꾀죄죄했지만** -『민들레 사자 댄디라이언』

* **나른하다** | 몸이나 정신에 힘이 빠지고 기운이 없다

따뜻한 봄날 공원에 나가 벤치에 앉아 있으면 온몸에 힘이 빠지면서 졸음이 찾아와요. 꿈을 꾸는 것 같기도 하고 몸이 붕 뜬 것 같기도 하면서 나른해지지요. **나른하다는 건 몸이나 정신에 힘이 빠지고 기운이 없다**는 뜻이에요.

*어질어질하면서 몸이 **나른해**? -『줄무늬가 생겼어요』

* **노릇하다** | 조금 노르다

우리말에는 유독 색깔을 표현하는 말이 많아요. '노랗다'라는 색깔만 하더라도 노랗다, 샛노랗다, 누렇다, 노르스름하다, 누르스름하다, 누리끼리하다, 누르죽죽하다 등 색의 진하기와 탁하기, 고른 정도에 따라 미묘한 차이들을 표현한 언어들이 있어요. 여기서 노르스름하다와 같은 말이 노릇하다예요. **노릇하다는 말은 조금 노르다는 뜻인데 약간 옅은 달걀노른자**를 생각하면 돼요. 빵이나 고기가 잘 구워졌을 때 '노릇하게 구워지다'라고 해요.

***노릇하게** 구워진 식빵에 – 『집 안 치우기』

* **딱하다** | 사정이나 처지가 가엾고 불쌍하다

지진이나 홍수, 태풍 등으로 집이 무너지고 마을이 엉망이 된 뉴스를 본 적이 있나요? 한순간에 살 곳을 잃은 사람들을 보면 정말 안타까워요. 무너진 집 앞에서 눈물을 흘리는 사람들을 보면 너무 딱해 보여 당장이라도 달려가 도와주고 싶지요. **딱하다는 건 형편이나 처지가 가엾고 불쌍한 걸** 말해요.

*정말 **딱해** 보였지요. – 『치과 의사 드소토 선생님』

* **말쑥하다** | 지저분하지 않고 맑고 깨끗하다

떠돌이 개를 데려다가 목욕을 시켜 놓으면 어떤가요? 털에 덕지덕지 붙어 있던 오물들이 씻기고 얼굴에 붙어 있던 눈곱과 코딱지 등이 떼어지면서 아주 말쑥해져요. **말쑥하다는 건 모습이 지저분하지 않고 맑고 깨끗하다**는 뜻이에요.

*덜 뛰어다니고 **말쑥해지기로** 결심했어요. – 『민들레 사자 댄디라이언』

* **모질다** | 괴로움과 아픔이 아주 심하다

예전에 우리나라가 일본의 지배를 받았을 때 수많은 독립 운동가들이 나라를 되찾기 위해 독립 운동을 벌이다 온갖 고난을 겪었어요. 일본 경찰의 감시 속에서 죽임을 당하기도 하고 감옥에 끌려가 고문을 당하기도 했어요. 이런 모진 고난 속에서도 꿋꿋이 독립 운동을 한 결과 마침내 나라를 되찾을 수 있었답니다. 여기서 **모질다는 건 아주 심하게 괴롭고 아프다**는 뜻이에요.

*__모진__ 고생을 했어요. – 「내가 처음 만난 예술가 7: 이중섭」

* **버릇없다** | 윗사람에게 마땅히 지켜야 할 예의나 교양이 없다

이런 친구를 본 적 있나요? 어른에게 반말을 하고 어른이 식탁 앞에 앉기도 전에 먼저 수저를 들고 밥을 먹는 친구 말이에요. 이런 행동은 매우 버릇없는 행동이랍니다. **버릇없다는 건 윗사람에게 마땅히 지켜야 할 예의를 지키지 않았다**는 뜻이에요. 윗사람에겐 존댓말을 쓰고 윗사람이 먼저 수저를 든 후에 음식을 먹는 게 예의지요. 버릇없다는 건 아예 예의를 지키지 않는 거랍니다.

*다른 사람의 얼굴에 그림을 그리는 게 얼마나 __버릇없는__ 짓인지 – 「민들레 사자 댄디라이언」

* **벅차다** | 어떤 감정이나 기분이 마음속에 넘칠 듯이 가득하다

바라던 장난감을 갖게 되었을 때 마음이 어떤가요? 한 번도 본 적 없는 멋진 풍경을 보았을 때는요? 아마 심장이 터져 버릴 것처럼 마음이 벅찰 거예요. **벅차다는 건 마음속에 기쁨이나 흥분 같은 감정이 넘칠 듯이 가득한 걸** 말해요. '그 일은 네가 하기에 좀 벅찰 것 같아'와 같이 어떤 일이나 행동이 힘에 겨울 때도 이 말을 써요.

*한나는 가슴이 __벅찼어__. – 「고릴라」

* **번들번들하다** | 표면이 매끄럽고 윤이 나다

탁자 위를 마른 걸레로 박박 닦으면 기름을 칠해 놓은 듯 번들번들해져요. **번들번들하다는 건 표면이 매끄럽고 윤이 난다**는 뜻이에요. 빛나는 것처럼 반짝이지요. 접시들을 깨끗이 씻어 잘 닦아 놓아도 번들번들해요. 번들번들하다의 작은 말은 '반들반들하다'랍니다.

＊하얗고 **번들번들한** 기름이 잔뜩 떠 있었습니다. - 『양초 귀신』

* **색다르다** | 보통 접하는 것과 다른 특색이 있다

같은 종류의 음식도 색깔이나 맛, 모양 등이 달라지면 더 특별하게 느껴져요. 치즈김밥만 먹다가 한번 멸치김밥을 먹으면 아주 색다른 느낌이 들지요. **색다르다는 건 평소에 접하는 것과는 다른 특색이 있다**는 뜻이에요. 매일 바지만 입다가 치마를 입으면 사람들에게 색다른 느낌을 줄 수 있어요. 또 놀이터에서만 놀다가 놀이공원 같은 곳에 가면 색다른 경험을 할 수 있지요.

＊**색다른** 경험을 할 수 있는 기회! - 『코끼리랑 집을 바꿨어요』

* **서럽다** | 처지나 형편이 몹시 억울하고 슬프다

장난감을 가지고 노는데 형이 휙 빼앗아 갔어요. 그래서 화가 나 형 어깨를 툭 쳤지요. 그랬더니 형이 엄마한테 가서 자기를 때렸다고 고자질하는 거예요. 이때 엄마가 형 말만 듣고 나만 혼내면 마음이 어떨까요? 아주 속상하고 서러울 거예요. **서럽다는 건 분하고 억울하고 슬프다**는 뜻이에요. 형이 먼저 잘못했는데 엄마가 내 말은 들어보지 않고 형의 편만 들면 서러워 엉엉 눈물이 나지요.

＊강아지똥은 화도 나고 **서러워서** - 『강아지똥』

* **수상쩍다** | 어떤 사람의 모습이나 언행이 보통과 달라 이상하게 느껴져 의심스럽다

어떤 아저씨가 까만 선글라스를 쓰고 옷깃으로 얼굴을 가린 채 놀이터에 나타나면 아주 의심스러워요. 얼굴을 왜 가렸는지, 무얼 하려고 왔는지 수상쩍지요. **수상쩍다는 건 평소와는 다른 모습에 이상함을 느껴 의심한다**는 뜻이에요. 선글라스를 쓰고 옷깃으로 얼굴을 가린 채 놀이터에 오는 사람을 평소에는 거의 볼 수 없기에 수상쩍게 느껴지는 거지요.

＊사서는 어쩐지 여우 아저씨가 **수상쩍었어요**. -「책 먹는 여우」

* **신성하다** | 고결하고 거룩하며 성스럽다

옛 성당이나 오래된 절에 들어가면 기분이 묘해요. 정말 신이 내 옆에 있는 것처럼 발소리조차 함부로 내기 조심스러워요. 그곳의 물건들도 하나하나가 매우 신성하게 느껴진답니다. **신성하다는 건 고결하고 거룩하며 성스럽다**는 뜻이에요. 신이 있는 것 같은 느낌이지요.

＊누가 이 **신성한** 곳에 발을 들여놓았느냐? -「고구려 나들이」

* **심드렁하다** | 별로 마음에 들지 않아 관심이 거의 없다

좋아하는 건 누가 시키지 않아도 관심이 생기고 꼭 하고 싶은 마음이 들어요. 반대로 싫어하거나 마음에 들지 않는 건 아무리 좋은 점이 많다고 해도 심드렁해져요. **심드렁해진다는 건 관심이 거의 없다**는 뜻이에요. 친구랑 대화를 하는데 관심 없는 주제가 나오면 친구가 물어도 심드렁하게 대답하게 되지요.

＊존은 사자가 **심드렁해져서** 돌아갈 때까지 -「지각대장 존」

* **안되다** | 처지나 형편이 가엾어 안타깝다

엄마 없이 혼자서 떠돌아다니는 아기 고양이를 보면 참 불쌍해요. 음식을 구하기 위해 쓰레기 더미를 뒤지는 모습을 보면 정말 안돼 보이지요. 여기서 **안됐다는 건 처지나 형편이 가엾어 안타깝게 느껴진다**는 뜻이에요. '병이 나서 그런지 얼굴이 많이 안돼 보였다'와 같이 얼굴이 많이 해쓱하고 상한 모습을 표현할 때도 이 말을 쓴답니다.

* 어쩐지 <u>**안됐다는**</u> 생각이 들었어요. – 『이모의 결혼식』

* **앙상하다** | 뼈만 남은 것처럼 몸이 몹시 말랐다

가난한 아프리카 아이들의 모습을 보면 잘 먹지 못해 뼈에 거죽만 붙어 있는 것처럼 몸이 앙상하지요. **앙상하다는 건 뼈만 남은 것처럼 몹시 마른 걸** 뜻해요. 그래서 기회가 되면 모두 함께 아프리카 아이들이 건강하게 자랄 수 있도록 도와야 해요. '앙상한 가지'처럼 나뭇잎이 다 떨어져 버린 가지를 표현할 때도 이 말을 쓴답니다.

* 뼈만 <u>**앙상하게**</u> 남은 소가 – 『내가 처음 만난 예술가 7: 이중섭』

* **어리다** | 감정이나 기운, 추억 등이 담겨 있다

어렸을 때부터 가지고 놀던 장난감이나 처음 사용했던 이불, 친구에게서 받은 선물들은 정말 소중해요. 그 안에 어떤 마음이나 추억이 어려 있어서 더욱 특별히 느껴지지요. 여기서 **어리다는 건 나이가 적다는 뜻이 아니라 마음이나 추억 등이 담겨 있다**는 뜻이에요. '눈가에 눈물이 어리다'와 같이 눈동자에 눈물이 고인 모습을 표현할 때도 이 말을 쓴답니다.

* 눈물겨운 사랑이 가득 <u>**어려**</u> 있었어요. – 『강아지똥』

* **억세다** | 팔, 다리, 뼈 등이 크고 거칠어 힘이 세다

역도 선수가 억센 팔로 무거운 역기를 번쩍 들어요. **억세다는 건 팔, 다리, 뼈 등이 크고 거칠어 힘이 세다**는 뜻이에요. 아빠가 나를 번쩍 안아들 때도 팔뚝이 아주 억세다는 게 느껴져요.
'그는 억센 성격이어서 절대 굽히지 않는다'와 같이 쓰일 때는 행동이 억척스럽고 굳세다는 뜻이에요. 억척스럽다는 건 어떤 어려움에도 굽히지 않고 끈기 있게 행동하는 거예요.

＊커튼을 '휙' 떼어서 **억센** 팔로 – 『도깨비를 빨아 버린 우리 엄마』

* **어림없다** | 어떤 일이 도저히 가능하지 않다

아빠와 팔씨름 내기를 했어요. 진 사람이 이긴 사람 부탁을 들어주기로 했지요. 진짜 실력으로 제대로 겨룬다면 아빠를 이길 수 있을까요? 절대 어림없는 일이죠. 여기서 **어림없다는 건 어떤 일이 도저히 될 수 없다**는 뜻이에요. 나보다 몸집이 크고 힘도 더 센 아빠를 이기는 건 사실 가능하지 않은 일이지요.

＊흥, **어림없는** 소리. – 『아씨방 일곱 동무』

* **역겹다** | 속이 메슥거리고 구역질이 날 만큼 불쾌하다

썩은 우유 냄새나 썩은 채소 냄새를 맡은 적이 있나요? 킁킁 코를 대자마자 역겨운 냄새가 확 풍겨요. **역겹다는 건 속이 메슥거리고 구역질이 날 만큼 불쾌하다**는 뜻이에요. 역겹다는 말은 냄새뿐만 아니라 아주 불쾌한 행동이나 상황을 표현할 때도 쓰인답니다.

＊**역겨운** 짐승 냄새가 나지 뭐예요. – 『책 먹는 여우』

* **옴팍하다** | 어떤 물건이 가운데가 오목하게 들어가 있다

음식을 담는 그릇들을 보면 대체로 어떻게 생겼나요? 음식물이 흘리지 않게 가운데가 옴팍하게 들어가 있어요. **옴팍하다는 건 오목하게 들어가 있는 걸** 말해요. 특히 밥그릇과 국그릇은 접시보다 더 옴팍하지요. 모래 해변에 오래 앉아 있다가 일어서면 앉은 자리가 옴팍하게 들어가 있는 걸 볼 수 있어요.

* 이제 **옴팍해서** 앉기가 좋네. -『설문대할망』

* **저리다** | 몸의 한 부분이 오래 눌려서 피가 잘 안 통해 아리며 움직이기가 거북하다

한 자세로 오래 앉아 있으면 다리가 어떤가요? 눌러도 감각이 없고 톡톡 쏘는 듯 알알해요. 다리가 저리는 거지요. **저리다는 건 몸의 한 부분이 오래 눌려서 피가 잘 안 통해 아리고 움직이기 거북한 걸** 말해요. 아주 추워도 몸에 피가 안 통할 수 있지요. 이때도 손가락 마디나 발가락 마디가 저려서 알알해요.

* 온몸이 **저려서** 움직일 수 없었습니다. -『도깨비를 빨아 버린 우리 엄마』

* **적적하다** | 홀로 떨어져 있어 심심하고 외롭다

먼 시골집에 할머니 혼자 살면 마음이 어떨까요? 자식들, 손자들과 떨어져 있어 자주 못 보는 탓에 매우 적적할 거예요. **적적하다는 건 홀로 떨어져 있어서 심심하고 외롭다**는 뜻이에요. 우리 할머니, 할아버지가 홀로 적적하게 지낸다면 자주 찾아뵙고 인사드려야겠지요?
'버스 안이 적적하다'처럼 집이나 어떤 곳이 조용하고 쓸쓸한 느낌일 때도 이 말을 쓴답니다.

* 너무 **적적해서** 행복하진 못했어요. -『백만 마리 고양이』

* **점잖다** | 언행이나 몸가짐이 바르고 의젓하다

친구 중에 혹시 어른처럼 말하고 행동하는 점잖은 친구가 있나요? **점잖다는 건 말과 행동, 그리고 몸가짐이 바르고 의젓하다**는 뜻이에요. 점잖은 친구는 어른들에게 인사를 잘하며, 욕도 쓰지 않고 바르게 말해요. 그리고 음식점에 가거나 영화관에 가서도 떠들지 않고 예의 바르게 조용히 앉아 있지요. 이렇게 점잖은 행동을 하는 아이는 어른들에게 자주 칭찬을 받곤 해요.
'결혼식엔 점잖은 옷을 입고 가야 해'와 같이 옷이나 장소 등의 사물이 품격 있고 고상하다는 걸 표현할 때도 이 말을 쓴답니다.

* 방 안에 들어서자 **점잖은** 어르신들이 둘을 반겼습니다. -「고구려 나들이」

* **지독하다** | 참기 어려울 정도로 아주 심하다

기운이 없거나 키가 잘 안 자라는 것 같을 때 한약을 먹는 경우가 있어요. 이 한약 맛은 보통 어떤가요? 먹을 만한 것도 있지만 어떤 한약은 지독히도 써서 한 입도 먹고 싶지 않아요. 여기서 **지독하다는 건 맛이나 냄새가 참기 어려울 정도로 아주 심하다**는 뜻이에요. 냄새가 지독하다는 건 음식물 쓰레기처럼 잠시도 맡을 수 없을 정도로 역하거나 강한 걸 뜻해요.
'지독하게 덥다'와 같이 아주 더운 날씨나 아주 추운 날씨를 표현할 때도 이 말을 쓰고, '그 사람은 친구의 사과를 받지 않을 정도로 지독해'와 같이 성격이 모질고 독할 때도 이 말을 쓴답니다.

* 맛이 아주 **지독했지**. -「줄무늬가 생겼어요」

* **침침하다** | 앞이 보일락 말락 할 정도로 흐릿하고 어둡다

금방이라도 눈이 쏟아질 것 같은 날씨를 떠올려 보세요. 겨울이라 해가 짧은

데 눈까지 내릴 땐 먹구름이 해를 가려 날이 아주 침침해요. **침침하다는 건 앞이 잘 안 보일 정도로 흐릿하고 어두운 걸** 말해요.
'할머니는 눈이 침침해 책을 읽을 수 없었다'와 같이 눈이 잘 안 보이고 앞이 어둡게 보일 때도 이 말을 쓰지요.

* 기러기들이 **침침한** 하늘로 사라지자 – 『깃털 없는 기러기 보르카』

* **한적하다** | 한가하고 고요하다

집이 드물고 도로도 넓지 않은 시골에 가면 이상하게 마음이 차분해져요. 자동차도 없고 사람들도 북적대지 않아 한적하니까 그런가 봐요. **한적하다는 건 한가하고 고요하다**는 뜻이에요. 그래서 시골에 가면 마음까지 고요해져요.

* 이렇게 공기가 맑고 **한적한** 곳이라면 – 『이모의 결혼식』

* **황량하다** | 무엇이 거칠어져 황폐하고 쓸쓸하다

겨울의 논밭을 떠올려 보세요. 수확을 끝내고 아무것도 없는 텅 빈 논밭을 보면 황량함이 느껴져요. **황량하다는 건 거칠어져 못쓰게 되어 쓸쓸한 느낌을 준다**는 뜻이에요. 옛 궁궐터를 보아도 황량한 느낌이 들어요. 커다란 궁궐은 온데간데없이 사라지고 여기저기 풀들만 무성이 자라 괜히 쓸쓸하지요.

* **황량한** 늪지에서 살았습니다. – 『깃털 없는 기러기 보르카』

* **후련하다** | 마음속에 맺혔던 일이나 답답했던 것이 풀려서 시원하다

〈임금님 귀는 당나귀 귀〉라는 옛날이야기에 두건을 만드는 이가 나오는데, 임금님 귀가 당나귀 귀라는 걸 알고는 속병이 생기고 말아요. 엄청난 비밀이

라 누구한테도 말하면 안 되었거든요. 그러다 하루는 더 이상 참지 못해 대나무 숲에 가서 "임금님 귀는 당나귀 귀다!" 하고 목청껏 소리 질러요. 그제야 속이 후련해졌답니다. **후련하다는 건 답답한 것이 풀려서 아주 시원하다**는 뜻이에요.

＊빨래를 널고 나니까 속이 다 **후련하구나!** －『도깨비를 빨아 버린 우리 엄마』

＊ **휑하다** | 아무 말이나 인사도 없이 빨리 가다

생일날 친구들과 즐겁게 만화를 보고 있는데 갑자기 한 친구가 자리에서 일어났어요. 모두들 화장실에 가는 줄 알고 주위 있게 안 보았더니 글쎄 휑하니 집에 가버린 거예요. **휑하니 갔다는 건 아무 말이나 인사도 없이 빨리 간 거**예요. 사실 이 말은 '가을걷이가 끝난 들판이 휑하다'와 같이 놓인 것이 별로 없어서 허전하다는 뜻으로 제일 많이 쓰여요. 또 '자동차가 휑하게 뚫린 터널을 지나간다'처럼 속이 뚫려 훤히 드러나 보이다는 뜻도 있답니다.

＊회사로 **휑하니** 가버렸습니다. －『돼지책』

＊ **흉측하다** | 생김새가 보기에 매우 못나고 몹시 싫어할 구석이 있다

책이나 만화영화에 나오는 괴물을 보면 생김새가 예쁘거나 잘생긴 괴물이 하나도 없어요. 모두 흉측하고 오싹하게 생겼답니다. 여기서 **흉측하다는 건 생김새가 매우 못나고 몹시 싫어할 구석이 있다**는 뜻이에요.
'마음이 흉측하다'와 같이 성격이나 말, 행동이 흉악하고 아주 독할 때도 이 말을 써요.

＊정말은 내가 너보다 더 **흉측하고** 더러울지 몰라. －『강아지똥』

문장에 따라
뜻이 달라진다!
다의어

사전에서 단어를 찾아보면 그 뜻이 여러 개인 경우가 많습니다. 예를 들어 '꿈'이라는 단어를 찾아보면 '① 잠자는 동안에 실제처럼 보고 듣고 느끼고 하는 여러 가지 현상 ② 마음속의 바람이나 이상 ③ 덧없는 바람이나 희망 ④ 즐거운 상태나 분위기'라고 나와 있습니다. 이 중 가장 널리 쓰이는 뜻을 보통 첫 번째로 적습니다. 하지만 사전마다 순서가 조금씩 다르고 뜻의 개수도 한두 개 정도 차이가 납니다.

이처럼 하나의 낱말이 여러 가지 뜻을 갖는 말을 다의어라고 합니다. '다의(多義)'란 말 그대로 '여러 개의 의미'란 뜻이지요. 그래서 같은 말이어도 문장 속에서 그 뜻이 다르게 쓰일 수 있으므로 어떤 뜻으로 쓰였는지 정확히 알아야 합니다. 그래야 문장의 의미를 제대로 이해할 수 있습니다.

다의어와 헷갈리는 말 중 '동음이의어'가 있습니다. 동음이의어는 소리만 같은 단어입니다. 동음이의(同音異義)란 글자의 음은 같으나 의미는 다르다는 뜻이지요. 다음 밑줄 친 말들을 비교해 볼까요?

a. **배**가 아프다.
b. **배**가 나온 항아리
c. **배**를 타고 바다로 나간다.
d. **배**가 참 맛있다.

위에서 a와 b는 다의 관계이고, a, c, d는 동음이의 관계입니다. a는 사람의 배를, b는 물건의 가운데 부분을 뜻하지요. b는 a의 의미가 좀 더 세분화되어 나온 말입니다. 그런데 c와 d는 a와 뜻이 전혀 다릅니다. c는 물 위로 다니는 운송 수단이고, d는 과일을 뜻하는 말입니다.

다의어를 가르칠 때는 주로 쓰이는 의미가 무엇인지 알려 주고, 문장에서는 어떤 뜻으로 쓰였는지 설명해 주세요. 그리고 그 외 다른 뜻이 있다면 그 뜻들도 함께 알려 주세요. 나아가 그 다의어와 소리는 같은데 뜻은 다른 동음이의어가 있다면 헷갈리지 않도록 뜻을 구분하여 설명해 줍니다.

쏙쏙 지도포인트

- 다의어의 주된 뜻을 설명해 준다.
- 다의어가 문장에서 어떤 뜻으로 쓰였는지 주된 뜻과 연관 지어 추론해 보도록 한다.
- 다의어와 소리가 같은 동음이의어가 있다면 헷갈리지 않도록 가르쳐 준다.

엄마의 어휘사전

* **기름지다** | 땅이 양분이 많다

기름지다는 말은 본래 말 그대로 음식에 기름기가 많다는 뜻이에요. 또 사람이나 동물이 살찌고 윤기가 있을 때도 이 말을 써요. 나아가 **식물을 키우기에 아주 좋은 양분이 많은 땅을 표현할 때도 기름지다**라고 말해요.

*핑은 화분에 **기름진** 흙을 담았습니다. – 『빈 화분』

* **꿈** | 이루어질 가능성이 거의 없는 허무한 기대나 생각

꿈은 본래 잠을 자면서 일어나는 뇌 속의 현상이에요. 또 실현시키고 싶은 희망을 뜻하기도 하지요. 그런데 **이루어질 가능성이 거의 없는 허무한 기대나 생각을 일컬을 때도 꿈**이라고 해요. '부질없는 꿈은 버려라'와 같이 사용되지요. 이 말은 의미 없고 쓸모없는 생각이나 기대는 하지 말라는 뜻이에요.

*으깬 것도 싫으니까 아예 **꿈**도 꾸지 마. – 『난 토마토 절대 안 먹어』

* **돌아가(시)다** | '죽다'의 높임말

돌아가다라는 말은 본래 물체가 일정한 축을 중심으로 원을 그리면서 움직이는 걸 뜻해요. '바퀴가 돌아가다'와 같은 경우지요. 또 '일이 바쁘게 돌아가다'와 같이 일이 진행되어 가다는 의미도 있어요. 그런데 여기에 '시'를 붙여 **돌아가시다라고 쓰면 '죽다'의 높임말**로 쓰인답니다.

*어린 나이에 아버지가 **돌아가시고** 말았어요. – 『내가 처음 만난 예술가 7: 이중섭』

* **돼지우리** | 아주 지저분하고 더러운 곳

돼지우리는 말 그대로 돼지를 가두어 키우는 곳이에요. 보통 이곳은 아주 더럽다고 생각되요. 그래서 **정말 지저분하고 더러운 곳을 일컬을 때도 돼지우리 같다**고 표현해요.

*곧 집은 **돼지우리**처럼 – 『돼지책』

* **들추다** | 지난 일이나 숨은 일을 끄집어내어 드러나게 하다

들추다는 말은 본래 가리고 있는 것을 속이 드러나게 들어올리는 걸 뜻해요. '커튼을 들추다', '옷을 들추다'와 같이 쓰이지요. 그런데 **지난 일이나 숨은 일을 끄집어내어 드러나게 하다는 뜻을 표현할 때도 들추다**라고 해요. '그는 어린 시절 실수를 들추었다'와 같은 경우예요.

*지난 일을 이러쿵저러쿵 **들추지** 않았어요. – 『책 먹는 여우』

* **떠나다** | 이별하다

떠나다는 말은 본래 어떤 장소를 벗어나서 더 이상 그곳에 있지 않다는 뜻이에요. 또 '고향을 떠나다', '회사를 떠나다'처럼 자신이 몸담고 있던 일터에서 벗어나는 것을 표현할 때도 이 말을 써요. 그리고 **'사람을 떠나다', '세상을 떠나다'처럼 이별하는 경우**에도 쓰인답니다. 특히 여기서 세상을 떠나다고 할 때는 죽음을 의미하지요.

*이 세상을 **떠났어요**. – 『내가 처음 만난 예술가 7: 이중섭』

* **먹다** | 나이를 보태다

입에 넣고 씹어 삼켜 배 속으로 보내는 걸 말해요. 그런데 **나이를 더할 때도 나이를 먹다**라고 하지요. '겁을 먹다'와 같이 마음속으로 어떤 감정이나 생각을 가질 때도 이 말을 써요.

＊만두를 먹고 모두 한 살을 더 **먹었습니다**. －『손 큰 할머니의 만두 만들기』

* **미치다** | 어떤 사물이나 일에 아주 큰 관심을 갖고 지나치게 열중하다

미치다라는 말은 본래 정신에 이상이 생겨서 비정상적인 상태가 되는 것을 뜻해요. 그런데 **어떤 일이나 사물 등에 아주 큰 관심을 갖고 지나치게 열중할 때도 미치다**라고 표현해요. '게임에 미치다'와 같은 경우지요.

＊소에 **미쳤다는** 말까지 들었대요. －『내가 처음 만난 예술가 7: 이중섭』

* **바람** | 옷을 나타내는 어휘 뒤에 쓰여 그 옷차림을 뜻하거나 제대로 갖추지 않은 차림새를 이름

바람은 본래 기압 차이로 인해 공기가 이동하여 나타나는 자연 현상이에요. 이때 공기는 기압이 높은 곳에서 낮은 곳으로 이동하며 바람을 일으켜요. 그런데 '자전거 타이어에 바람이 빠지다'처럼 타이어나 공, 튜브 속에 들어 있는 공기를 표현할 때도 바람이라고 하고, '초등학교 운동장에 축구 바람이 불다'처럼 유행이나 분위기를 표현할 때도 바람이라고 해요. 또 옷을 나타내는 어휘 뒤에 쓰여 그 **옷차림이나 차림새를 제대로 갖추지 않은 모습**을 이르기도 한답니다. '잠옷 바람', '내복 바람' 등의 경우가 있지요.

＊지금까지 자기가 속옷 **바람**으로 돌아다니고 있었던 것입니다. －『세상에서 가장 맛있는 무화과』

우리아이 첫 공부 어휘사전

* **벌거숭이** | 나무나 풀이 거의 없어 흙이 다 드러나 보이는 산

벌거숭이는 본래 옷을 모두 벗은 알몸뚱이를 일컬어요. 그런데 나무나 풀이 거의 없어 **흙이 다 드러나 보이는 산을 가리킬 때도 벌거숭이**라고 표현해요. 또 잎이 다 떨어진 나무를 표현할 때도 '벌거숭이가 되었다'라고 한답니다.

*언덕은 곧 **벌거숭이**가 되고 말았어요. - 『백만 마리 고양이』

* **보다** | 아이나 집을 맡아서 보살피거나 지키다

보다라는 말은 '엄마를 보다'처럼 본래 눈으로 대상을 인식하는 걸 뜻해요. 또 '책을 보다'처럼 글을 읽는다는 뜻도 있어요. 그런데 **아이를 맡아서 보살피거나 집을 지킬 때도 보다**라고 표현해요. '엄마가 나가시면서 동생을 보라고 하셨다'와 같은 경우지요.

*금방 돌아올 테니까 집 잘 **보고** 있어야 한다. - 『순이와 어린 동생』

* **보금자리** | 사람이든 동물이든 살기에 편안하고 아늑한 곳

보금자리는 본래 새가 머물러 자리 잡고 사는 둥지를 뜻해요. 그런데 의미가 넓어져 새뿐만 아니라 **사람이든 동물이든 살기에 편안하고 아늑한 곳을 뜻할 때도 보금자리**라고 표현하지요. '이 집에 우리의 보금자리를 꾸미자', '이제부터 이 집이 우리의 보금자리야'와 같은 경우예요.

***보금자리**를 꾸미기 위해 총총히 떠났습니다. - 『선인장 호텔』

* **사방** | 모든 곳, 여러 곳, 어떤 지역의 주위 전부

사방은 본래 동서남북의 네 방위를 통틀어 이르는 말이에요. 그런데 의미가 넓어져 **모든 곳이나 여러 곳을 뜻할 때, 어떤 지역의 주위 전부를 뜻할 때도 사방**이라고 하지요. '종소리가 사방으로 울려 퍼지다'와 같은 경우예요.

＊이게 뭐니. **사방** 어질러 놓고. -「집 안 치우기」

* **살림살이** | 집에서 살림을 하는 데 필요한 온갖 도구와 기구

살림살이는 본래 한 집안이나 단체를 이루어 살아가는 일을 뜻해요. '살림살이를 시작하다'처럼 사용되지요. 그런데 **그에 필요한 온갖 물건(숟가락, 밥그릇, 이불 등)을 가리킬 때도 살림살이**라고 해요. '살림살이는 다 장만했니?'와 같은 경우예요.

＊여러 가지 **살림살이**도 갖다 주었습니다. -「엄마의 의자」

* **새까맣게** | 아주 잊어 버려 기억이 거의 없이

새까맣다라는 말은 본래 색이 매우 까맣다는 뜻이에요. 그런데 새까맣게라는 꼴로 쓰이면, 종종 **무엇에 대해 아주 잊어버려 기억이 거의 없다**는 뜻으로도 쓰이지요. '약속을 새까맣게 잊어버리다'와 같은 경우예요. 한편 어떤 것을 전혀 알지 못하는 상태를 표현할 때도 이 말을 쓸 수 있답니다.

＊보르카를 **새까맣게** 잊고 있었습니다. -「깃털 없는 기러기 보르카」

＊ 양반 | 남자를 가볍고 예사롭게 이르는 말

양반은 본래 옛날 신분 중 하나예요. 과거에 급제하여 관리가 되어 나라를 통치하는 계층이지요. 그런데 지금은 **남자를 가볍고 예사롭게 부를 때 양반**이라고 해요. '의사 양반이 왜 그래요?' 같은 경우지요. 또 '점잖고 예의바른 사람'을 일컫는 말로도 쓰이는데, '그분은 정말 양반이시지'와 같은 경우가 있어요.

＊전문가 **양반**들을 모시고 가는 게 좋을 것 같군요. -『줄무늬가 생겼어요』

＊ 자가용 | 회사나 집에서 소유하여 정해진 사람이나 목적을 위해서만 사용함

자가용은 본래 개인이 소유하여 사용하는 자동차라는 뜻이에요. 그런데 회사나 집에서 소유하여 **정해진 사람이나 목적을 위해서만 사용되는 비행기나 자동차를 일컬을 때도 자가용**이라고 표현해요.

＊꿈속에서 비보 씨는 멋진 보트와 **자가용** 비행기를 -『세상에서 가장 맛있는 무화과』

＊ 자투리 | 일정한 쓰임새로 사용하고 남은 나머지

자투리는 본래 팔다 남은 천 조각을 뜻해요. 그런데 **일정한 쓰임새로 사용하고 남은 나머지를 일컬을 때도 자투리**라고 표현해요. 예를 들어 '자투리 시간'이라고 하면 정규 수업 시간 외의 남는 시간이고, '자투리땅'은 건물이나 도로를 건설하고 남은 땅이지요.

＊잘하면 **자투리** 시간을 내어 돈을 좀 벌 수 있을 것 같았거든요. -『세상에서 가장 맛있는 무화과』

* **천지** | 아주아주 많음

천지는 본래 하늘 '천(天)', 땅 '지(地)'가 합쳐져 만들어진 한자어예요. 한자 뜻 그대로 하늘과 땅을 뜻하기도 하고, 이것이 확장돼 사람이 사는 이 세상을 뜻하기도 하지요. '세상천지에 너와 나'라고 하면 이 세상 통틀어서 너와 나라는 뜻이지요. 그런데 **아주아주 많음을 뜻할 때도 천지**라고 표현해요. '개미가 천지야'라고 하면 개미가 아주 많다는 뜻이랍니다.

＊여긴 고릴라 **천지**야! -「고릴라」

* **콩나물시루** | 버스나 방처럼 한 공간 안에 사람이 너무 많아 빽빽하게 있는 것

콩나물시루는 말 그대로 콩나물을 키우는 그릇이에요. 보통 진흙으로 구워 만든 질그릇을 쓰지요. 그 시루 안을 보면 콩나물들이 아주 빽빽이 들어가 있어요. 그래서 **어떤 곳에 사람이 아주 많이 빽빽하게 있는 모양을 뜻할 때도 콩나물시루 같다**고 표현해요.

＊아빠는 **콩나물시루** 같은 버스를 -「구름빵」

* **틀다** | 보금자리 등을 엮거나 짜서 만들다

틀다는 말은 본래 방향을 돌린다는 뜻이에요. '허리를 비비 틀다'처럼 단순히 몸의 일부를 돌릴 수도 있고, '차를 왼쪽으로 틀다'처럼 어떤 물체가 나아가던 방향을 돌릴 수도 있지요. 그런데 **짚 따위로 엮어서 바구니를 엮거나 보금자리를 만들 때도 틀다**라고 표현해요. '제비 한 쌍이 둥지를 틀었다'와 같은 경우예요.

＊플럼스터 부부는 둥지를 **틀고** -「깃털 없는 기러기 보르카」

우리아이 첫 공부 어휘사전

* **합창하다** | 어떤 말을 여럿이 함께 외치다

합창은 본래 여러 사람이 목소리를 맞추어 한 노래를 같이 부르는 거예요. 그런데 **어떤 말을 함께 외칠 때도 합창한다**고 해요. '철수의 의견에 모두 동의한다고 합창했다'와 같은 경우지요.

＊도깨비들이 <u>합창</u>으로 말했습니다. -『도깨비를 빨아 버린 우리 엄마』

* **형님** | 여자들 사이에서, 나이가 적은 사람이 나이가 많은 사람을 부르는 말

형님은 본래 '형'의 높임말이에요. 형제끼리 서로를 부를 때 나이가 어린 쪽이 나이가 더 위인 쪽을 부르는 말이지요. 꼭 형제 사이가 아니더라도 자기보다 윗사람인 남자를 부를 때도 형님이라고 말해요. 그런데 여자들 사이에서도 이 말을 쓰는 경우가 있답니다. **친한 사이에서 혹은 결혼하여 가족이 된 사이에서 나이가 적은 여자가 나이가 많은 여자를 부를 때도 형님**이라고 할 수 있어요.

＊<u>형님</u>, 지금 무슨 소릴 하고 있어요? -『아씨방 일곱 동무』

* **호령** | 큰소리로 지적하고 꾸중함

호령은 본래 대장처럼 지위가 높은 사람이 부하나 신하, 손아랫사람들을 지휘하며 명령을 내리는 걸 말해요. 그런데 **누구를 큰소리로 지적하고 꾸중할 때도 호령을 하다**라고 말해요.

＊가끔 이렇게 <u>호령</u>을 합니다. -『손 큰 할머니의 만두 만들기』

* **홍당무** | 부끄럽거나 무안하여 얼굴이 붉어진 것

홍당무는 본래 겉은 붉고 속은 흰색인 무예요. 때로는 당근을 뜻하기도 하지요. 어쨌든 색깔이 붉어요. 그래서 **부끄럽거나 무안하여 얼굴이 붉어졌을 때 홍당무같이 빨개지다**라고 해요. '좋아하는 사람 앞에만 서면 얼굴이 홍당무가 돼요'와 같이 쓰이지요.

＊글방 선생님은 얼굴이 **홍당무**같이 빨개져서 – 『양초 귀신』

두 개 이상의 낱말이 결합된 말을 합성어라고 합니다. '손수건, 눈물, 산나물, 밤낮, 큰집, 늦더위, 뛰놀다, 돌아가다, 마소, 이튿날' 등의 말이 있지요. 합성어의 의미를 알려면 낱말이 어떻게 결합되어 있는지 살펴보아야 합니다. 몇 가지 예를 들어 볼까요?

위에 언급한 단어들 중에서 '산나물'은 산과 나물이 결합된 말인데, 그 뜻은 산에서 나는 나물입니다. '늦더위'는 늦은 더위로, 여름이 끝나는데도 가시지 않는 더위를 뜻하는데 '-은'이 빠진 채로 결합되었지요. '뛰놀다'도 원래 뛰어 놀다인데, '-어'가 빠지고 결합되었습니다. 이리저리 뛰어다니며 논다는 뜻이지요.

그런데 합성어가 되면서 뜻이 추가되거나 변하는 경우도 있습니다. '밤낮'은 밤과 낮을 아울러 이를 뿐만 아니라 늘, 항상이라는 뜻도 지니고 있습니다. '큰집'은 크기가 큰 집이 아니라 집안의 맏이가 사는 집을 뜻합니다. 그리고 '돌아가다'는 앞에서도 살펴보았지만 원래 있던 곳으로 가다, 원을 그리며 회전하다는 뜻 외에 죽다는 뜻이 추가되었습니다.

'마소'와 '이튿날'은 결합되면서 글자의 모양이 변했습니다. '마소'는 '말'과 '소'가 결합하면서 'ㄹ'이 탈락하였고, '이튿날'은 '이틀'과 '날'이 결합하면서 'ㄹ'이 'ㄷ'으로 바뀌었지요. 마소는 말과 소를 아울러 이르는 말이고, 이튿

날은 어떤 일이 일어난 다음 날이라는 뜻입니다.

　책을 읽다가 합성어가 나오면 먼저 뜻이 무엇인지 스스로 생각해 보도록 합니다. 물론 합성어인지 아닌지 분간하는 것부터 쉽지 않지요. 그래서 일단 기존에 알고 있는 두 낱말의 결합으로 이루어진 단어가 보이면 아이와 함께 각각의 뜻을 살펴본 뒤 전체 의미를 추론해 보는 게 좋습니다. 합성어가 되면서 원래 단어들의 뜻과는 다른 의미를 갖게 되는 경우도 많으므로 사전에서 정확한 뜻을 꼭 확인해 보세요. 마지막으로 합성어를 활용해 문장을 만들어 보세요. 이런 과정을 통해 두 개 이상의 낱말이 결합되어 하나의 새로운 낱말을 만든다는 걸 알게 되면 어휘를 분석하고 뜻을 추론하는 능력이 키워집니다.

쏙쏙 지도포인트

- 합성어가 어떤 단어들로 이루어져 있는지 나눠 본다.
- 결합된 단어들의 각각의 뜻을 살펴보고 합성어의 전체 의미를 추론해 본다.
- 합성어가 만들어지면서 원래 글자의 모양이 어떻게 달라졌는지 확인해 본다.
- 합성어를 활용해 문장을 만들어 본다.

엄마의 어휘사전

* **강도짓** | 폭력을 쓰거나 협박을 하여 남의 재산을 빼앗는 행위

　강도짓은 **강도+짓**이에요. 여기서 '강도'는 폭행이나 협박을 하여 남의 재물을 빼앗는 도둑이나 그 행위를 말해요. '짓'은 주로 좋지 않은 행동을 이르지요. 그래서 강도짓은 **강도 행위라는 뜻으로, 그것이 매우 나쁜 행동이라는 걸 강조**하는 의미랍니다. '강도질'이라고도 해요.

　　　　　　　　　　　＊난생 처음 해본 **강도짓**이었으니 – 『먹는 여우』

* **단잠** | 편하고 깊이 달게 자는 잠

　단잠은 **달(다)+ㄴ+잠**이에요. 여기서 '달다'는 맛이 달다는 뜻이 아니라, 아주 만족스러워 기분이 좋다는 뜻이에요. 그래서 **단잠은 달게 자는 잠, 즉 만족스럽게 깊이 자는 잠, 곤하게 자는 잠**이라는 뜻이 되지요.

　　　　　　　　　　　＊시끄러운 소리로 **단잠**을 깨우다니! – 『아씨방 일곱 동무』

* **동트다** | 해가 뜨면서 동쪽 하늘이 훤하게 밝아 오다

　동트다는 **동+트다**예요. 여기서 '동'은 동쪽 하늘을 뜻하고, '트다'는 아침이 되어 해가 비치면서 하늘이 훤해지는 걸 뜻해요. 그래서 **동트다는 아침이 되어 동쪽 하늘이 훤하게 밝아 오다**는 뜻이 되지요.

　　　　　　　　　　　＊아침 일찍 **동트기** 전에 – 『깃털 없는 기러기 보르카』

* **만두소** | 만두를 만들 때 만두피 속에 넣는 여러 가지 재료

　만두소는 **만두+소**예요. 여기서 '소'는 송편이나 만두를 만들 때 맛을 내기 위

해 안에 넣는 여러 가지 재료를 뜻해요. 이를 얇고 동그랗게 반죽한 피 속에 넣는 거지요. 그래서 **만두소는 만두를 만들 때 만두피 속에 넣는 재료**라는 뜻이 된답니다.

***만두소**를 몽땅 쏟아 넣었습니다. – 『손 큰 할머니의 만두 만들기』

* **만두피** | 만두의 거죽으로, 밀가루 반죽을 얇고 둥글넓적하게 만든 것

만두소는 **만두+피**예요. 여기서 '피'는 한자로 가죽 '피(皮)'예요. 물건을 담거나 싸는 것을 통틀어 이르는 말이지요. 그래서 **만두피는 만두소를 싸는 만두의 거죽**을 일컫는 말이 되는데, 보통 밀가루 반죽을 얇고 둥글넓적하게 해서 만들지요.

***만두피**도 많이 만들어야겠지? – 『손 큰 할머니의 만두 만들기』

* **말참견** | 다른 사람이 말하는 중에 끼어들어 말하는 짓

말참견은 **말+참견**이에요. 여기서 '참견'은 추상어에서 설명했듯이 자기와 별 상관이 없는데도 끼어들어 아는 체하거나 간섭하는 것을 뜻해요. 따라서 **말참견이란 말에 참견한다, 즉 다른 사람이 말하는 중에 끼어들어 아는 척하며 말하는 짓**을 뜻해요.

*나도 **말참견** 좀 해볼까나! – 『아씨방 일곱 동무』

* **명주옷** | 명주 옷감으로 지은 옷

명주옷은 **명주+옷**이에요. 여기서 '명주'는 명주실로 짠 옷감이에요. 명주실은 누에고치에서 뽑은 실이지요. 그래서 **명주옷은 명주실로 짠 옷감으로 지은 옷**

이라는 뜻이 된답니다. 명주옷은 광택이 우아하고 촉감이 부드러워요.

***명주옷**을 입고 싶은데 - 『설문대할망』

* **반짇고리** | 바느질 도구를 담는 그릇

반짇고리는 **바느질+고리**예요. 여기서 '바느질'은 바늘에 실을 꿰어 옷을 짓거나 꿰매는 일을 말하고, '고리'는 버들가지 등을 엮어 만든 상자를 일컬어요. 그런데 '바느질'이 '반짇'이라는 글자로 바뀐 이유는 사람들이 '바느질고리'라고 발음하기 어려워 '바느짇고리'라고 말하다가 '바느'까지 합쳐 발음하게 되었기 때문이에요. **반짇고리는 바느질을 할 때 사용하는 도구, 즉 바늘, 실, 골무, 가위, 자 등을 넣는 상자**를 뜻해요.

***반짇고리**에 아무렇게나 쑤셔 넣고는 - 『아씨방 일곱 동무』

* **밤낮** | 항상, 늘

밤낮은 **밤+낮**이에요. 그런데 그 뜻은 단순히 밤과 낮이 아니랍니다. **밤낮은 밤과 낮을 가리지 않고 항상, 늘**이라는 뜻이에요.

***밤낮** 시중드는 건 - 『아씨방 일곱 동무』

* **밭둑** | 밭의 경계가 되고 사람이 걸어 다닐 수 있도록 한 둑

밭둑은 **밭+둑**이에요. **밭을 둘러싼 둑**이라는 뜻이지요. 밭둑은 밭보다 약간 높이 올라와 있어서 밭의 경계가 되고 사람이 그 위로 걸어 다닐 수도 있어요.

*돌이는 **밭둑**에서 발만 동동 구릅니다. - 『심심해서 그랬어』

209
우리아이 첫 공부 어휘사전

* **밭매기** | 밭에 난 잡풀을 매는 일

밭매기는 **밭+매기**예요. 여기서 '매기'는 '매다'에서 나온 말인데, 논밭의 잡풀을 뽑아 없앤다는 뜻이에요. 그렇다면 **밭매기란 밭에 난 잡풀을 뽑아 없애는 일**이라는 뜻이 되지요.

*나랑 **밭매기** 내기하자. - 『팥죽 할머니와 호랑이』

* **뱃삯** | 배를 타거나 배에 짐을 싣는 데 내는 돈

뱃삯은 **배+삯**이에요. 여기서 '삯'은 어떤 것을 이용한 대가로 주는 돈이에요. 그렇다면 **뱃삯은 배를 이용하고 주는 돈**이지요. 배를 타거나 짐을 싣는 데 내는 돈을 뜻해요.
삯은 일을 했을 때 보수로 주는 돈이나 물건을 뜻하기도 해요. '이번 일에는 삯을 제대로 지급해 주세요'와 같이 써요.

***뱃삯**만큼 일을 해야지. - 『깃털 없는 기러기 보르카』

* **베갯잇** | 베개의 겉을 덧싸는 천

베갯잇은 **베개+잇**이에요. 여기서 '잇'은 이부자리나 베개의 겉을 덧싸는 천을 뜻해요. 그래서 **베갯잇은 베개의 겉을 덧싸는 천**이지요.

*바지도 조끼도 양말도 홑이불도 **베갯잇**도 모두 - 『도깨비를 빨아 버린 우리 엄마』

* **별소리** | 생각지도 못했던 별난 말

별소리는 **별+소리**예요. 여기서 '별'은 보통과 다르다, 특별하다는 뜻이고, '소

리'는 말이라는 뜻이에요. 그래서 **별소리는 별난 말, 특별한 말**이라는 뜻이 되지요. 전혀 생각하거나 예상하지 못한 뜻밖의 말을 들었을 때 '별소리를 다하네'라고 한답니다.

*내 살다 살다 **별소리**를 다 듣겠군. -『지각대장 존』

* **불벼락** | 불을 뒤집어쓰는 일을 벼락에 빗대어 표현한 말

불벼락은 **불+벼락**이에요. 이 말은 **불을 벼락처럼 맞는다는 뜻이에요. 즉 불을 뒤집어쓰는 일**이지요. 이런 일이 진짜로 생기면 정말 뜨겁겠지요? 그래서 아주 호된 꾸중이나 심판을 표현할 때도 '불벼락을 내리다', '불벼락이 떨어지다' 등과 같이 사용해요.

그렇다면 비슷한 말로 '물벼락'은 무슨 뜻일까요? 갑자기 세차게 쏟아지는 물이라는 뜻이지요. 가게 옆을 지나갈 때 괜히 물벼락을 맞지 않도록 조심해야 해요.

*괴물들은 **불벼락**을 맞고는 -『해치와 괴물 사형제』

* **불씨** | 꺼지지 않고 불을 옮겨 붙일 수 있게 묻어 두는 작은 불덩이

불씨는 **불+씨**예요. 말 그대로 불의 씨라는 뜻이지요. 여기서 '씨'는 식물의 열매 속에 있는 바로 그 씨앗을 말해요. 씨앗을 묻으면 나무가 자라는 것처럼 불씨는 묻어 두었다가 불을 붙일 때 쓰지요. 이처럼 **불씨는 꺼지지 않고 불을 옮겨 붙일 수 있게 묻어 두는 작은 불덩이**를 뜻해요.

*부엌 아궁이에 **불씨**가 있으니 -『팥죽 할머니와 호랑이』

＊ 세상모르다 | 깊이 잠들어 무슨 일이 일어나는지 알지 못하다

세상모르다는 **세상+모르다**예요. 말 그대로 하면 세상을 모른다는 뜻인데, **잠이 깊이 들어 무슨 일이 일어나는지 의식하지 못한다**는 의미지요.
또 세상 형편을 잘 몰라 자기 주변에서 일어나는 일상적인 일들을 모른다는 뜻도 있어요. 세상 물정이나 앞뒤 사정을 제대로 파악하지 못한다는 뜻이에요.

＊해치는 **세상모르고** 곯아떨어져 있었지. -『해치와 괴물 사형제』

＊ 소화불량 | 음식물이 제대로 소화되지 않은 상태

소화불량은 **소화+불량**이에요. 여기서 '소화'란 섭취한 음식물을 몸속에서 분해하여 흡수하기 좋게 바꾸는 작용을 말하고, '불량'이란 품질이나 기능이 좋지 못하다는 뜻이지요. 따라서 **소화불량은 음식물이 잘 소화되지 않은 상태**를 뜻해요. 과식을 하거나 상한 음식을 먹거나 피곤하면 소화불량에 걸릴 수 있어요. 그럼 배가 아프고 토하고 설사하기도 하지요. 아예 밥맛이 떨어지기도 한답니다.

＊마침내 **소화불량**까지 걸리고 말았어요. -『책 먹는 여우』

＊ 손놀림 | 손을 이리저리 움직이는 일

손놀림은 **손+놀림**이에요. 여기서 '놀림'은 남을 조롱한다는 뜻이 아니라 몸이나 도구를 쓰기 위해 이리저리 움직이는 것을 말해요. 따라서 **손놀림은 손을 움직이는 일**을 뜻한답니다.

＊선생님의 **손놀림**은 아주 조심스럽고 부드러워서 -『치과 의사 드소토 선생님』

＊ 손부리 | 손가락 끝

손부리는 **손+부리**예요. 여기서 '부리'는 본래 새의 주둥이를 일컫는데, 그 모양에 빗대어 어떤 물건의 뾰족한 끝부분을 뜻하기도 해요. 그래서 손부리는 손의 부리, 즉 **손가락의 끝부분**을 뜻해요.

＊아씨 **손부리** 다칠세라 –『아씨방 일곱 동무』

＊ 수평아리 | 수컷인 병아리

수평아리는 **수+병아리**예요. 여기서 '수'는 숫자를 말하는 게 아니라 동물의 수컷을 뜻한답니다. 따라서 **수평아리는 수컷 병아리**지요. 그런데 왜 '수평아리'라고 쓰는 걸까요? 그 이유는 옛날에는 '수'를 '숳'이라고 썼거든요. 그래서 '숳'의 'ㅎ'과 '병아리'의 'ㅂ'이 합쳐져 'ㅍ'으로 소리 나면서 표기도 수평아리라고 하게 되었어요. 수컷인 닭은 '수탉', 암컷인 닭은 '암탉', 암컷인 병아리는 '암평아리'라고 써요.

＊아주 튼튼해 보이는 **수평아리**였지. –『세상에서 제일 힘센 수탉』

＊ 예행연습 | 어떤 행사를 하기 전에 미리 그 순서에 맞게 그대로 해보는 연습

예행연습은 **예행+연습**이에요. 여기서 '예행'은 미리 하다, 즉 어떤 행사나 의식을 할 때 미리 그대로 해본다는 뜻이지요. 그래서 **예행연습은 행사를 하기에 앞서 미리 해보는 연습**이랍니다.

＊음악회 **예행연습**에 늦을지도 몰랐거든요. –『신기한 스쿨버스 키즈 6: 유령 박물관에서 열린 음악회』

* **온몸** | 몸 전체

온몸은 **온+몸**이에요. 여기서 '온'은 전체의 또는 모두의라는 뜻이에요. 그래서 **온몸은 몸 전체**를 일컫지요.

*　＊**온몸**에 힘이 쭉 빠지고 다리는 후들후들. -『틀려도 괜찮아』

* **외딴집** | 따로 떨어져 홀로 있는 집

외딴집은 **외딴+집**이에요. 여기서 '외딴'은 홀로 따로 떨어져 있다는 뜻이에요. 그래서 **외딴집은 따로 떨어져 홀로 있는 집**을 뜻해요.

*　＊마침 저 멀리 **외딴집**이 보여서 -『재주 많은 다섯 친구』

* **울상** | 울려는 얼굴 표정

울상은 **울(다)+상**이에요. 여기서 '상(相)'은 얼굴의 생김새, 표정 등을 뜻하는 한자예요. 그래서 **울상은 울려는 얼굴 표정**이라는 뜻이 되지요.

*　＊**울상**이 된 아씨는 구석구석 다시 뒤져 보았지만 -『아씨방 일곱 동무』

* **일거리** | 일할 거리

일거리는 **일+거리**예요. 여기서 '거리'는 어떤 일의 대상이나 소재, 물건 등을 뜻해요. 예를 들어 '그곳에 가면 놀거리가 많아'는 놀 만한 일이나 그네처럼 놀이에 이용할 수 있는 물건이 많다는 뜻이에요. 마찬가지로 **일거리는 일할 거리**를 뜻하지요. '청소, 설거지 등 해야 할 일거리가 많아'에서처럼 의무로서 꼭 해야 하는 일을 뜻하기도 하지만, 보통은 돈을 받고 하는 일을 뜻해요. 이 경우엔 '바느질 일거리가 있어요'와 같이 쓰여요.

*조세핀 아줌마는 나에게도 **일거리**를 주십니다 – 『엄마의 의자』

* **잠결** | 잠이 어렴풋이 들거나 깬 상태

잠결은 **잠+결**이에요. 여기서 '결'은 어떤 일을 하던 중에 생긴 잠깐의 짬을 뜻해요. 그래서 **잠결은 잠에서 어렴풋하게 깬 듯 만 듯하여 몽롱한 상태**를 일컫지요.

***잠결**에 놀라 퍼뜩 눈을 떴습니다. – 『고구려 나들이』

* **장대비** | 장대처럼 굵고 세차게 내리는 비

장대비는 **장대+비**예요. 여기서 '장대'는 대나무나 나무로 만들어진 아주 긴 막대기지요. 그렇다고 장대비가 막대기 비라는 뜻은 아니에요. **장대처럼 내리는 비라는 뜻으로, 굵고 세차게 쫙쫙 내리는 비**를 일컫지요.

*태풍이 불고 시원한 **장대비**가 쏟아져 – 『해치와 괴물 사형제』

* **장작불** | 불을 땔 때, 장작을 땔감으로 넣어 지피는 불

장작불은 **장작+불**이에요. 여기서 '장작'은 불을 땔 때 쓰기 위해 통나무를 길게 잘라서 쪼갠 나무예요. 불을 땐다는 건 땔감을 넣어서 불을 지피는 걸 말하지요. 그래서 **장작불은 장작을 땔감으로 사용하여 피우는 불**이라는 뜻이에요.

***장작불** 위에서 가마솥 안에서 – 『손 큰 할머니의 만두 만들기』

* **전속력** | 낼 수 있는 가장 빠른 속력

전속력은 **전+속력**이에요. 여기서 '전'은 전 국민이라고 할 때처럼 모든, 전체라는 뜻이에요. 그래서 **전속력은 모든 속력, 곧 낼 수 있는 최대의 속력**이라는 뜻이에요.

*천둥번개도깨비는 구름을 운전해서 **전속력**으로 빨래에 – 『도깨비를 빨아 버린 우리 엄마』

* **첫인상** | 사람이나 사물을 처음 대했을 때 느껴지는 인상

첫인상은 **첫+인상**이에요. 여기서 '첫'은 맨 처음이라는 뜻이고, '인상'은 어떤 대상을 보거나 들었을 때 마음에 남는 느낌이지요. 그래서 **첫인상은 사람이나 사물을 처음 대했을 때 느껴지는 인상**이라는 뜻이 돼요. 외모뿐만이 아니라 복장, 말투, 걸음걸이, 손짓 등이 첫인상에 영향을 줘요.

*이모부의 **첫인상**은 별로 마음에 들지 않았어요. – 『이모의 결혼식』

* **촌사람** | 촌에 사는 사람

촌사람은 **촌+사람**이에요. 여기서 '촌'은 도시에서 떨어진 시골이에요. 그래서 **촌사람은 촌에 사는 사람**을 뜻하지요.

*무식한 **촌사람**들이라도 – 『양초 귀신』

* **출입** | 어떤 건물이나 경계 지은 곳 안으로 드나듦

출입은 **출+입**이에요. 둘 다 한자인데 나갈 '출(出)'과 들어갈 '입(入)'이 합해져 만들어진 말이지요. 그래서 **출입은 어떤 건물이나 경계 지은 곳 안으로 드나**

드는 것을 뜻한답니다.

*오늘부터 당신은 **출입** 금지예요! - 『책 먹는 여우』

* **치켜들다** | 위로 올려 들다

치켜들다는 **치키(다)+어+들다**예요. 여기서 '치키다'는 물건이나 사람을 위로 끌어올린다는 뜻이에요. 그래서 **치켜들다는 위쪽으로 올려 들다**는 뜻이지요.

*번개처럼 달려들어 책을 휙의 **치켜들었습니다**. - 『아름다운 책』

* **하루아침** | 아주 짧은 시간

하루아침은 **하루+아침**이에요. 말 그대로 하면 하루의 아침인데, 그만큼 **아주 짧은 시간**을 뜻하지요.

***하루아침**에 다 하겠다. - 『손 큰 할머니의 만두 만들기』

* **한창때** | 의욕이나 활동력이 가장 왕성하고 활발한 때

한창때는 **한창+때**예요. 여기서 **한창**은 가장 왕성하고 활기가 있는 때라는 뜻이에요. 한창때도 그와 같은 뜻이랍니다.

*물론 당신 **한창때**보다야 못하지만요. - 『세상에서 제일 힘센 수탉』

글자 하나로 의미가 달라진다!
파생어

접사가 붙어서 이루어진 말을 파생어라고 합니다. 파생어를 이해하려면 접사가 무엇인지 알아야 합니다. 접사는 어근에 붙어서 그 뜻을 제한하는 말입니다. 홀로 쓰이지 못하기 때문에 품사에 포함되지 않지요. 그래서 접사만으로는 단어를 이룰 수 없습니다. 반드시 뜻을 가진 어근과 함께해야 제 기능을 다할 수 있습니다.

접사가 어근의 어디에 붙느냐에 따라 접두사와 접미사로 나뉘는데 접두사는 어근 앞에 붙고, 접미사는 어근 뒤에 붙지요. 예를 들어 볼까요?

◆ 접두사

- 날 – : 날고기, 날김치, 날것 ⇨ 익히지 않은
- 햇 – : 햇과일, 햇감자, 햇병아리 ⇨ 그 해에 처음 나온, 얼마 되지 않은
- 풋 – : 풋가지, 풋사과, 풋사랑 ⇨ 처음 나온, 덜 익은, 미숙한
- 뒤 – : 뒤섞다, 뒤집다, 뒤엎다 ⇨ 몹시, 마구, 반대로

◆ 접미사

- – 장이 : 대장장이, 옹기장이, 양복장이 ⇨ 그것과 관련된 기술을 가진 사람
- – 님 : 사장님, 따님, 달님 ⇨ 대상을 높여 부름
- – 뜨리다 : 깨뜨리다, 넘어뜨리다 ⇨ 그 행동을 강조

- –가 : 작곡가, 건축가, 외교가 　　⇨ 그것을 전문적으로 하는 사람, 그것에 능한 사람

파생어를 가르칠 때는 먼저 어근과 접사를 분리해야 합니다. 그다음 중심 뜻이 되는 어근의 의미와 그 뜻을 제한하는 접사의 의미를 말해 줍니다. 나아가 그 접사가 활용된 다른 단어도 알려 주세요. 그 접사가 단어에 어떤 느낌을 주는지 느낄 수 있도록 말이지요. 그럼 나중에 처음 보는 파생어라도 그 의미를 대강 추론할 수 있습니다.

쏙쏙 지도포인트

- 파생어를 어근과 접사로 분리한다.
- 어근의 뜻과 접사의 뜻을 각각 파악하도록 한 뒤 전체 뜻을 알려 준다.
- 그 접사가 붙은 다른 파생어를 더 알려 준다.
- 파생어를 활용해 문장을 만들어 본다.

엄마의 어휘사전

* **곁눈질** | 곁눈으로 재빨리 슬쩍 쳐다보는 일

곁눈질은 **곁눈+-질**이에요. 여기서 '곁눈'은 얼굴은 돌리지 않고 눈알만 옆으로 굴려서 힐끔 보는 눈이에요. 그리고 '-질'은 어떤 도구를 가지고 하는 일이나 특정한 신체 부위를 이용하여 하는 행위라는 뜻을 더하는 접미사예요. 그래서 **곁눈질은 곁눈으로 보는 행위**인 거지요. 한편 '다림질'은 다리미로 옷을 다리는 일이고, '톱질'은 톱으로 나무 등을 자르는 일을 뜻한답니다.

＊흙덩이가 **곁눈질**로 흘끔 쳐다보고 - 『강아지똥』

* **고깃간** | 소고기나 돼지고기 등의 고기를 끊어 파는 가게

고깃간은 **고기+-간**이에요. 여기서 '-간'은 무엇이 있는 곳, 무엇으로 쓰이는 곳이라는 뜻을 더하는 접미사예요. 그래서 **고깃간은 고기가 있는 곳, 즉 소고기나 돼지고기 등의 고기를 끊어 파는 가게**를 일컫고, '외양간'은 소나 말을 기르는 곳을 일컫지요. 외양이라는 말은 소나 말을 보살펴 기른다는 뜻이에요.

＊그다음엔 **고깃간**에 갔어요. - 『코끼리와 버릇없는 아기』

* **급정거** | 차가 갑자기 멈춤

급정거는 **급-+정거**예요. 여기서 '정거'는 가던 차가 멈추어 서는 것을 뜻해요. 그리고 '급-'은 갑작스러운 또는 정도가 매우 심한의 뜻을 더하는 접두사예요. 그래서 **급정거는 갑작스럽게 차가 멈추는 것**을 뜻하지요. 한편 '급경사'는 매우 크게 기울어진 경사를 뜻한답니다.

＊큰 길에서 **급정거**하는 자전거 소리가 - 『순이와 어린 동생』

*** 말썽쟁이** | 자주 말썽을 일으키는 사람을 얕잡아 이르는 말

말썽쟁이는 **말썽+-쟁이**예요. 여기서 '-쟁이'는 사람의 행동이나 성질 등을 나타내는 말 뒤에 붙어 그것을 특성으로 하는 사람이라는 뜻을 더하는 접미사예요. 그런데 종종 그 특성을 그리 좋게 여기지 않고 얕잡아 보는 듯한 느낌을 주어요. 그래서 **말썽쟁이는 자주 말썽을 일으키는 사람**을 뜻하고, '상투쟁이'는 상투를 튼 사람을 뜻하는데, 둘 다 그러한 사람을 얕잡아 이르는 말이지요.

＊교실은 엉망이 되고 우리는 **말썽쟁이**가 돼. -『민들레 사자 댄디라이언』

＊ 맨발 | 신발이나 양말 등 아무것도 신지 않은 발

맨발은 **맨-+발**이에요. 여기서 '맨-'은 다른 것을 섞거나 더하지 않은, 다른 것이 없다는 뜻을 더하는 접두사예요. 그래서 **맨발은 아무것도 신지 않은 발**을 뜻하고, '맨손'은 아무것도 끼거나 감지 않은 손, 가진 것이 없는 것을 뜻하지요.

＊영이가 울면서 **맨발**로 걸어 나왔습니다. -『순이와 어린 동생』

＊ 먹보 | 음식을 많이 잘 먹는 사람을 놀리듯 이르는 말

먹보는 **먹(다)+-보**예요. 여기서 '-보'는 앞말을 특성으로 지닌 사람이라는 뜻을 더해 주는 접미사예요. 그런데 그 특성을 인정하고 칭찬하는 느낌이 아니라 약간 놀리는 듯한 느낌을 지니고 있어요. 그래서 **먹보는 먹는 것이 특성인 사람, 곧 음식을 많이 잘 먹는 사람을 놀리듯 이르는 말**이지요. 또 다른 예로 느림보는 행동이 느리거나 게으른 이를 뜻한답니다.

＊**먹보** 생쥐와 팔짝팔짝 개구리 -『장갑』

* **몸집** | 몸의 크기나 부피

몸집은 **몸+-집**이에요. 여기서 '-집'은 크기 또는 부피라는 뜻을 더하는 접미사예요. 그래서 **몸집은 몸의 크기나 부피**를 뜻한답니다. '살집'은 살이 붙어 있는 정도를 뜻해요.

＊**몸집**이 어마어마하게 큰 할머니였어요. -『설문대할망』

* **베개** | 잠을 자거나 누울 때 머리에 받치는 물건

베개는 **베(다)+-개**예요. 여기서 '-개'는 그 일을 하는 간단한 도구라는 뜻을 더하는 접미사예요. 그래서 **베개는 잠을 자거나 누울 때 머리를 벨 수 있는 물건**을 뜻하지요. 즉 머리 아래에 받치는 물건이에요. 구멍을 막는 '마개', 뚜껑을 뜻하는 '덮개' 등의 말이 있어요.

＊자기 전에 **베개** 밑에 조금만 뿌리고 -『까마귀의 소원』

* **새침데기** | 새침한 성격을 지닌 사람을 이르는 말

새침데기는 **새침+-데기**예요. 여기서 '-데기'는 앞말과 관련된 일을 하거나 그런 성질이나 특징을 지닌 사람이라는 뜻을 더하는 접미사예요. 그래서 **새침데기는 새침한 성격을 지닌 사람**을 뜻하지요. '부엌데기'는 부엌일을 맡아서 하는 사람을 일컬어요.

＊그러자 앉아서 듣고만 있던 **새침데기** 바늘 각시 -『아씨방 일곱 동무』

* **새하얗다** | 매우 하얗다

새하얗다는 **새-+하얗다**예요. 여기서 '새-'는 색깔을 나타내는 형용사 앞에 붙어 매우의 뜻을 더하는 접두사예요. 그래서 **새하얗다는 매우 하얗다**는 뜻이지요. 만약 매우 까맣다는 뜻의 단어를 만들고 싶다면 '새까맣다'라고 하면 돼요.

* 목욕통은 눈이 부실 만큼 **새하얬어요**. -『마녀 위니』

* **엿듣다** | 누가 하는 말을 몰래 가만히 듣다

엿듣다는 **엿-+듣다**예요. 여기서 '엿-'은 몰래 하다는 뜻을 더하는 접미사예요. 그래서 **엿듣다는 누가 하는 말을 그 사람이 모르게 몰래 듣는 것**을 뜻하지요. 그럼 몰래 본다는 말은 '엿보다'가 되지요.

* 나무 뒤에 숨어서 이야기를 **엿들었습니다**. -『뒤죽박죽 잔치』

* **일꾼** | 돈을 받고 남의 일을 하는 사람, 또는 익숙하게 일을 잘 처리하는 사람

일꾼은 **일+-꾼**이에요. 여기서 '-꾼'은 직업이나 전문적인 행위 뒤에 붙어 그러한 일을 하는 사람이라는 뜻을 더하는 접미사예요. 그래서 **일꾼은 일을 익숙하게 제대로 잘하는 사람**을 뜻해요. 또 돈을 받고 남의 일을 하는 사람이라는 뜻도 있어요. '짐꾼'은 짐을 지어 나르는 사람이고, '장사꾼'은 장사를 하는 사람을 뜻해요.

* 나만한 **일꾼** 없으니 -『아씨방 일곱 동무』

* **잔말** | 쓸데없이 자질구레하게 늘어놓는 말

　　잔말은 **잔-+말**이에요. 여기서 '잔-'은 자질구레하다는 뜻을 더하는 접두사예요. 자질구레하다는 건 시시하고 보잘것없다는 뜻이지요. 그래서 **잔말은 쓸데없이 자질구레하게 늘어놓는 말**을 뜻해요. 비슷한 뜻으로 '잔소리'가 있어요.

　　　　　　　　　　　　　＊**잔말** 말고 어서들 먹게. - 『양초 귀신』

* **잡풀** | 가꾸지 않아도 저절로 자라나 농작물 등에 피해를 주는 여러 가지 풀

　　잡풀은 **잡-+풀**이에요. 여기서 '잡-'은 이것저것 뒤섞이다, 자질구레하다는 뜻을 더하는 접두사예요. 그래서 잡풀은 이것저것 뒤섞인 자질구레한 풀을 뜻해요. **보통은 농작물 등에 피해를 주는 풀**들을 가리킬 때 쓰지요. 여러 가지가 섞여 있는 잡스러운 물건은 '잡것'이라고 해요.

　　　　　　　　　　　　　＊친구들이 나보고 **잡풀** 같대요. - 『민들레 사자 댄디라이언』

* **장독간께** | 장독간 근처

　　장독간께는 **장독간+-께**예요. 여기서 '-께'는 어떤 시간이나 공간을 나타내는 말 뒤에 붙어 그때 또는 그 장소 근처라는 뜻을 더하는 접미사예요. 그리고 '장독간'은 장독을 놓아두는 곳이지요. 그래서 **장독간께는 장독간 근처**라는 뜻이 된답니다.

　　　　　　　　　　　　　＊푸드득 날아 닭은 **장독간께**로 달아납니다. - 『고양이』

* **초록색투성이** | 온통 초록색을 뒤집어쓴 상태

초록색투성이는 **초록색+-투성이**예요. 여기서 '-투성이'는 앞의 말에 붙어 온통 뒤집어쓰거나 매우 많이 가지고 있는 상태라는 뜻을 더하는 접미사예요. 예를 들어 '먼지투성이'는 온통 먼지를 뒤집어쓴 상태를 뜻하고, '주근깨투성이'는 주근깨가 매우 많이 있는 상태를 뜻하지요. 그렇다면 **초록색투성이는 초록색을 뒤집어쓴 상태**라는 뜻이겠지요.

　　　　　　　　　　　＊온통 **초록색투성이**잖아. -「난 토마토 절대 안 먹어」

* **치솟다** | 위로 힘차게 솟다

치솟다는 **치-+솟다**예요. 여기서 '치-'는 아래에서 위로라는 뜻을 더하는 접미사예요. 그래서 **치솟다는 위로 힘차게 솟다**는 뜻이 되지요. 또 감정이나 생각이 북받쳐 오르다, 물건 값 등이 갑자기 많이 오르다는 뜻도 있답니다. '화가 머리끝까지 치솟았다', '아파트값이 치솟았다' 등과 같이 사용할 수 있어요. 비슷한 말로 '치밀다'가 있어요.

　　　　　　　　　　　＊불길이 하늘 높이 **치솟았고요**. -「엄마의 의자」

* **한시름** | 큰 시름

한시름은 **한-+시름**이에요. 여기서 '한-'은 크다는 뜻을 더하는 접미사예요. '시름'은 마음속에 풀리지 않고 남아 있는 근심과 걱정을 뜻하지요. 그래서 **한시름은 큰 시름**이랍니다. 한-에는 정확하다는 뜻도 있어요. 예를 들어 '한가운데', '한복판' 등의 말이 있지요. 한복판은 어떤 물건이나 공간의 한가운데를 뜻하고, 한가운데는 가운데 중에서도 가장 중심이 되는 지점을 뜻해요.

　　　　　　　　　　　＊카밀라는 **한시름** 놓았어. -「줄무늬가 생겼어요」

* **홑이불** | 한 겹으로 된 이불

홑이불은 **홑-+이불**이에요. 여기서 '홑-'은 하나인, 한 겹으로 된의 뜻을 더하는 접두사예요. 그래서 홑이불은 **여러 겹이 아닌 한 겹으로 된 이불**이지요.

＊바지도 조끼도 양말도 **홑이불**도 베갯잇도 모두 –『도깨비를 빨아 버린 우리 엄마』

겉뜻과 속뜻이 다르다!
관용어, 속담

두 개 이상의 낱말이 모여 특수한 뜻을 나타내는 표현들이 있습니다. 관용 표현이라고 하는데, 대표적으로 속담, 명언, 관용어가 있습니다. 관용 표현은 관습적으로 오랫동안 써온 말로서, 우리 조상들의 문화와 지혜가 담겨 있습니다. 그래서 관용 표현을 사용하면 상황을 아주 간단히 표현할 수 있고, 여러 상황을 재미있고 인상적으로 드러낼 수 있습니다. 하지만 다른 언어 문화권의 사람들은 그 의미를 잘 이해하지 못합니다.

속담은 오랜 생활 체험에서 얻은 생각과 교훈을 문장의 형태로 간결하게 나타낸 것입니다. 비유적인 표현이 많이 사용되어 있고, 풍자적이거나 교훈적인 내용이 많지요. 우리 조상들은 주로 농사를 짓고 대가족이 함께 모여 살았으며 공동체를 중요하게 생각했기 때문에 이와 관련된 속담들이 많은 편입니다. "낫 놓고 기역 자도 모른다", "가지 많은 나무 바람 잘 날 없다", "먼 친척보다 가까운 이웃이 낫다" 등 아주 많습니다.

명언은 이치에 맞고 표현이 훌륭하여 널리 쓰이는 말입니다. 유명한 사건과 관계있거나 유명한 사람이 한 말이 많고 대개 교훈적입니다. 철학자 베이컨이 말한 "아는 것이 힘이다", 『갈매기의 꿈』에 나온 "가장 높이 나는 새가 가장 멀리 본다" 등이 그 예지요.

관용어는 두 개 이상의 낱말이 모여 특별한 의미로 쓰이는 말입니다. 물론 글자 그대로의 의미로도 사용됩니다. 예를 들어 '손을 씻다'는 물로 손을 씻다라는 뜻도 있지만, 하던 일을 그만두다라는 뜻도 있습니다. 우리말 관용어에는 신체 기관과 관련한 말이 많습니다. '앉으나 서나(항상, 늘)', '엉덩이가 무겁다(한 번 앉으면 좀처럼 움직이지 않고 진득하니 가만히 있다.)', '간이 콩알만 해지다(매우 놀라다)' 등 다양하지요.

그런데 아이들은 관용 표현을 잘 이해하지 못합니다. 위에서 설명했다시피 각 낱말의 뜻과는 다른 특수한 뜻을 갖기 때문입니다. 그래서 생활 속에서 자주 듣고 써보는 것이 중요합니다. 책을 읽다가 관용 표현이 나오면 형광펜으로 밑줄을 그어 눈으로 확인한 다음 문맥을 통해 관용적 의미를 추론해 보게 합니다. 그리고 관용 표현이 사용되는 다양한 상황을 예를 들어 얘기해 주면 좋습니다.

쏙쏙 지도포인트

- 관용적 표현이 나오면 눈으로 확인할 수 있도록 표시한다.
- 문맥을 통해 관용 표현의 의미를 추론해 보도록 한다.
- 관용 표현의 의미를 말해 주고 사용되는 상황을 다양하게 말해 준다.

엄마의 어휘사전

* **구슬이 서 말이라도 꿰어야 보배(라)** | 아무리 훌륭하고 좋은 것이라도 다듬고 정리하여 쓸모 있게 만들어 놓아야 값어치가 있다는 뜻

아무리 예쁜 구슬이라 해도 그 자체만으로는 그리 큰 값어치가 없어요. 꿰어서 목걸이를 만들거나 어디 붙여서 물건을 장식해야 비로소 가치가 생기지요. 여기서 구슬이 서 말이라도 꿰어야 보배라는 속담이 나왔답니다. 이 속담은 **아무리 훌륭하고 좋은 것이라도 다듬고 정리하여 쓸모 있게 만들어 놓아야 값어치가 있다**는 뜻이에요. 예를 들어 책을 아무리 많이 읽었다고 해도 내용을 깊이 이해하지 못하면 구슬을 못 꿴 거나 다름없답니다.

*<u>구슬이 서 말이라도 꿰어야 보배!</u> 내가 이 솔 저 솔을 – 『아씨방 일곱 동무』

* **군침을 흘리다** | 음식을 보고 먹고 싶어서 입맛을 다시다

맛있는 음식을 보면 우리 몸에서 어떤 반응이 나타나나요? 입 안에 침이 고이면서 저도 모르게 그 음식을 먹는 것처럼 입을 쩝쩝거리게 될 거예요. 이를 군침을 흘리다라고 해요. 여기서 군침은 입 안에 도는 침이에요. 얼마나 음식이 먹고 싶으면 침을 다 흘릴까요. 그래서 **군침을 흘리다는 음식을 보고 먹고 싶어서 입맛을 다시다**는 뜻이 되지요.
이 말은 돈이나 값비싼 물건을 보고 탐낸다는 뜻으로 쓰이기도 해요. 이 경우 '군침을 삼킬 만큼 비싼 반지'와 같이 쓰이지요.

*<u>군침을 흘리며</u> 아기 안킬로사우루스를 꿀꺽 – 『고 녀석 맛있겠다』

* **귀신이 되다** | 어떤 일을 매우 능숙하게 잘하다

무슨 일이든 처음 할 때는 서투르지만 계속 하다 보면 점점 잘하게 돼요. 이를

귀신이 되다라고 해요. 옛날 사람들은 귀신이 사람보다 뛰어난 능력을 지녔다고 믿었어요. 그래서 어떤 일에 뛰어난 재주가 있는 사람을 귀신이라고 불렀지요. 그래서 **귀신이 되다는 죽어서 귀신이 되었다는 뜻이 아니라 그 일을 매우 능숙하게 잘한다**는 뜻이에요. 예를 들어 만두 빚기를 할 때 처음에는 소를 넣는 것도, 모양을 만드는 것도 서툴러요. 하지만 계속 하다 보면 일일이 양을 재거나 모양을 신경 쓰지 않아도 잘하게 되지요. 이럴 때 만두 빚는 일에 귀신이 되었다고 해요.

　　　＊먹어 보지도 못하고 만두 **귀신 되겠다**. -『손 큰 할머니의 만두 만들기』

＊ 꼬리가 길다 | 못된 짓을 계속하다

꼬리는 본래 동물의 꽁무니나 몸뚱이 끝에 붙어 나와 있는 부분이에요. 그런데 종종 사람이 어떤 일이나 행동을 한 흔적을 뜻하기도 해요. 여기서 꼬리가 길다는 말이 나왔어요. **꼬리가 길다는 어떤 행동을 오래 계속해서 흔적을 남기다**는 뜻이지요. 특히 못된 짓을 오래했을 때 이 표현을 쓴답니다. 예를 들어 엄마가 먹지 말라는 사탕을 여러 번 계속 먹는 경우지요. 처음 몇 번은 엄마가 모를 수 있지만, 사탕 봉지가 남거나 사탕 개수가 줄어드는 등 사탕을 먹은 흔적이 남기 때문에 결국 들키고 말아요. 그래서 꼬리가 길면 잡힌다고 하는 거지요. 이 말은 방문을 닫지 않고 드나든다는 뜻도 있어요. '누가 꼬리 길게 문을 안 닫았니?'와 같이 쓰여요.

　　　＊**꼬리가 길면** 잡히는 법 -『책 먹는 여우』

＊ 넋을 잃다 | 어떤 물건이나 장면을 보는 데 열중하여 다른 생각이나 관심이 없다

불꽃놀이같이 아주 환상적이고 멋진 장면을 본 사람들은 너무 놀라워 할 말을 잃은 표정을 해요. 이를 넋을 잃다고 표현해요. 여기서 넋이란 인간의 모든 활동을 관리하고 다스리는 영혼 같은 거예요. 그러니까 **넋을 잃다는 한 가지에 너무 열중하다 보니 마치 영혼이 빠져나간 것처럼 다른 데는 전혀 관심이 없다**는 뜻이 되지요.

한편 이 말은 큰 충격을 받아 제정신을 잃고 멍한 상태가 되다라는 뜻도 있어요. '할머니의 죽음 앞에 넋을 잃었다'와 같이 쓰여요.

*둘은 <u>넋을 잃고</u> 쳐다보았습니다. – 『아름다운 책』

* 눈 깜짝할 사이 | 아주 짧은 동안

깜짝은 눈을 조금 세게 감았다가 바로 뜨는 모양을 나타내는 말이에요. 그럼 실제로 눈을 한 번 깜짝해 보세요. 시간이 얼마정도 걸리나요? 아마 0.1초도 안 걸릴 거예요. 그만큼 **눈 깜짝할 사이는 아주 짧은 시간**을 뜻한답니다. '순식간'과 같은 말이지요.

*<u>눈 깜짝할 사이</u>에 나무를 다 베었습니다. – 『재주 많은 다섯 친구』

* 말을 못하다 | 어떤 대상이나 상황이 무척 심하여 말로는 차마 설명할 수 없다

몸이 너무 아프거나 마음의 상처를 크게 받으면 누가 아무리 뭐라고 물어봐도 말이 제대로 안 나와요. 여기서 말을 못하다라는 말이 나왔어요. **말을 못하다는 어떤 대상이나 상황이 무척 심하여 말로는 차마 설명할 수 없다**는 뜻이에요. '매우, 몹시, 아주, 심하게' 등과 비슷한 뜻이랍니다.

*롤라는 <u>말도 못하게</u> 까다롭거든요. – 『난 토마토 절대 안 먹어』

* **방방곡곡** | 한 군데도 빠짐없는 모든 곳

방방곡곡은 한자어예요. '방(坊)'은 동네라는 뜻이고, '곡(曲)'은 굽다라는 뜻이지요. 그래서 방방(坊坊)은 이 동네, 저 동네가 되고, 곡곡(曲曲)은 산이나 강, 길이 여러 번 휘어져 굽이굽이 있다는 뜻이 된답니다. **방방곡곡은 한자어를 그대로 풀이하면 이 동네, 저 동네, 굽이굽이 이어진 길을 뜻하는 거지요. 이는 곧, 전국 각지 한 군데도 빠짐 없는 모든 곳**을 뜻한답니다.

***방방곡곡**에서 아이들이 꽃씨를 받으러 벌떼처럼 – 『빈 화분』

* **사시사철** | 사계절 내내

사시사철은 한자어예요. '사시(四時)'는 봄, 여름, 가을, 겨울의 사계절을 말하고, '사철'은 사절(四節)에서 온 말로 역시 사계절을 뜻한답니다. 그래서 **사시사철 역시 봄, 여름, 가을, 겨울, 사계절 내내**라는 뜻이 돼요.

*일 년 내내 **사시사철** 냉장고에 꽉꽉 담아 – 『손 큰 할머니의 만두 만들기』

* **숨을 죽이다** | 숨소리가 들리지 않게 조용하다

친구들과 술래잡기를 하는데 술래인 친구가 내가 숨은 곳 근처에 왔어요. 몸을 조금이라도 움직이거나 숨을 내쉬면 금방 소리가 들려 들킬지도 몰라요. 이런 긴장된 상황에서는 숨소리조차 내지 않고 아주 조용해야 해요. 이런 경우에 숨을 죽이다라고 해요. **숨을 죽이다는 숨소리가 들리지 않게 아주 조용히 하다**는 뜻이에요. 보통 붙여서 숨죽이다라고 쓰지요.
이 말은 '소금물로 배추의 숨을 죽이다'와 같이 배추 등의 이파리 채소의 빳빳함을 없어지게 한다는 뜻도 있어요.

*까마귀는 **숨을 죽이고** 어둑해진 초원을 둘러보았어요. – 『까마귀의 소원』

* 손이 크다 | 씀씀이가 후하다

명절이나 생일 때 음식을 푸짐하게 차리거나 다른 사람에게 무언가를 줄 때 많이 주는 사람들이 있어요. 이런 경우에 손이 크다고 해요. **손이 크다는 우리 몸 중 손의 크기가 크다는 뜻이 아니라 씀씀이가 후하다**는 뜻이에요. 돈이나 물건을 쓸 때 통이 크고 너그럽다는 뜻이랍니다.

*할머니 **손 큰** 것은 알아주어야 한다니까. -『손 큰 할머니의 만두 만들기』

* 신경을 쓰다 | 작은 일에까지 꼼꼼하게 주의를 기울이다

신경은 본래 신경 세포가 모인 조직을 말해요. 우리 몸의 각 부분과 뇌 사이를 연결해 정보를 주고받는 구실을 하지요. 예를 들어 눈으로 사과를 보면 신경을 통해 그 정보가 뇌로 전달돼요. 그럼 뇌에서는 그것이 무엇인지 판단을 하고 어떻게 행동할지 명령을 내리지요. 그럼 이번엔 신경이 뇌의 명령을 받아 우리 몸으로 전달해요.

신경은 또 '어떤 일에 대한 생각이나 느낌'이라는 뜻도 있어요. 여기서 신경을 쓰다는 말이 나왔답니다. **신경을 쓰다는 아주 작은 일에까지 세심하게 주의를 기울인다**는 뜻이에요. 예를 들어 누가 무심코 한 말도 그냥 지나치지 않고 왜 그런 말을 했는지, 그 말의 뜻은 무엇인지 생각하고 또 생각하는 거지요.

*자기를 어떻게 생각하는지 언제나 **신경을 썼어**. -『줄무늬가 생겼어요』

* 정신을 차리다 | 사리를 분별하게 되다

게임에 빠져 본 적 있나요? 심한 경우 밥을 먹을 때도 잠을 잘 때도 텔레비전을 볼 때도 게임 생각이 나요. 결국 못 참고 게임을 하게 되면 해야 할 일도 못하고 친구와의 약속도 잊어버리지요. 이때 얼른 정신을 차려야 해요. **정신을**

차리다는 옳고 그름, 이로움과 해로움 등을 제대로 따질 수 있는 마음이 된다는 뜻이에요. 그렇지 않고 게임 등에 빠져 있으면 제대로 된 판단을 할 수 없지요. 이건 정신을 못 차린 거랍니다. '오늘은 정신을 차리고 약을 먹었다'와 같이 잃었던 의식을 되찾다는 뜻도 있어요.

＊그냥 뽀뽀를 하려고 했던 거예요! <u>정신을 차렸죠</u>! – 『이모의 결혼식』

＊ 코웃음 치다 | 무엇을 깔보고 비웃다

국가 대표 수영 선수에게 이제 막 1학년이 된 꼬마 아이가 대결을 신청했어요. 누가 보아도 황당한 대결이지요. 당연히 국가 대표 선수가 이길 테니까요. 이때 국가 대표 선수가 꼬마를 보면서 피식 코웃음을 쳐요. 1학년이 도전을 한다는 게 웃기고 어이없기 때문이에요. 코웃음은 말 그대로 코로 웃는 웃음이에요. 그런데 이 속엔 비웃음의 뜻도 담겨 있어요. 그래서 **코웃음 치다는 무엇을 깔보고 비웃다**라는 뜻이 된답니다.

＊<u>코웃음</u>부터 한 번 치고서 – 『아씨방 일곱 동무』

＊ 콧방귀를 뀌다 | 남의 말을 우습게 여겨 들은 체 만 체하며 말대꾸를 하지 않다

콧방귀는 코에서 갑자기 숨을 터뜨리면서 "흥" 하고 내는 소리예요. 그런데 **콧방귀를 뀐다고 하면 단순히 "흥" 소리를 낸다는 뜻이 아니라, 남의 말을 우습게 여겨 들은 체 만 체하며 말대꾸를 하지 않다**는 뜻이랍니다. 상대의 말을 가소롭다고 여기는 거지요. 코웃음을 치다가 비웃다의 뜻이 더 강하다면 콧방귀를 뀌다는 상대의 말에 대꾸를 하지 않는다는 뜻이 더 강해요. 하지만 둘 다 상대를 우습게 여기는 태도가 담겨 있어요.

＊괴물 사형제는 <u>콧방귀를 뀌었어.</u> – 『해치와 괴물 사형제』

* **하루가 다르다** | 어떤 상태가 빠른 속도로 변하다

갓난아기가 자라는 모습을 본 적이 있나요? 기기 시작하면 뒤이어 서고 걷더니 어느새 뛰지요. 그리고 말을 시작할 때는 옹알이를 하고 난 후 금세 말하는 단어가 늘어나요. 이렇게 **하루하루 빠르게 변하는 걸 하루가 다르다**고 해요. 어린이들은 정말 하루가 다르게 쑥쑥 자라요.

　　　　＊**하루가 다르게** 이 병아리는 늠름한 수탉으로 자라났어. - 『세상에서 제일 힘센 수탉』

* **혀를 내두르다** | 어떤 일에 몹시 놀라거나 어이가 없어서 말을 못하다

아직 일곱 살인데 구구단을 다 외고 어려운 수학 문제도 척척 풀어요. 이런 모습은 흔하지 않기에 이를 본 사람들은 깜짝 놀라 말을 잇지 못하고 혀를 내두르지요. **혀를 내두른다는 건 어떤 일에 몹시 놀라거나 어이가 없어서 말을 못하다**는 뜻이에요.

　　　　＊백호는 **혀를 내둘렀습니다.** - 『까막나라에서 온 삽사리』

아는 직업의 수만큼
꿈도 커진다!

직업

아이가 자라서 어떤 일을 할지 부모는 정말 궁금합니다. 요즘은 여기저기서 하루라도 빨리 진로를 정해야 한다고 하니 괜히 조바심도 나지요. 하지만 아이의 적성이 어떤지, 재주와 능력이 무엇인지 알려면 적어도 초등학교 고학년이나 중학생은 되어야 합니다. 일찌감치 재능을 드러내는 아이도 있지만 대부분은 오랜 탐색 기간을 거쳐야 좀 더 분명히 알 수 있습니다. 게다가 적성과 재주는 변하기도 합니다.

그렇다고 아예 진로 지도를 먼 훗날 일이라고 미뤄 둘 수도 없는 게 현실입니다. 닥쳐서 진로 교육을 하려고 하다 보면 배경지식이 없기 때문에 무엇을 어떻게 해줘야 할지 막막하지요. 그래서 유아 때 직업의 세계를 알려 주는 것부터 차근차근 시작하는 게 좋습니다. 아이에게 특정 진로를 강요하거나 일일이 간섭하는 건 안 되지만 직업에 대해 간단히 이야기를 나누는 건 매우 좋답니다.

이 시기 아이들은 막연히 무엇이 되고 싶다는 환상적 욕구가 강합니다. 아이들이 무엇을 하고 싶다고 했을 때, 그 직업을 가지려면 어떤 노력을 해야 하는지 구구절절 설명하는 건 그리 바람직하지 않습니다. 지레 겁을 집어먹고 포기할 수 있기 때문이지요. 이 시기에는 그저 많은 꿈을 꾸는 것이 중요합니다. 아이들의 욕구와 바람을 있는 그대로 존중해 주세요.

따라서 직업 이야기를 나눌 때 아이에게 그런 직업을 가질 능력이 있느냐 없느냐를 따지거나 그 직업을 얻기 위해 어떤 공부를 해야 하는지는 가급적 말하지 않도록 합니다. 그 직업이 무슨 일을 하는 건지 귀천을 따지지 말고 있는 그대로 쉽게 얘기해 주는 게 좋습니다. 나아가 그 직업의 특징과 장점도 말해 주면 좋지요. 경제적인 소득에 관한 얘기보다 그 일의 가치와 사회적 기여에 대해 말해 주세요. 아이들의 모방 심리를 자극하여 꿈을 가슴속에서 크게 키울 수 있도록 말입니다.

그림책을 읽다가 어떤 직업이 나오면 무슨 일을 하는지 먼저 추론해 본 뒤, 정확한 설명을 살펴보세요. 그런 다음 그 일이 우리 사회에서 왜 중요하고 필요한지 생각해 봅니다. 그 일을 하지 않았을 때 어떤 문제와 어려움이 생길지 상상해 보면 그 직업의 가치와 중요성을 이해할 수 있습니다. 그 일을 하는 사람을 그림으로 그려 보는 것도 좋습니다.

쏙쏙 지도포인트

- 어떤 일을 하는 직업인지 추론해 본다.
- 그 직업이 우리 사회에서 왜 필요한지 생각해 본다.
- 그 일을 하는 사람을 그림으로 그려 보고 간단히 소개해 본다.

엄마의 어휘사전

* **경찰관** | 나라의 질서와 안녕을 보장하고 국민의 생명과 재산을 보호하는 일을 하는 공무원

우리가 위험에 처했을 때 '짠' 하고 나타나는 사람이 있어요. 바로 경찰관이에요. 누가 남의 물건을 훔치거나 해치려고 하면 경찰관이 나서서 그 도둑을 잡아 주고 우리가 다치지 않게 보호해 줘요. 잘못을 저지른 사람은 경찰서로 끌고 가지요. 만약 경찰관이 없으면 나쁜 사람들이 멋대로 법을 어기고 힘을 쓰며 사람들을 괴롭힐 거예요. 그럼 나라의 질서가 어지럽혀지고 사람들은 안전하지 못하겠지요. **경찰관은 이에 맞서 우리 국민의 안전과 재산을 보호하고, 나라의 안정이 유지될 수 있도록 질서를 지키는 일**을 한답니다.

*하마처럼 배가 불룩한 **경찰관**이 소리쳤어요. -『책 먹는 여우』

* **교도관** | 교도소에서 재소자를 관리하고 교육하는 등의 일을 하는 공무원

범죄를 저지른 사람들이 가는 곳은 어디일까요? 바로 감옥, 곧 교도소지요. 이곳에 갇혀 있는 사람을 재소자라고 하는데, 교도소에는 이 **재소자들이 다시는 나쁜 일을 저지르지 않도록 감시하고 관리하고 교육하는 사람들이 있어요. 바로 교도관**이지요. 교도관은 나라와 국민을 위해 일하는 공무원이에요.

***교도관** 빛나리 씨를 꾀었어요. -『책 먹는 여우』

* **기자** | 사람들이 궁금해하거나 알고 싶어 하는 소식을 취재하여 알리는 사람

뉴스를 보면 여러 가지 소식이 나오지요. 이 소식을 우리에게 알려 주는 사람이 바로 기자랍니다. **기자는 여러 가지 사건과 사람을 취재하여 사람들에게 알리는 일**을 해요. '취재'란 새로운 소식이나 정보를 조사하여 얻는 거예요. 이때 아무 내용이나 무작정 취재하는 것이 아니라 사람들이 꼭 알아야 하는 일,

필요한 정보, 흥미와 관심을 끄는 일, 국가적으로나 세계적으로 중요한 일 등을 취재한답니다.

*이제 방송국 **기자**들까지 – 『줄무늬가 생겼어요』

* **대장장이** | 쇠붙이를 불에 달구어 농기구 등의 연장을 만드는 일을 하는 사람

옛날 사람들은 농사를 많이 지었어요. 그런데 농사를 지으려면 쟁기, 낫, 호미 같은 농기구가 필요해요. 이 농기구를 만드는 사람이 바로 대장장이랍니다. **대장장이는 쇠붙이를 직접 불에 달구어 식히고 두드려 농기구와 같은 여러 가지 연장을 만들어요.** 쇠붙이를 불에 달구면 캐러멜처럼 흐물흐물해져서 원하는 모양을 만들 수 있어요. 대장장이는 자신이 만든 농기구를 직접 팔기도 했답니다. 지금은 이런 도구를 기계로 만들게 되면서 대장장이들이 거의 사라졌지요.

*쇠붙이를 다루는 **대장장이** 신 – 『고구려 나들이』

* **무당** | 귀신을 섬겨 굿을 하고 앞날을 점치는 일을 하는 사람

만약 귀신이 실제로 있다면 어떻게 그 존재를 알 수 있을까요? 귀신의 몸은 이미 죽어 없어졌기 때문에 형체가 없지요. 그래서 우리가 볼 수도 만질 수도 없어요. 이 귀신과 일반 사람을 연결해 주는 일을 하는 사람이 있어요. 바로 무당이에요. **무당은 자기 몸에 귀신을 받아 그를 섬기며 앞날의 운을 점쳐 줘요. 그리고 안 좋은 일이 일어나지 않도록 굿을 하며 빌어 주는 일**을 하지요. 보통 여자가 많답니다.

***무당**과 늙은 주술사와 힌두교의 승려 – 『줄무늬가 생겼어요』

* **비평가** | 예술 작품 등에 대하여 그 의미를 살피고 평가하는 사람

영화, 연극, 책, 미술 작품 등을 감상하는 일을 전문으로 하는 사람들이 있어요. 비평가예요. 이들은 보통 관객이나 독자와는 달리 재미나 스트레스를 풀기 위해서가 아니라 **예술 작품의 의미를 살피고 객관적으로 평가하여 사람들이 더 잘 감상할 수 있도록 돕는 일**을 하지요. 비평가가 되려면 책을 많이 읽어서 작품을 이해하고 평가하는 능력을 길러야 해요.

*수많은 **비평가**들이 여우 아저씨의 작품을 - 『책 먹는 여우』

* **사서** | 책을 관리하는 일뿐만 아니라 도서관 내 다양한 일을 맡아 하는 사람

도서관에 가보면 책을 관리하고 도서 대출과 반납 등의 일을 하는 사람이 있어요. 바로 사서지요. **사서는 도서관에 있는 책을 체계적으로 정리하는 일뿐만 아니라 도서관 행사 및 프로그램을 기획하기도 하고 회원들의 책 대출과 반납을 관리하는 일**도 해요. 요즘엔 어린이 사서 제도를 두고 있는 도서관들이 많아 아이들이 직접 사서 일을 체험해 볼 수 있기도 하지요.

*도서관 **사서**도 많은 책들이 침에 흠뻑 - 『책 먹는 여우』

* **선장** | 배의 항해를 지휘하고 통제하는 모든 권한을 가지고 있는 사람

학급에는 반장이 있고, 회사에는 사장이 있고, 나라에는 대통령이 있어요. 모두 한 공동체 또는 한 조직의 우두머리지요. 이들은 그 조직이 무사히 앞을 향해 나아갈 수 있도록 이끄는 일을 해요. **배를 타고 항해를 할 때도 배가 무사히 목적지에 도착할 수 있도록 선원들을 지휘하며 항해를 이끄는 사람**이 있어요. 바로 선장이에요. 선장은 항해의 모든 권한을 가진답니다.

*이 배는 매칼리스터 **선장**의 배였습니다. - 『깃털 없는 기러기 보르카』

우리아이 첫 공부 어휘사전

* **수의사** | 동물의 질병에 대해 진찰하고 치료하는 일을 하는 의사

키우는 강아지나 고양이가 병에 걸리면 누구를 찾아가야 할까요? 의사는 사람을 고치는 일을 하기 때문에 이럴 땐 동물을 전문적으로 치료하는 사람을 찾아가야 해요. 바로 수의사예요. **수의사는 동물의 질병에 대해 진찰하고 치료하는 일을 하는 의사**랍니다. 보통 애완동물이나 가축의 질병을 치료하지요. 수의사가 되려면 대학에서 수의학을 공부하고 수의사 국가시험에 합격해야 해요.

＊심지어 동물을 고쳐 주는 **수의사**까지 들이닥쳤어. - 『줄무늬가 생겼어요』

* **스님** | 출가하여 부처님의 가르침에 따라 수행하는 사람

옛날 우리나라는 삼국 시대부터 고려 시대까지 천 년이 넘게 불교 국가였어요. 왕부터 일반 백성까지 모두 불교를 믿었지요. 물론 지금도 여전히 많은 사람들이 불교를 믿지만, 다른 종교를 믿는 사람들도 많아요. 불교를 믿는 사람들 중에 **부처님의 가르침을 깨닫기 위해 집을 나와 수행하는 사람**들이 있어요. 바로 승려지요. 이때 집을 나오는 것을 '출가'라고 해요. 승려를 스님, 중이라고도 부르는데, 승려가 좀 더 격식 있는 표현이랍니다. 승려는 수행만 하는 게 아니라 사람들이 생활 속에서 부처님의 가르침을 실천할 수 있도록 돕고 가르치는 일도 해요.

＊어느 날 **스님** 한 분이 찾아와 말하기를 - 『재주 많은 다섯 친구』

* **신부** | 가톨릭의 성직자

우리나라 사람들이 많이 믿는 종교 중의 하나가 기독교예요. 하나님(하느님)과 예수님을 믿는 종교인데, 가톨릭과 개신교로 나뉘지요. 여기서 **가톨릭의 성직**

자를 **신부**라고 하고, 개신교의 성직자를 '목사'라고 해요. 둘 다 예배를 인도하고, 신도들이 종교 생활을 잘 할 수 있도록 돕는 일을 해요. 신부님은 보통 결혼을 할 수 없고, 목사님은 결혼하여 가정을 꾸릴 수 있어요.

*성당은 아주 작고 온통 분홍색이었어요. **신부**님은 키가 작고 – 『이모의 결혼식』

* **심리학자** | 인간의 행동과 마음의 구조를 연구하는 사람

사람들이 왜 그렇게 행동하는지 궁금한 적이 있나요? 또 우리 마음속에서 일어나는 수많은 감정과 생각들이 어떻게 해서 생겨나고 변하는지 알고 싶은 적은요? 어떤 일을 겪으면 기쁘고 어떤 일을 겪으면 슬퍼요. 또 어떤 사람은 편하게 느껴지고 어떤 사람은 불편해요. 이러한 **인간의 행동과 마음의 구조를 연구하는 일을 하는 사람을 심리학자**라고 해요. 심리학자들은 이를 밝히기 위해 인간 뇌가 어떻게 작동하는지 연구하기도 하고, 그 사람이 속한 사회와 문화를 연구하기도 하고, 그 사람의 어린 시절을 연구하기도 한답니다.

***심리학자**와 알레르기 치료사, 약초학자와 영양학자 – 『줄무늬가 생겼어요』

* **영양학자** | 건강을 위해 음식과 여러 가지 영양소를 연구하는 학자

건강하려면 무엇보다 잘 먹어야 해요. 잘 먹는다는 건, 맛있는 음식을 먹는 것도, 많이 먹는 것도 아니에요. 내 몸에 필요하고 적합한 음식을 적당히 먹는 거지요. 그렇지 않으면 탈이 나거든요. 그래서 어떤 음식에 어떤 점이 좋고 나쁜지, 어떤 영양소가 있는지, 사람 몸에 들어와 어떤 작용을 하는지 연구가 필요해요. 이런 일을 하는 사람이 바로 영양학자랍니다. **영양학자는 우리의 건강을 위해 음식과 여러 가지 영양소를 연구**하는 일을 해요.

*약초학자와 **영양학자**, 무당과 늙은 주술사와 힌두교의 승려 – 『줄무늬가 생겼어요』

* **의사** | 의술과 약으로 몸이 아픈 사람의 병을 진찰하고 치료하는 사람

의사는 의술과 약으로 몸이 아픈 사람의 병을 진찰하고 치료하는 사람이에요. 수술을 전문으로 하면 외과 의사, 위나 소장 등의 내장 기관의 병을 다루면 내과 의사, 마취를 전문으로 하면 마취과 의사예요. 우리나라에서 의사가 되려면 의과대학에 진학하여 공부를 한 다음 국가시험에 합격하여 면허를 따야 해요.

*****의사** 선생님은 보르카를 찬찬히 진찰했습니다. – 『깃털 없는 기러기 보르카』

* **작가** | 문학이나 그림, 조각, 사진 등의 예술품을 창작하는 일을 하는 사람

작가를 한자로 풀면, 지을 '작(作)', 전문가 '가(家)'예요. 짓는 것을 전문적으로 하는 사람이란 뜻이지요. 여기서 짓는다는 건 예술 작품을 창작한다는 뜻이에요. 예술에는 시, 소설, 그림, 조각, 사진 등이 있어요. 그러니까 **작가란 이런 예술품을 창작하는 일을 하는 사람**이라고 할 수 있지요. 이런 일을 하려면 무엇보다 상상력과 창의력이 남달라야 한답니다.

*그 여우, 굉장한 **작가**인걸! – 『책 먹는 여우』

* **장수** | 돈을 벌기 위해 물건을 파는 일을 하는 사람

돈을 버는 방법은 여러 가지가 있어요. 그중 **물건을 팔아서 이윤을 남겨 돈을 버는 사람들을 장수**라고 해요. 그러니까 아이스크림 장수는 아이스크림을 만드는 사람이 아니라 아이스크림을 파는 사람이에요. 아이스크림을 100원에 사서 150원에 팔면 50원의 이윤이 생기는데, 이것이 벌어들인 돈이 되는 거지요. 꽃 장수, 고기 장수, 신발 장수 등 어떤 물건이든 팔 수 있어요.

*둘은 곧 아이스크림 **장수**를 만났어요. – 『코끼리와 버릇없는 아기』

* **주술사** | 불행이나 재해를 막으려고 주문을 외거나 술법을 부리는 일을 하는 사람

주술사는 주술을 써서 어떤 일을 해결하는 사람이에요. 주술은 마법, 마술과 같은 것으로, 평범한 사람들에게는 없는 신비한 힘과 능력이지요. 예를 들어 손을 대지 않고 물건을 옮긴다거나 주문을 외는 것만으로 어떤 일이 일어나지 않게 하는 거예요. 아픈 사람이 있을 때 의사는 어디가 왜 아픈지를 밝혀 약을 주거나 주사를 놓아요. 반면에 주술사는 신비한 힘을 끌어모아 마법을 부려 병을 치료하지요. 그리고 주술사는 마술을 쓸 수 있기 때문에 귀신을 퇴치하는 일도 한답니다. 이 점이 우리나라의 무당과 다른 점이에요. 둘 다 신령스런 존재와 귀신을 안다는 점에서는 비슷하지만, 무당은 그 귀신의 말을 듣고 전하거나 귀신에게 빌어서 문제를 해결하는 데 반해, 주술사는 스스로 신비한 힘을 가지고 마법을 부려서 문제를 해결해요. 그래서 주술사는 때론 나쁜 마법을 부리기도 한답니다.

*무당과 늙은 **주술사**와 힌두교의 승려 – 『줄무늬가 생겼어요』

* **치과 의사** | 치아가 건강해지도록 치료하고 관리하는 일을 하는 의사

이가 아프거나 썩으면 어디에 가나요? 치과에 가지요. 거기서 **우리 치아가 건강해지도록 치료해 주는 사람이 바로 치과 의사**예요. 그런데 치과 의사는 치료만 하는 게 아니라 교정도 한답니다. 치아가 고르지 못하면 교정기를 끼워 고르게 만들어 주지요. 또 이가 아예 없으면 잇몸에 새 이를 심기도 하고 이 사이에 음식물이 끼어 있으면 청소해 주기도 해요. 치과 의사가 되려면 치과 대학에 진학하여 공부해야 해요.

***치과 의사** 드소토 선생님은 이 고치는 솜씨가 – 『치과 의사 드소토 선생님』

* **치료사** | 병이나 상처를 잘 낫게 해주는 사람

몸이 아프면 보통 병원에 가서 의사 선생님에게 진찰을 받고 치료를 받아요. 그런데 요즘에는 **의사 말고도 병이나 상처를 치료해 주는 사람**들이 있어요. 이들을 보통 치료사라고 부르는데, 특히 마음의 병을 낫게 해주는 사람들이 많지요. 그 방법에 따라 음악 치료사, 미술 치료사, 놀이 치료사 등이 있어요. 각각 음악, 미술, 놀이를 통해 마음의 병을 낫게 도와주지요. 또 특정한 기능을 잘 못하거나 어떤 상황이나 사건으로 인해 병이 생겼을 때 그걸 치료해 주는 일도 해요. 예를 들어 언어 치료사는 말을 제대로 사용하지 못하는 아이의 언어 사용 문제를 치료해 주고, 환경 치료사는 환경으로 인해 병이 생겼을 때 그걸 치료해 준답니다.

＊어느 날, 환경 **치료사**라는 아주머니가 찾아와서 – 『줄무늬가 생겼어요』

* **탄광** | 석탄을 캐내는 광산. 탄광에서 석탄을 캐는 사람을 '광부'라고 함

옛날에는 겨울에 난로를 땔 때 시커먼 돌덩이를 연료로 썼어요. 바로 석탄이지요. 그러면 시커먼 연기가 함께 피어오른답니다. 그 앞에서 불을 땔 때면 얼굴에 검댕이 묻곤 하지요. 이 **석탄이 잔뜩 묻혀 있어서 캐내는 광산을 탄광**이라고 해요. '광산'은 우리에게 쓸모 있는 광물을 캐내는 곳이지요. **광산에서 일하는 사람을 광부**라고 하는데, 이제는 석탄을 거의 쓰지 않기 때문에 석탄 캐는 광부는 거의 사라졌답니다.

＊아빠도 **탄광**에 돈 벌러 가셨으니까 – 『동강의 아이들』

* **화가** | 그림 그리는 일을 직업으로 하는 사람

그림 그리는 걸 좋아하나요? 아니면 그림을 보는 건 어때요? 미술 전시회에서

멋있고 아름다운 그림을 보면 마음이 환해지는 것 같아요. 이렇게 개성 있고 멋진 **그림을 그리는 일을 하는 사람을 화가**라고 해요. 화가들은 보통 자신의 그림을 팔아 돈을 벌어요. 화가가 되려면 무엇보다 상상력이 풍부하고 창의적이어야 해요. 그리고 그림 실력도 좋아야 하지요.

* '어린이와 소의 **화가**'라고 불리는 이중섭은 – 『내가 처음 만난 예술가 7: 이중섭』

역사 공부의 시작,
옛이야기 읽기!
전통문화

역사 교육이 중요하다고 하는데, 무엇을 언제부터 어떻게 가르쳐야 하는지 밑그림이 잘 그려지지 않습니다. 그러다 보니 역사책이나 위인전을 섣불리 읽히게 됩니다. 하지만 대부분의 아이들은 그리 흥미를 보이지 않습니다. 어려워하고 재미없어하지요. 이건 당연한 반응입니다. 이 시기 아이들은 시공간에 대한 개념이 부족하고 추론적 사고가 아직 다 발달하지 않아 사건을 순서대로 이해하지 못하고 원인과 결과도 잘 파악하지 못하니까요. 그러니 읽어도 따분할 수밖에 없습니다.

그럼 무엇부터 시작해야 할까요? 역사 공부의 시작은 옛이야기 읽기부터입니다. 역사는 과거의 일을 기록한 것이기 때문에 먼저는 조상들의 생활 방식이나 그 모습에 친근하고 익숙해져야 합니다. 바로 전통문화를 이해해야 하지요. 그래야 나중에 역사에도 자연스레 관심이 생기고 좀 더 쉽게 다가갈 수 있습니다.

옛이야기를 통해 아이들은 우리 전통문화를 많이 접할 수 있습니다. 옛이야기에는 옷차림, 음식, 집, 마을, 전통 도구, 예의범절, 명절, 풍습 등이 나옵니다. 무엇보다 한복을 입고 한옥이나 초가에서 사는 모습이 정답게 그려져 있기 때문에 과거의 생활 모습을 상상하는 데 큰 도움이 되지요. 또 농기구나 농사짓는 장면도 많이 옵니다. 이는 우리 조상들이 농경 생활을 했다는 걸 자연스레 받아들일 수 있도록 해줍니다.

옛이야기 외에 전통문화를 소재로 하는 지식 이야기책도 좋습니다. 그림이 더욱 사실적으로 그려져 있고 내용이 자세하기 때문에 보다 정확하고 풍부한 지식을 얻을 수 있답니다. 하지만 동화처럼 이야기가 있어야 아이들의 기억 속에 더 오래 남지요.

전통문화 및 역사와 관련한 어휘를 가르칠 때는 아이들이 좀 더 쉽게 이해할 수 있도록 현대의 생활 방식이나 모습과 비교하여 설명해 주면 좋습니다. 또 전통 도구들은 그림을 함께 보여 주며 그 쓰임을 얘기해 주세요. 고려나 조선과 같은 어느 특정 시대의 이름도 우리나라의 옛 이름이라고 가르쳐 주세요.

쏙쏙 지도포인트

- 전통문화와 관련된 어휘를 책 속 그림에서 찾아본다.
- 전통문화를 오늘날의 문화와 비교하여 설명해 준다.
- 시대별 나라 이름도 간단히 알려 준다.

엄마의 어휘사전

* **가마솥** | 음식을 끓이거나 밥을 짓는 데 쓰는 무쇠로 만든 전통 솥

요즘은 밥을 지을 때 전기밥솥을 사용해요. 잘 씻은 쌀을 밥통 안에 넣고 물을 맞춘 뒤 취사 버튼을 누르면 저절로 밥이 되지요. 그런데 옛날에는 부뚜막 위에 앉힌 가마솥에 밥을 지었답니다. **가마솥은 아주 커다란 무쇠 솥인데, 밥뿐만 아니라 음식을 끓일 때도 종종 이용되었던 한국의 전통 솥**이에요. 무쇠로 만들어서 뜨거워지는 데 조금 시간이 걸리지만 한번 달구어지면 쉽게 식지 않지요. 그래서 가마솥에 밥을 짓거나 음식을 끓이면 속속들이 아주 잘 익어 맛이 있어요. 그리고 바닥에 붙은 밥은 시간이 지나 딱딱해지면 고소한 누룽지가 된답니다.

＊할머니는 엄청나게 큰 **가마솥**을 끌어와 – 『손 큰 할머니의 만두 만들기』

* **거문고** | 여섯 개의 현(줄)으로 된 우리나라 전통 현악기

줄을 타거나 켜서 소리를 내는 악기를 '현악기'라고 해요. 대표적인 현악기로는 거문고, 가야금, 바이올린, 첼로 등이 있지요. 이 중 **거문고는 여섯 개의 현으로 된 우리나라 전통 악기**랍니다. 가야금도 우리나라 전통 악기인데 현이 열두 개예요. 거문고는 고구려의 재상 왕산악이 만들었다고 전해지고 있어요. 왼손으로는 현을 짚고 오른손으로는 술대로 현을 튕겨 연주해요. 한편 가야금은 신라의 우륵이 만들었다고 해요.

＊**거문고**를 뜯는 선인 – 『고구려 나들이』

* **견우와 직녀** | 칠석날(음력 7월 7일)에 얽힌 설화 속의 두 주인공

음력 7월 7일은 '칠석날'이에요. 이 날은 **견우와 직녀가 만나는 날**이랍니다. 무슨 이야기냐고요? 옛날 하늘나라에 소치는 목동 견우와 베 짜는 처녀 직녀

가 살았어요. 둘은 첫눈에 반해 사랑에 빠지고 결혼을 해요. 하지만 너무 좋아해 떨어지고 싶지 않았던 나머지 하던 일도 팽개치고 함께 놀기만 했지요. 결국 옥황상제가 노하여 둘을 멀리 떨어뜨려 버려요. 견우는 은하수 동쪽에, 직녀는 은하수 서쪽에 말이에요. 대신 일 년에 하루, 일곱 번째 달 일곱 번째 날에는 만나게 해주었어요. 둘은 까마귀와 까치들이 놓아 준 오작교 덕분에 은하수를 건널 수 있었지요. 오작교 위에서 만난 견우와 직녀는 너무 기쁘기도 하고 이제 또 헤어질 거라 슬프기도 해서 울었대요. 그래서 칠석날엔 날이 흐리고 비가 오는 경우가 많다고 해요. 칠석날 우리 조상들은 농사일이 한가할 때라 집 안을 정리하고 햇나물을 무쳐 먹으며 즐거운 하루를 보냈어요.

* **견우와 직녀** – 『고구려 나들이』

* **고구려** | 주몽이 건국한 우리 민족의 고대 국가

우리나라 역사상 가장 힘센 나라는 고구려예요. **부여 출신의 주몽이 압록강 유역의 졸본 땅에 세운 나라**지요. 만주 벌판을 호령하며 중국과도 어깨를 나란히 견줄 정도로 용맹하고 기상이 넘쳤어요. 고구려를 대표하는 두 왕은 광개토대왕과 그의 아들 장수왕이에요. 광개토대왕은 영토를 북쪽으로 크게 넓혀 만주 지방까지 차지했고, 장수왕은 한강 유역을 점령해 고구려를 더욱 발전시켰어요. 광개토대왕과 장수왕 때 고구려는 최전성기를 맞이했답니다.

* 민기와 희기는 **고구려**를 찾아 – 『고구려 나들이』

* **고분벽화** | 무덤 안의 천장이나 벽에 그려 놓은 그림

'고분'은 옛무덤을 뜻하고, '벽화'는 벽에 그린 그림을 뜻해요. 그러니까 **고분벽화는 무덤 안의 천장이나 벽에 그려 놓은 벽화**지요. 고분벽화를 통해 옛사

람들의 생활 풍속과 생각, 종교 등을 알 수 있어요. 고분벽화는 고구려 시대에 많이 그려졌는데, 무용총의 수렵도, 쌍영총의 사신도가 대표적이지요. 무용총, 쌍용총은 모두 무덤의 이름이랍니다.

*왕이나 귀족의 무덤에 그려 놓은 **고분벽화** – 『고구려 나들이』

* **광** | 살림살이나 여러 가지 물건을 넣어 두는 곳, 곳간

예전에는 대부분 농사를 지었기 때문에 농기구나 농작물을 놓아둘 곳이 필요했어요. 그래서 집 옆이나 근처에 건물을 하나 지었답니다. 이것이 바로 광이에요. **광은 살림살이며 여러 가지 도구와 식량을 넣어 두는 창고 같은 집**이에요. 곳간이라고도 하지요. 특히 중요한 물건, 꼭 필요한 물건을 넣어 두었기 때문에 꼭 문을 잠그고 광 열쇠를 소중하게 보관했대요.

***광**은 어둡고 서늘합니다. – 『만희네 집』

* **글방** | 옛날에 나라에서가 아니라 개인이 한문을 가르치던 곳

옛날 아이들은 어디에 가서 공부를 했을까요? 어린아이들은 서당에 가서 공부했고, 조금 큰 아이들은 서원이나 향교에 가서 공부했어요. 서원이나 향교는 지금의 중·고등학교와 비슷하고, 서당은 공부방 같은 곳이에요. 한 선비가 동네 아이들을 자기 집에 모아 가르쳤답니다. **이 서당을 글방이라고도 하는데, 주로 한문과 유학 지식을 가르쳤어요**. 왜냐하면 옛날에는 책들이 다 한문으로 쓰여 있었고, 효(부모님을 잘 공경하는 것)와 충(임금님을 잘 섬기는 것)을 다룬 유학 지식을 제일 중요하게 생각했거든요.

***글방** 선생님께 물어보러 갔습니다. – 『양초 귀신』

＊ 단지 | 목이 짧고 배가 부른 작은 항아리

옛날에는 진흙을 구워 만든 그릇을 많이 이용했어요. 이런 그릇을 '질그릇'이라고 해요. 질그릇 중에서 아래위는 좁고 배는 부른 모양의 그릇을 항아리라고 해요. 큰 항아리는 물통으로 쓰기도 했고, 김치나 술, 간장 등을 담가 두는 데 쓰기도 했지요. 조금 **작은 항아리는 단지**라고 하여, 꿀이나 간식 등을 넣어 두었답니다.

＊깨끗한 **단지**에 두 분의 오줌을 넣어 – 『재주 많은 다섯 친구』

＊ 뒤꼍 | 집 뒤에 있는 마당이나 뜰

옛날 집은 대문을 들어서면 집 앞에도 마당이 있고 뒤에도 마당이 있었어요. **뒤에 있는 마당을 뒤꼍**이라고 했어요. 뒤꼍에는 우물이나 텃밭, 헛간 등이 있었지요. 또 자주 안 쓰는 솥단지 등을 한쪽에 놓아두기도 했어요.

＊**뒤꼍**에는 가마솥이 있습니다. – 『만희네 집』

＊ 막걸리 | 쌀을 찐 뒤 누룩을 넣어 발효시켜 만든 희부연 색깔의 우리 고유의 술

나라마다 그 나라를 대표하는 술이 있어요. 프랑스는 포도주, 독일은 맥주, 러시아는 보드카지요. 그럼 우리나라를 대표하는 술은 무엇일까요? 지역마다 다양한 전통주가 있는데, 지역에 상관없이 널리 사랑받는 술이 막걸리랍니다. 포도주는 포도를 발효시켜 만들고, 맥주는 보리, 보드카는 밀이나 옥수수를 발효시켜 만들어요. '발효'란 음식이 썩지 않고 오래 보존되도록 효모 같은 균을 넣어 삭히는 걸 말해요. **막걸리는 쌀을 찐 뒤 발효를 돕는 누룩을 넣어 만들지요.** 이렇게 쌀로 만들기 때문에 희부연 색깔이 되는 것이랍니다.

＊꽃길 따라 **막걸리** 쏟아질라. – 『우리 순이 어디 가니』

* **망태 할아버지** | 잘못한 아이를 잡아간다는 옛이야기 속의 무시무시한 존재

옛날 아이들이 호랑이나 귀신보다 더 무서워하던 존재가 있었어요. 바로 망태 할아버지예요. **망태 할아버지는 거짓말한 아이나 엄마 말을 잘 안 듣는 아이를 잡아가서 혼내 주는 무시무시한 할아버지**예요. 울면 입을 꿰매고, 떼를 쓰면 새장 속에 가두고, 늦게까지 자지 않으면 올빼미로 만들어 버린대요. 할아버지가 들고 다니는 망태 속엔 온갖 흉측한 물건이 가득 들어 있답니다. '망태'는 새끼를 꼬아 그물처럼 만든 것으로 어깨에 메고 다니는 가방 같은 거예요.

＊그러면 **망태 할아버지**가 잡아가신다! - 『동강의 아이들』

* **멍석** | 사람이 앉거나 곡식 등을 너는 데 쓰는 짚으로 엮어 만든 큰 깔개

나들이를 가면 바닥에 돗자리를 깔지요. 이와 비슷한 것으로 **사람이 앉는 데뿐만 아니라 곡식을 너는 데도 쓰이는 큰 깔개가 있어요. 바로 멍석**이지요. 돗자리는 보통 풀줄기를 엮어 만들고 멍석은 짚을 엮어 만들어요. 그래서 멍석이 더 까끌까끌하지요. 옛날 사람들은 잔칫날 마당에 멍석을 깔고 앉기도 하고, 추수가 끝나면 멍석에 고추나 벼를 널어 말리기도 했답니다.

＊**멍석**은 팥죽을 먹고 나서 - 『팥죽 할머니와 호랑이』

* **메주** | 콩을 삶아 찧어 만든 덩이를 말린 것으로, 된장, 간장 등을 담글 때 쓰임

나물을 무칠 때나 국을 끓일 때, 맛을 내고 간을 맞추기 위해 제일 많이 사용되는 양념이 있어요. 바로 된장, 고추장, 간장이지요. 이 양념 삼총사를 만드는 데 공통적으로 쓰이는 게 바로 메주랍니다. **메주는 콩을 삶아 찧은 다음 뭉쳐서 덩이를 만든 뒤 발효시키며 말린 거**예요. 그래서 메주를 말리는 동안엔 누룩곰팡이가 가득 피어나지요. 이건 썩는 게 아니라 발효가 되는 거랍니다. 이

메주를 장독에 넣어 소금물을 부어 두면 된장이 돼요.

＊**메주**를 쑬 때나 우거지를 삶을 때는 – 『만희네 집』

＊ **방** | 여러 사람에게 알리기 위해 길거리 등에 써붙인 글

옛날에는 나라에서 백성들에게 널리 알릴 일이 있으면 어떻게 했을까요? 지금은 텔레비전 뉴스나 신문, 인터넷 등을 이용해 나라의 소식을 접할 수 있어요. 이런 수단들이 없던 옛날에는 마을 곳곳에 방을 붙였답니다. **방은 여러 장의 종이에 알릴 내용을 적어 사람들이 잘 볼 수 있는 담벼락 등에 붙인 거**예요. 요즘으로 치면 게시판이나 전봇대에 붙은 게시물 같은 거지요.

＊곧 **방**이 돌았습니다. – 『빈 화분』

＊ **백두산** | 함경도에 있는 우리나라에서 가장 높은 산

우리나라에서 가장 높은 산은 무슨 산일까요? 남한에서는 제주도에 있는 한라산이 제일 높고, **남한과 북한을 통틀어서는 백두산이 제일 높지요.** 그 높이가 무려 2,750미터에 달해요. 백두산은 함경도에 있답니다. 봉우리에는 천지라는 아주아주 넓고 깊은 호수가 있어요.

＊이건 바로 **백두산**의 제일 높은 봉우리에 걸려 있던 – 『난 토마토 절대 안 먹어』

＊ **백호** | 우리 신화에서 서쪽을 지키는 신으로 하얀 빛깔의 호랑이 모습임

옛날 사람들은 동서남북 네 방향을 지키는 네 신이 있다고 생각했어요. 이를 사(4)신이라고 해요. **동쪽을 지키는 신은 '청룡', 서쪽을 지키는 신은 '백호', 남쪽을 지키는 신은 '주작', 북쪽을 지키는 신은 '현무'**지요. 청룡은 푸른 빛깔

의 용이고, 백호는 하얀 빛깔의 호랑이, 주작은 붉은 빛깔의 봉황, 현무는 검은 빛깔의 거북과 뱀이 합쳐진 모습을 한 짐승이에요.

***백호**가 웃는 소리에 – 『까막나라에서 온 삽사리』

* **보리피리** | 보릿대로 만든 피리

농사짓는 시골길을 걷다 보면 어디서 "빼빼~ 빼빼~" 하는 소리가 들려요. 보리피리 소리지요. **보리피리는 말 그대로 보릿대로 만든 피리**랍니다. 보릿대를 꺾으면 관처럼 앞뒤가 뚫려져 있어 구멍에 대고 숨을 뱉으면 피리처럼 소리가 나요.

*멀리서 **보리피리** 소리가 들려. – 『우리 순이 어디 가니』

* **봇짐** | 물건을 보자기에 싸서 꾸린 짐

외출을 하거나 여행을 떠날 때 짐이 있으면 어디에 넣고 가나요? 적당한 크기의 가방에 넣어 가지요. 그런데 옛날에는 보자기에 짐을 싸서 들고 다녔답니다. 이렇게 **물건을 보자기에 싸서 꾸린 짐을 봇짐**이라고 해요. 커다란 보자기를 펼쳐 가운데 짐을 넣고 빠지지 않게 잘 싸서 묶은 뒤 어깨에 둘러맸지요.

*양초를 넣은 **봇짐**을 메고 – 『양초 귀신』

* **봉황** | 옛날 중국 신화에 나오는 상상의 새

옛이야기를 읽다 보면 상상 속의 동물들이 종종 나와요. 그중 봉황이라는 새가 있어요. **봉황은 용과 학 사이에서 태어나 목은 뱀처럼 비늘이 있고, 꼬리는 물고기 같고, 깃털은 공작처럼 오색 무늬가 있으며, 등은 거북의 등딱지 같은**

신비한 생김새를 지닌 새예요. 소리도 매우 우렁차다고 해요. 수컷을 '봉', 암컷을 '황'이라고 해요. 봉황은 임금이 나라를 잘 다스리면 그 증표로서 나타난대요. 그래서 훌륭한 임금을 상징하는 새가 되었지요. 중국이나 우리나라에서 궁궐이나 임금이 입는 옷에 봉황 무늬를 넣은 이유가 바로 이 때문이에요.

＊**봉황**을 타고 피리 부는 선인 －『고구려 나들이』

＊ **불개** | 옛이야기에서 일식이나 월식 때 해나 달을 갉아먹는다는 상상의 동물

불개는 상상의 동물이기도 하고 실제 있었던 동물이기도 해요. 털색뿐만 아니라 눈, 코, 발톱이 모두 다 붉은색을 띤 우리나라 토종개지요. 그런데 지금은 사람들이 마구 잡아서 거의 멸종되었어요. **옛날이야기에서 불개는 해와 달을 갉아먹는 용맹한 개**예요. 옛날 까막나라의 왕이 불개에게 해와 달을 물어 오라고 명령했어요. 불개는 명령을 받들어 해와 달을 물었지만 해는 너무 뜨겁고 달은 너무 차가워 물었다가 다시 뱉어 버렸지요. 하지만 명령을 어길 수 없기 때문에 이 일을 계속 되풀이하고 있대요. 여기서 일식과 월식이 생겼다고 해요. 사실 일식은 달이 해를 가리는 현상이고, 월식은 지구의 그림자 속으로 달이 들어가 가려지는 현상이에요. 불개 이야기는 일식과 월식이라는 자연 현상을 보고 옛날 사람들이 상상한 이야기지요.

＊임금님은 그 개 이름을 **불개**라고 지어 주었습니다. －『까막나라에서 온 삽사리』

＊ **삼두매 부적** | 삼재를 막아 주기 위해, 머리 셋에 다리 하나인 매를 그린 부적

살다 보면 누구나 재난을 겪어요. 옛날 사람들은 특히 9년마다 세 가지 재난이 온다고 생각했어요. 바로 물, 불, 바람으로 인한 재난이지요. 이 세 가지 재난을 삼재라고 했는데, 이를 막으려면 부적을 만들어 집 안에 붙여야 한대요. 부

적은 나쁜 귀신과 재앙을 물리치기 위해 붉은색으로 글씨나 그림을 그린 종이예요. 삼재를 막는 부적 중에 제일 널리 만들어진 부적이 삼두매 부적이에요. **삼두매 부적은 머리 셋에 다리 하나인 매, 곧 삼두매를 그린 부적**이랍니다.

＊좋은 일이 생기라고 <u>삼두매 부적</u>을 붙이셨습니다. - 『만희네 집』

＊ **삽사리** | 털이 복슬복슬 많이 난 우리나라 토종개로 천연기념물로 지정되어 보호

우리나라의 대표적인 토종개는 진돗개예요. 주둥이가 약간 뾰족하고 몸이 날렵하게 생겼지요. 하지만 옛 그림과 옛이야기에까지 등장하는 전통적인 토종개는 삽살개랍니다. **삽살개는 삽사리라고도 하는데, 털이 복슬복슬 많이 나 있고 주둥이는 약간 뭉툭하게 생겼어요.** 덩치는 크지만 아주 온순해 보여요. 하지만 아주 용감하고 충성심이 강하며 영리하다고 해요. 지금은 멸종 위기에 처해 천연기념물로 지정하여 보호하고 있어요.

＊이 <u>삽사리</u>는 우리나라 사람들에게 사랑받는 개가 되었습니다. - 『까막나라에서 온 삽사리』

＊ **새참** | 일을 하다가 잠시 쉬면서 먹는 음식

농부들은 논이나 밭에 나가 일을 할 때 끼니 외에 또 음식을 먹어요. 광부들, 건설 현장의 노동자들도 세 끼 식사 외에 간식을 먹지요. 일이 힘들고 고되기 때문이에요. 그래서 중간 중간 쉬면서 간단히 음식을 먹으며 기운을 차린 뒤 다시 열심히 일을 해요. 이렇게 **일을 하다가 잠시 쉬면서 먹는 음식을 새참**이라고 하지요.

＊순이야, 할아버지께 <u>새참</u> 갖다 드리러 가자. - 『우리 순이 어디 가니』

* **서방** | 옛날, 벼슬이 없는 사람의 성 뒤에 붙여 이르는 말

서방은 보통 남편을 낮추어 이르는 말이에요. '서방을 얻다'는 남편을 얻다는 뜻이지요. 지금도 이 말을 많이 쓴답니다. 그런데 또 다른 뜻이 있어요. **옛날, 벼슬이 없는 사람을 일컬을 때, 그 사람의 성 뒤에 서방을 붙여 불렀어요.** '김 서방네 집에서 잔치가 열렸다'와 같이 쓰여요. 지금은 이 말을 이런 뜻으로는 거의 쓰지 않는답니다. '이 서방, 자네가 고생이 많네'처럼 사위(딸의 남편)나 아래 동서를 가리킬 때 써요.

＊옛날에 시골 사는 송 **서방**이 서울 구경을 갔다가 – 「양초 귀신」

* **선인** | 인간 세상을 떠나 도를 닦으며 자연 속에서 늙지 않고 오래 산다는 사람

우리 선조들은 근심 걱정 없는 가장 좋은 곳이 자연이라고 생각했어요. 굶지도 않고 아프지도 않고 늙지도 않고 영원히 행복하게 살 수 있는 이상적인 곳 말이에요. 그래서 인간 세상을 떠나 자연 속으로 들어간 사람들이 있대요. 옛날이야기에서는 이렇게 **자연 속에서 도를 닦으며 늙지 않고 오래 사는 사람을 선인**이라고 했답니다. 비슷한 말로 '신선'이 있는데, 역시 산속에 살며 도를 닦아 도술을 부리고 죽지 않는 사람입니다.

＊그림을 그리는 **선인** – 「고구려 나들이」

* **섣달그믐날** | 음력으로 12월 30일에 행하는 풍속

그믐날이 언제인지 알지요? 한 달의 마지막날이에요. 그리고 한 해의 마지막 달 12월은 섣달이지요. 그래서 **섣달그믐날은 한 해의 마지막날인 음력 12월 30일**이랍니다. 음력에는 31일이 없거든요. 우리 조상들은 이날을 아주 바쁘게 보냈어요. 다음 날이 설날이기 때문에 할 일이 많았거든요. 대청소를 하고, 명

절 음식을 만들고, 밤에는 이야기를 나누었어요. 새벽녘에 닭이 울 때까지 잠도 자지 않았대요. 만약 잠을 자면 눈썹이 하얗게 센다는 말이 있었기 때문이에요. 그리고 자정이 되면 108번의 종을 치는 풍습도 있었어요. 지금은 종로 보신각에서 33번 종을 치지요. 이를 '제야의 종'이라고 해요. 제야의 '제(除)'는 섣달그믐을 뜻하고, '야(夜)'는 밤이라는 뜻이랍니다. 이렇게 섣달그믐날 풍습이 아직까지 전해지고 있어요.

＊만두가 익어 갈수록 **섣달그믐날** 밤도 푹 익어 갑니다. – 『손 큰 할머니의 만두 만들기』

＊ **설날** | 우리 민족 최대의 명절로 음력 1월 1일

음력 1월 1일은 우리 민족 최대의 명절인 설날이에요. 설날엔 조상께 차례를 지내고 할아버지, 할머니를 비롯한 친척 어른, 동네 어른께 세배를 하지요. 이때 "새해 복 많이 받으세요" 하고 말한답니다. 그럼 "너희들도 건강하고 새해 복 많이 받으렴" 하는 덕담을 듣고, 종종 세뱃돈을 받기도 해요. 그리고 떡국을 먹고, 윷놀이, 널뛰기, 연날리기를 하면서 놀아요.

＊**설날** 아침 모두 모여 만두를 먹자. – 『손 큰 할머니의 만두 만들기』

＊ **설문대할망** | 제주도를 창조하였다고 전해 내려오는 여신

이 세상은 어떻게 만들어졌을까요? 또 누가 만든 걸까요? 제주도에는 설문대할망이라는 여신이 이 세상을 만들었다는 이야기가 전해 와요. **설문대할망은 치마에 흙을 담아 와 제주도를 만든 몸집이 아주아주 큰 할머니 여신**이에요. 한라산, 오름, 폭포 등 모두 설문대할망이 만들었대요. 제주도가 다 만들어지고 나자 사람들이 설문대할망에게 육지로 가는 다리를 만들어 달라고 했어요. 설문대할망은 명주로 속옷을 지어 주면 그리하겠다고 약속했지요. 그런데 설

문대할망의 몸이 너무 커서 옷감이 모자르고 말았어요. 이에 화가 난 설문대할망은 다리를 놓다가 그만두고 한라산으로 들어가 버렸답니다. 그래서 제주도는 섬으로 남게 되었대요.

*제주도에 **설문대할망**이란 할머니가 살았답니다. -「설문대할망」

* 소달구지 | 소가 끌고 가는 짐수레

소가 끌고 가는 수레를 소달구지라고 해요. '달구지'는 짐을 실어 나르는 수레랍니다. 자동차가 널리 이용되기 전에는 이렇게 소나 말 등 가축의 등에 수레를 매달아 짐도 나르고 사람도 타고 다녔지요. 특히 소를 많이 이용한 이유는 대부분 농사를 지었기 때문이에요. 농사를 지을 때 소를 이용해 밭을 갈았거든요. 그래서 이동할 때도 자연스럽게 소를 이용하게 되었어요.

***소달구지** 바퀴 자국에서 뒹굴고 있던 흙덩이가 -「강아지똥」

* 소저 | 아직 결혼을 하지 않은 젊은 여자를 정중하게 이르는 말

아직 결혼을 하지 않은 젊은 여자를 정중하게 부를 때 '아가씨'라고 해요. **옛날에는 아가씨라는 말 대신 한문 투로 소저라는 말을 많이 썼어요.** 결혼을 했든 안 했든 젊은 여자를 두루 부를 때는 '아씨'라는 말을 썼답니다.

*다리미 **소저**는 그제야 용기를 얻었는지 -「아씨방 일곱 동무」

* 시녀 | 신분이 높은 사람 곁에서 여러 가지 심부름을 하는 등 시중을 드는 여자

공주 이야기나 영화를 보면 공주님 옆에서 옷도 입혀 주고 머리도 빗겨 주는 여자가 나와요. 바로 시녀랍니다. **시녀는 공주처럼 신분이나 지위가 높은 사**

람 가까이에서 시중을 드는 여자예요. 시중을 든다는 건, 여러 가지 잔심부름을 하면서 돌보아 주는 걸 말해요.

*깃발을 든 **시녀** 둘이 다가왔습니다. –『고구려 나들이』

* **신령** | 우리 전통 민속 신앙에서 숭배하는 모든 신

옛날 우리 조상들은 세상 만물에 영혼이 깃들어 있다고 생각했어요. 특히 하늘, 땅, 바다, 산, 커다란 나무와 같은 자연에는 아주 신비한 힘이 있다고 믿었지요. 그래서 이들에게 소원을 빌고 또 빌었답니다. 이들을 통틀어 신령이라고 해요. **신령은 한 존재가 아니라 우리 전통 민속 신앙에서 숭배하는 모든 신**을 말해요. 여기서 '민속 신앙'은 일반 백성들 사이에 전해져 내려온 종교를 말해요. 신령에는 산을 지키는 산신령, 하늘과 땅을 주관하는 천지 신령, 그리고 조상 신령 등이 있어요. 신령을 높여서 신령님이라고 부르기도 한답니다.

*구름 위의 **신령님**도 틀릴 때가 있는데 –『틀려도 괜찮아』

* **싸리비** | 싸릿가지를 엮어 만든 빗자루

옛날에는 집이 작든 크든 마당이 있었답니다. 이 마당을 청소할 때 싸리비를 많이 이용했어요. **싸리비는 싸리나무 가지를 엮어 만든 빗자루**예요. 자루를 길게 만들어 선 채로 마당을 쓸 수 있었지요.

*할머니는 방에 들어가 **싸리비**만 한 돗바늘을 –『손 큰 할머니의 만두 만들기』

* **아궁이** | 방이나 솥에 불을 때기 위해 만든 구멍

지금은 요리를 할 때 가스레인지나 전자레인지를 이용해요. 옛날에는 아궁이가 이 역할을 했답니다. **아궁이는 불을 때기 위해 부엌에 만든 구멍**이에요. 이 아궁이에 땔감을 넣어 불을 지핀 뒤 그 위에 솥을 얹어 밥을 하거나 음식을 조리했어요. 아궁이 불은 방을 따뜻하게 데워 주기도 했답니다. 아궁이에 불을 지피면 그 열이 방바닥 밑으로 나 있는 길로 전해져 방구들을 데운 거지요. 이것이 바로 '온돌'이에요.

*알밤은 팥죽을 먹고 나서 **아궁이** 속에 숨었어요. - 『팥죽 할머니와 호랑이』

* **어사** | 옛날, 왕의 명령으로 지방에 가서 나쁜 수령을 조사하고 백성의 어려움을 살피는 일을 하던 임시 벼슬

옛날에는 왕이 나라를 다스렸어요. 그래서 나쁜 짓을 저지른 사람에 대해서도 왕이 직접 그 죄를 물어 벌을 내렸지요. 하지만 지방까지 가서 이 일을 하기는 어려웠어요. 그래서 몰래 어사를 보냈지요. **어사는 바로 왕의 명령으로 지방에 가서 나쁜 수령을 조사하고 백성의 어려움을 살리는 일을 하던 벼슬**이에요. '수령'도 왕의 명령을 받아 백성들을 다스리는 일을 하는 벼슬이에요. 다른 점이 있다면 어사는 잠시만 맡는 벼슬이고, 수령은 그보다 훨씬 더 길고 오래 맡는 벼슬이에요. 그런데 수령들 중엔 임금의 명령을 어기고 백성들에게 세금을 더 많이 걷거나 백성들을 괴롭히는 나쁜 수령들이 있었어요. 임금은 이런 소식을 들으면 어사를 보내 혼을 내주게 했답니다.

***어사**는 해치의 모습이 새겨진 모자나 옷을 입었는데 - 『해치와 괴물 사형제』

* **어전** | 임금이 있는 궁전

왕, 왕비, 공주, 왕자 등 임금이나 왕족이 사는 집을 궁전이라고 해요. 이 중 **임금이 머무는 궁전을 특별히 어전**이라고 하지요.

*임금님은 하루도 거르지 않고 **어전** 뜰을 가꾸었지요. – 『빈 화분』

* **증조할머니** | 아빠의 할머니

아빠에게도 할머니, 할아버지가 있어요. 나는 이 분들을 무어라고 불러야 할까요? **아빠의 할머니는 증조할머니, 아빠의 할아버지는 증조할아버지라고 불러요.** 증조할머니와 증조할아버지는 할아버지를 낳은 분들이랍니다. 즉 할아버지에게는 각각 어머니, 아버지가 되지요. 그럼 엄마의 할머니, 엄마의 할아버지는 어떻게 부를까요? 각각 외증조할머니, 외증조할아버지라고 말해요. 두 분은 외할아버지를 낳은 분들이에요. 외할아버지의 어머니, 아버지가 되는 거지요.

*가위는 **증조할머니** 때부터 쓰시던 가위랍니다. – 『만희네 집』

* **인두** | 바느질할 때 불에 달구어 구겨진 천을 반듯하게 펴는 기구

옷이 구겨지면 다림질을 해서 구김을 펴요. 전기다리미로 누르거나 문지르면 되지요. 옛날에는 인두라는 기구를 썼답니다. **인두는 불에 달구어 천의 구김살을 눌러 펴는 데 사용된 바느질 도구**예요.

*참고 듣고만 있던 **인두** 낭자 – 『아씨방 일곱 동무』

* **일본의 지배** | 1910년부터 1945년까지 우리나라는 일본의 지배를 받았음. 그 시기를 '일제강점기'라고 함

한때 우리나라는 일본의 지배를 받은 적이 있어요. 일본은 1910년 강제로 우리의 주권을 빼앗아 우리나라를 약 36년 동안 식민지로 지배했어요. 이렇게 **일본의 지배를 받은 때를 일제강점기**라고 해요. 일본이 강제로 점령한 시기를 뜻해요. 일제강점기 동안 우리 민족은 아주 힘들고 고통스런 시간을 보냈답니다. 하지만 굴복하지 않고 일본에 맞서 용감히 독립운동을 했지요. 마침내 우리는 1945년 8월 15일 일본의 식민 지배에서 벗어나 광복을 맞이했어요. 그래서 이날을 광복절로 정해 기념하고 있어요.

* **일본의 지배** 아래 죽도록 일만 하는 우리 민족이 – 『내가 처음 만난 예술가 7: 이중섭』

* **장날** | 장이 서는 날

시장에 가본 적이 있나요? 마트처럼 여러 가지 물건을 사고파는 곳인데, 보통 건물 안에 있지 않고 골목이나 거리에 있어요. 시장을 '장'이라고도 부르지요. 이 **장이 서는 날을 장날**이라고 해요. 매일 장이 열리면 매일장, 5일에 한 번씩 열리면 5일장이라고 한답니다.

* **장날**, 어머니는 깨도 팔고 콩도 팔러 장터에 갔어요. – 『동강의 아이들』

* **장승** | 마을이나 절 입구에 세워져 수호신 역할을 한 무서운 얼굴의 나무 기둥

옛날, 길가나 마을 입구, 절 입구에는 무서우면서도 우스꽝스러운 얼굴이 새겨진 나무 기둥이 서 있었어요. 바로 장승이랍니다. 마을 안으로 전염병 같은 잡귀가 들어오지 못하게 막아 주는 수호신이지요. 그래서 장승을 보면 곧 마을이나 절이 근처에 있음을 짐작할 수 있었어요. 이처럼 **장승은 마을을 지켜**

주고 길이 어디쯤인지 알려 주는 **구실**을 했던 우리 전통문화랍니다.

＊타박타박 걸어가는데 당산나무 옆에서 **장승**들이 물어. - 『우리 순이 어디 가니』

* **장독대** | 장독들을 놓아두는 곳

옛날엔 집집마다 마당 한쪽에 크고 작은 항아리와 독들이 가지런히 놓여 있었어요. 된장, 고추장, 간장 등을 담은 장독들이지요. 이 **장독들이 놓여 있는 곳이 장독대**예요. 장독대는 보통 동쪽에 마당보다 약간 높직하게 만들어져 있어요. 조금이라도 햇볕을 더 받게 하기 위해서예요. 그래야 장맛이 좋아진대요.

＊광 위의 **장독대**에는 여러 항아리가 있습니다. - 『만희네 집』

* **절** | 몸을 굽혀 공경하는 마음으로 정중히 하는 인사

설날에 세배를 할 때 어떻게 하나요? 몸을 굽혀 아주 공손히 절을 할 거예요. 제사나 차례를 지낼 때도 상 앞에서 절을 해요. 이건 돌아가신 조상께 인사하는 거예요. 이렇게 **절은 나보다 높은 지위에 있는 사람, 나이가 많은 사람에게 공경하는 마음으로 몸을 굽혀 정중히 인사**하는 거예요.

＊할머니와 할아버지께 **절**을 해야 하는 시간이래요. - 『이모의 결혼식』

* **절구** | 나무나 돌 속을 푹 파서 만든 기구로 곡식을 빻거나 찧을 때 사용

우리나라는 옛날부터 벼농사를 지어 쌀로 밥을 지어 먹거나 떡을 만들어 먹었어요. 떡을 만들기 위해 떡 반죽을 하려면 꼭 필요한 게 있었지요. 손으로 주물거리면서 반죽할 수도 있지만 명절이나 잔치같이 떡을 아주 많이 만들

어야 할 때는 도구를 사용했답니다. 바로 절구예요. **절구는 통나무나 돌의 속을 둥그스름하게 푹 파서 만든 기구**지요. 절구 안에 곡식을 넣고 절굿공이로 쿵쿵 찧으면 금세 고운 가루가 되고, 떡 반죽을 넣어 치면 쫀득쫀득한 반죽이 된답니다.

＊**절구**는 팥죽을 먹고 나서 – 『팥죽 할머니와 호랑이』

＊ **툇마루** | 한옥에서 툇간에 놓인 마루로 집 바깥으로 나와 있음

현대의 집은 현관문을 열고 안으로 들어가야 신발 벗는 곳이 나와요. 신발을 벗은 다음 거실로 올라서지요. 그런데 옛날 한옥은 집 밖에 신발을 벗고 들어갔어요. 그럼 바로 문이 나오는 게 아니라 작은 툇마루가 나와요. **툇마루는 걸터앉을 수 있을 정도의 작은 마루**인데 집 바깥으로 나와 있지요. 그래서 신발을 벗고 툇마루에 올라간 다음 방문을 열어야 집 안으로 들어갈 수 있어요. 툇마루는 한옥의 안과 밖을 연결하는 공간이에요.

＊밀가루 반죽은 방문턱을 넘어 **툇마루**를 지나 – 『손 큰 할머니의 만두 만들기』

＊ **평안남도** | 우리나라 북서부에 있는 도의 하나로 북한에 편입되어 있음

우리나라 지도를 펼쳐 보면 허리 부분에 휴전선이 있고, 그 아래로는 대한민국이, 그 위로는 북한이 있어요. **평안남도는 북한에 속한 도 중의 하나로 한반도 북서부에 자리**하고 있지요. 평안남도 안에 북한의 수도인 평양시가 있는데, 지금은 특별시로 분리되어 있어요.

＊이중섭은 **평안남도** 평원군에서 태어났어요. – 『내가 처음 만난 예술가 7: 이중섭』

* **함지박** | 통나무 속을 파서 바가지같이 만든 큰 그릇

많은 음식을 한꺼번에 담거나 여러 가지 재료를 한데 넣어 버무리려면 아주 큰 그릇이 필요해요. 이에 딱 알맞은 그릇이 있답니다. 바로 함지박이에요. **함지박은 통나무를 쪼개어 그 안을 파서 만든 아주 큰 그릇**이에요. 마치 커다란 바가지처럼 생겼어요. 만두소를 버무리거나 나물을 버무릴 때 함지박을 이용해요. 또 삶은 감자나 고구마 같은 음식을 둘 때도 함지박에 담아 두어요.

＊헛간 지붕으로 쓰는 <u>함지박</u>을 끌어와 - 『손 큰 할머니의 만두 만들기』

* **해치** | 옳고 그름과 선악을 판별하는 신기한 힘을 지닌 상상의 동물

경복궁에 가면 아주 특이하게 생긴 동물 조각상을 볼 수 있어요. 머리에는 뿔이 있고, 몸은 비늘로 덮여 있으며, 겨드랑이엔 날개가 돋아 있지요. 아주 큰 위엄이 느껴지는 이 동물은 상상의 동물, 해치랍니다. **해치는 해태라고도 하는데, 법과 정의를 상징하는 동물**이지요. 옛날 사람들은 해치가 옳고 그름과 선과 악을 판별하는 신기한 힘을 지니고 있다고 믿었어요. 그 풍습이 전해져 오늘날에도 국회의사당과 대검찰청 등 법과 관련한 일을 하는 곳에 해치상이 세워져 있어요. 국회의사당은 법을 만드는 국회의원들이 일하는 곳이고, 대검찰청은 법을 어긴 사람을 잡는 곳이에요.

＊<u>해치</u>의 머리에는 아무도 꺾지 못하는 - 『해치와 괴물 사형제』

집 안에서
하는 세계 여행!
외국 문화

세상은 참 넓기도 하고 좁기도 합니다. 물리적인 거리를 재어 보면 매우 넓지만, 교통과 통신의 발달로 서로 오고 가며 교류할 때는 먼 나라도 옆집에 사는 이웃처럼 가깝게 느껴지지요. 그래서 지구가 하나의 마을 같다는 의미에서 '지구촌'이라는 말도 생겼습니다.

상황이 이렇다 보니 어렸을 때부터 외국 문화를 좀 더 쉽게 접하게 되었습니다. 음식이나 옷뿐만 아니라 심지어 기념일이나 명절까지 우리의 일상생활 속에 들어와 있지요. 크리스마스를 비롯해 부활절이나 할로윈을 지내는 사람들도 많아졌습니다. 게다가 전에는 대체로 미국이나 유럽 등 서양에서 들어온 문화들이 대부분이었지만, 지금은 아시아, 남아메리카, 이슬람, 아프리카 등 전 세계 문화를 접할 수 있습니다.

아이들이 읽는 그림책 중에도 외국 작품이 많습니다. 예전에는 외국 도서를 번역할 때 우리 문화와 감성에 맞게 의역을 많이 했는데, 요즘에는 지구촌 시대이니만큼 원전 그대로 번역을 하는 편입니다. 우리 것을 지키는 것 못지않게 세계인으로서의 감성을 키우는 것도 중요하니까요. 우리 것을 세계화하는 데도 국제적인 감수성이 꼭 필요하지요.

하지만 아이들은 경험이나 배경지식이 적기 때문에 외국 문화가 낯설고 이해하기 힘듭니다. 물론 치즈같이 이미 우리 생활의 일부분이 되어 익숙한

문화도 있습니다. 그렇지만 그런 것일지라도 관련 지식을 설명해 주면 좋습니다. 외국 문화에 대한 이해뿐만 아니라 자연스레 세계 지리와 세계사 공부가 되니까요.

책을 읽다가 혹은 일상생활 중에 외국 문화와 관련한 말이 나오면 그 유래나 풍습 등을 설명해 주세요. 만약 그 문화가 어느 나라, 어느 지역에서 시작된 건지 알고 있다면, 세계 지도에서 그곳을 찾아 보여 주는 것도 좋습니다. 그러면 지리적인 감각도 키워 줄 수 있지요. 만약 잘 모르는 외국 문화라면 처음부터 정확한 의미를 알아보기보다 그 뜻이 무엇인지 문맥을 통해 추론해 봅니다. 실물 사진이나 그림을 보는 것도 아주 좋습니다. 그러면 보다 생생하게 이해할 수 있지요. 나아가 비슷한 우리 문화가 있다면, 어떤 점이 비슷하고 다른지 생각해 보는 시간을 가져 보세요.

쏙쏙 지도포인트

- 어느 나라, 어느 지역에서 발생한 문화인지 세계 지도에서 찾아본다.
- 문맥을 통해 그 의미를 추론하고 정확한 뜻을 알아본다.
- 그림이나 실물 사진을 통해 직접 눈으로 확인한다.
- 우리 문화와 비슷한 점과 차이점이 무엇인지 비교해 본다.

엄마의 어휘사전

* 건배 | 건강, 행복 등을 빌며 함께 술잔을 들어 마시는 일

어른들이 술을 마실 때 맨 처음 하는 행동이 있어요. 바로 건배예요. **건배는 누구 한 사람이 건강이나 행복 등을 비는 말을 하면 모두 술잔을 들어 올려 서로를 축복한 뒤 함께 첫 잔을 마시는 거**지요. 건배는 원래 종교 의례에서 신이나 죽은 사람에게 행하는 의식이었는데, 지금은 일상적인 술자리에서도 행해져요. 건배 의식은 나라마다 조금씩 다른데, 그리스에서는 엄지와 검지로 잔 앞쪽을 집어 들고 잔 아래쪽을 상대방과 부딪친대요.

＊그리스식 **건배**를 했어요. – 『이모의 결혼식』

* 귀족 | 신분이 있던 사회에서 왕과 함께 나라를 다스리는 일을 했던 지배 계층

옛날에는 신분이란 게 있었어요. 태어날 때부터 정해진, 그 사람의 사회적 지위예요. 가장 높은 신분은 왕족이었고, 그다음이 귀족, 그다음이 평민, 가장 낮은 신분이 천민이었어요. 이 중 **귀족은 왕과 함께 나라를 다스리는 일을 하는 지배 계층**이에요. 매우 화려하고 부유하게 살면서 넓은 땅을 소유하고 세금을 내지 않았지요. 한편 평민은 농사를 짓거나 물건을 만드는 일 등을 하였고 세금을 냈어요. 대부분 가난하게 살았지요. 천민은 아무것도 소유할 수 없었고 보통 귀족의 집에서 온갖 허드렛일을 하며 살았어요.

＊그 나라에 사는 **귀족**들이 그걸 보고 감탄하는 것이 – 『뒤죽박죽 잔치』

* 그리스 | 서양 문명의 발상지로 남부 유럽 발칸반도 남쪽 끝에 위치한 나라

그리스는 남부 유럽의 발칸반도 남쪽 끝에 위치한 나라예요. 세계 지도에서 찾아보면 지형이 울퉁불퉁하고 지중해와 접해 있지요. 기후는 일 년 내내 아주 온화하답니다. 고대 그리스는 신화, 철학, 자연과학, 민주주의, 올림픽, 역사

학, 정치학, 문학 등 여러 분야에서 매우 독창적이고 훌륭한 문명을 꽃피웠어요. 지금도 신전, 광장, 예술품 등 당시의 문화 유적이 많이 남아 있어서 세계 곳곳에서 수많은 관광객들이 찾아요. 그리스에는 섬도 아주 많은데, 그중 가장 큰 섬이 크레타예요. 크레타 섬에도 신비로운 고대 유적이 많답니다.

***그리스**에 가면 신화 속 신들을 모두 만날 수 있는 걸까요? - 『이모의 결혼식』

* **달러** | 미국의 화폐, 1달러는 100센트임

나라마다 사용하는 화폐가 달라요. 대체로 동전과 지폐를 사용하는데, 부르는 이름이나 값이 다르지요. 우리나라는 10원, 50원, 100원, 500원의 동전과 천 원, 오천 원, 만 원, 오만 원의 지폐를 사용해요. 한편 **미국은 달러와 센트가 있어요.** 달러는 지폐로 1달러, 5달러, 10달러, 20달러, 50달러, 100달러가 있고, 센트는 동전으로 1센트, 5센트, 10센트, 25센트, 50센트가 있어요. 1달러는 100센트이고, 우리나라 돈으로 바꾸면 1,100~1,200원 정도 되지요.

*은행에 가져가 십 **달러**짜리 지폐로 바꾸었어요. - 『엄마의 의자』

* **들러리** | 결혼식에서 신랑과 신부 곁에서 도와주고 거들어 주는 사람

결혼식을 치를 때 신랑, 신부를 돕는 사람이 있어요. 바로 들러리예요. **들러리는 신랑과 신부가 예식을 잘 치를 수 있도록 곁에서 도와주고 거들어 주는 사람**이에요. 한 명 혹은 여러 명을 둘 수도 있어요. 들러리를 서는 사람들도 옷을 근사하게 입어요. 신랑, 신부가 식장으로 입장할 때 그 길을 인도하는 일도 하거든요. 이때는 귀여운 어린아이들이 들러리를 서기도 해요. 이렇게 들러리를 두는 풍습은 우리나라 전통은 아니에요. 서양식 결혼식에 있는 풍습이지요.

*이모가 결혼을 하는데 저보고 **들러리**를 서주지 않겠냐 - 『이모의 결혼식』

* **러시아** | 유럽 동부 및 아시아 북부에 있는 나라로 세계에서 영토가 가장 넓음

러시아는 세계에서 영토가 가장 넓은 나라예요. 북부 아시아와 동부 유럽에 걸쳐 동서로 아주 넓고 길게 뻗어 있지요. 너무 넓어서 러시아와 접해 있는 나라도 10개국이 넘어요. 러시아에는 뛰어난 예술가가 참 많아요. 소설가 톨스토이, 도스토옙스키, 투르게네프, 시인 푸시킨, 음악가 차이콥스키 등이 있어요.

*그다음 **러시아** 문학 쪽으로 어슬렁어슬렁 – 「책 먹는 여우」

* **마녀** | 마법을 사용하는 여자로 보통 사람들에게 해를 끼친다고 전해짐

서양 동화를 읽다 보면 마녀 이야기가 많이 나와요. **마녀는 마법을 사용하는 여자인데, 보통 심술궂고 사나우며 어린이들을 해치는 못된 아줌마나 할머니 모습**이에요. 하지만 요즘 지어진 이야기에는 꼬마 마녀, 착한 마녀, 엉뚱한 마녀 등 다양한 모습의 마녀가 등장한답니다. 한때 서양인들은 마녀가 진짜 있다고 믿었어요. 행동이 수상한 여자들을 악마와 계약한 마녀라고 몰아붙여 죽이기까지 했지요. 그때 사악한 마녀 이야기가 많이 지어졌어요. 하지만 사실이 아님이 밝혀지면서 다양한 모습의 마녀 이야기가 지어지고 있어요.

***마녀** 위니는 숲속 까만 집에서 살았어요. – 「마녀 위니」

* **베스트셀러** | 어떤 기간 동안 가장 많이 팔린 물건

서점에 가면 베스트셀러라는 푯말이 붙어 있는 코너가 있어요. 한 주, 또는 한 달 동안 가장 많이 팔린 책들을 모아 놓은 곳이랍니다. 책만이 아니라, 과자, 옷, 핸드폰 등 최고 인기 상품은 모두 베스트셀러라고 말해요. **베스트셀러는 영어인데, 어떤 기간 동안 가장 많이 팔린 물건**이라는 뜻이에요.

*여우 아저씨의 소설은 **베스트셀러**가 되었고 – 「책 먹는 여우」

* **세** | 한 집안에서 이어져 내려오는 순서나 지위의 차례, 임금 순위를 나타내는 말

서양 사람들 이름을 보다 보면 고개를 갸웃하게 될 때가 있어요. '교황 베드로 2세', '영국 여왕 엘리자베스 2세' 등의 이름에서 '베드로', '엘리자베스'는 각각 이름인 걸 알겠는데, 뒤에 붙은 '2세'가 무슨 뜻인지 알쏭달쏭하지요. 여기서 **세는 한 집안에서 대대로 이어져 내려오는 순서나 지위의 차례, 왕조의 임금 순위**를 나타내는 말이에요. 그러니까 베드로 2세는 베드로라는 이름의 교황 중에서 두 번째라는 뜻이고, 엘리자베스 2세 역시 엘리자베스라는 이름의 여왕 중에서 두 번째라는 뜻이에요.

*그 사람은 코넬리아 콘트랄토 **3세**였어요. -『신기한 스쿨버스 키즈 6: 유령 박물관에서 열린 음악회』

* **서커스** | 마술, 곡예, 묘기 등을 보여 주는 공연

지금은 영화, 콘서트 등 볼거리가 참 많아요. 특히 텔레비전이나 인터넷을 통해 개그, 드라마, 예능, 쇼 등 매우 다양하고 재미있는 프로그램을 볼 수 있어요. 옛날에는 대표 볼거리로 서커스 공연이 있었어요. **서커스는 마술, 곡예, 묘기 등을 보여 주는 공연**이에요. 무대에 사람이나 동물이 직접 나와 공연하기 때문에 더욱 재미있고 짜릿해요.

*특별석에서 **서커스** 관람을 했어요. -『코끼리랑 집을 바꿨어요』

* **스쿨버스** | 학생들의 등교와 하교를 편하게 하기 위해 운영하는 학교 버스

학교에 갈 때 대부분 걸어 다닐 거예요. 보통은 집 근처 학교를 다니니까요. 하지만 집과 멀리 떨어진 데 있는 학교에 다니는 학생들도 있어요. 이런 경우엔 보통 학교에서 운영하는 스쿨버스를 타고 다니지요. **스쿨버스는 학생들이 편하게 등교하고 하교할 수 있도록 학교에서 운영하는 버스**예요. 스쿨버스를 우

리말로 하면 학교 버스지만 이 말은 잘 안 써요.

*그때 **스쿨버스**가 이상하게 움직이기 - 『신기한 스쿨버스 키즈 6: 유령 박물관에서 열린 음악회』

* **아테나** | 그리스 신화에 나오는 지혜의 여신

고대 그리스 신화의 대표 여신은 헤라, 아테나, 아프로디테예요. 헤라는 최고의 신인 제우스의 아내로 결혼과 출산을 지배하는 가정의 수호신이에요. **아테나는 제우스의 딸로 지혜롭고 용맹한 지혜의 여신**이지요. 그리스의 대표 도시 아테네의 수호신이에요. 아프로디테는 아름다움과 사랑의 여신으로 바다 거품에서 태어났다고 전해지고 있어요.

*이왕이면 아프로디테나 **아테나**같이 예쁜 여신들을 만나고 싶은데 - 『이모의 결혼식』

* **아프리카** | 세계에서 두 번째로 큰 대륙으로 매우 무덥고 야생동물이 많음

세계에서 가장 큰 대륙은 아시아이고, **두 번째로 큰 대륙은 아프리카**예요. 지도에서 아프리카를 찾아보면 한가운데로 적도가 지나가는 걸 볼 수 있어요. 적도 주변 지역은 태양 빛이 가장 많이 내리쬐는 곳이라 일 년 내내 아주 무더워요. 그래서 사람이 살기엔 적합하지 않지만 야생동물이 많이 살고 있답니다.

*홀리오는 **아프리카**로 가는 배 안에서 멋진 자기소개를 준비했어요. - 『코끼리랑 집을 바꿨어요』

* **양탄자** | 표면에 보풀이 일게 모직으로 짠 두꺼운 깔개

〈알라딘의 요술 램프〉 이야기를 보면 알라딘이 이불 같은 커다란 깔개를 타고

날아다녀요. 이 깔개는 **양탄자로 카펫, 융단이라고도 하는데, 표면에 보풀이 일게 모직으로 짠 두꺼운 깔개**예요. 중동 지역을 대표하는 오래된 문화지요. 중동은 사우디아라비아, 이란, 이라크 등의 나라가 있는 서남아시아 지역인데, 사막과 초원이 많아 이동 생활을 많이 했어요. 그러다 보니 집을 짓는 것보다 천막을 치고 사는 게 더 편했지요. 그래서 바닥에 양탄자를 깔기 시작했던 거예요. 이제 양탄자는 전 세계인이 이용한답니다.

*우리 할아버지는 아름다운 **양탄자**를 가지고 오셨습니다. - 『엄마의 의자』

* **영국** | 유럽 북서부 해안에 있는 섬나라로, 네 개의 나라로 이루어진 연합 왕국

영국은 유럽 북서부 해안에 있는 섬나라예요. 잉글랜드, 스코틀랜드, 웨일스, 북아일랜드로 이루어져 있는 연합 왕국이지요. 수도는 런던이지만, 각 나라마다 자율적으로 통치할 수 있는 자치권이 있어서 저마다 수도를 두고 있어요. 잉글랜드의 수도는 런던이고, 스코틀랜드는 에든버러, 웨일스는 카디프, 북아일랜드는 벨파스트예요. 이 중 런던은 경제, 예술, 패션, 금융, 관광 등 거의 모든 분야에서 세계 최고의 도시 중 하나랍니다. 런던을 지나가는 템스 강에는 웅장하고 멋있는 타워브리지가 있는데, 야경이 아름다워 관광 명소로 손꼽히지요. 런던에는 엘리자베스 여왕이 사는 버킹엄 궁전도 있어요.

*플럼스터 부부는 **영국** 동해안에서 가까운 황량한 늪지에서 - 『깃털 없는 기러기 보르카』

* **요들송** | 알프스 산간 지역 주민들 사이에서 불리는 독특한 창법의 노래

"저 알프스의 꽃과 같은 스위스 아가씨~ 귀여운 목소리로 요로레잇디~" 하는 노래를 들어 본 적이 있나요? 바로 요들송이에요. **요들송은 알프스 산맥의 산간 지역 주민들 사이에서 불리는 경쾌한 노래**지요. 가성으로 내는 고음과 가

슴으로 내는 저음이 빠르게 번갈아 나오는 게 인상적이에요. 특히 '요로레이 요로레잇디~' 하며 되풀이되는 부분이 재미있어요.

＊산 위에서 **요들송**을 부르고 – 『신기한 스쿨버스 키즈 6: 유령 박물관에서 열린 음악회』

＊ **유화** | 물감을 기름에 개어 그리는 그림

그림을 그릴 때 연필이나 크레파스, 물감 등을 사용해요. 이때 **물감을 물이 아니라 기름에 개어 그리는 그림을 유화**라고 해요. 유화는 종이로 된 스케치북에 그리지 않고 보통 천으로 된 캔버스에 그린답니다. 유화의 장점은 색을 칠한 위에 덧칠하여 표현할 수 있다는 거예요.

＊편지 그림을 **유화** 물감으로 다시 그리면서 – 『내가 처음 만난 예술가 7: 이중섭』

＊ **이스트** | 빵을 만들 때 밀가루 반죽을 부풀리는 데 넣는 효모균

빵이 쫄깃쫄깃하고 부드러운 이유는 무엇일까요? 밀가루를 반죽할 때 넣는 이스트 덕분이에요. **이스트는 빵이나 맥주를 발효시키는 효모균**이지요. 이걸 넣어야 반죽이 딱딱하지 않고 부드러워지며, 구울 때 빵이 잘 부풀어요.

＊**이스트**와 소금, 설탕을 넣어 반죽을 하고 – 『구름빵』

＊ **인어** | 허리 위는 사람의 몸이고, 허리 아래는 물고기인 상상 동물

〈인어공주〉 이야기에 나오는 인어는 진짜 있는 존재일까요? 바다에 산다고 하는데 물고기 같기도 하고 사람 같기도 해요. **인어의 생김새를 보면 허리 위는 사람의 몸이고, 허리 아래는 물고기**예요. 사실 이야기 속 상상 동물이랍니다.

서양 이야기 속 인어들은 바다 속에 궁전을 지어 산다고도 하고, 바다에 빠져 죽은 사람들의 영혼을 인도한다고도 해요.

＊**인어**들이 즐겨 먹는 음식이지. –『난 토마토 절대 안 먹어』

＊ **일본** | 우리나라 동쪽에 있는 섬나라로 네 개의 큰 섬으로 이루어져 있음

일본은 우리나라 동쪽에 있는 섬나라예요. 네 개의 큰 섬인 홋카이도, 혼슈, 시코쿠, 규슈로 이루어져 있지요. 일본의 수도는 도쿄이고, 경제와 문화면에서 세계 최고의 도시 중 하나예요. 그런데 과거 우리나라뿐만 아니라 아시아 여러 나라를 침략해 고통 속에 빠뜨린 적이 있답니다.

＊**일본** 도쿄로 갔어요. –『내가 처음 만난 예술가 7: 이중섭』

＊ **지중해** | 유럽, 아프리카, 서남아시아 세 대륙으로 둘러싸인 바다

세계 지도를 보면 유럽과 아프리카 그리고 서남아시아 세 대륙에 둘러싸인 바다가 있어요. 대륙들 사이에 있어서 꼭 커다란 호수 같지요. 이 **바다는 대서양으로 이어지는 지중해**예요. 유럽 사람들은 일찍부터 상업 활동을 많이 했는데, 이 지중해를 이용하여 다른 나라와 교역을 했답니다. 그래서 지중해를 지배하는 나라는 쑥쑥 발전할 수 있었어요.

＊**지중해**에 있는 궁궐 같은 집에 사는 부자가 되었어요. –『세상에서 가장 맛있는 무화과』

＊ **치즈** | 우유의 단백질을 발효시켜 만든 식품

우유 안에는 여러 가지 영양소가 듬뿍 들어 있어요. 지방, 단백질, 비타민 A, 비타민 D, 비타민 E, 칼슘 등이지요. 이 중 **우유의 단백질을 발효시켜 만든 식**

품이 **치즈**예요. 치즈가 고체인 이유는 발효되는 과정에서 수분이 빠지기 때문이랍니다. 한편 우유의 지방을 분리해서 응고시킨 것은 버터예요.

*에이, 또 **치즈**야? – 『민들레 사자 댄디라이언』

* **팁** | 음식점이나 호텔 등에서 일하는 종업원에게 손님이 요금 외에 주는 봉사료

음식점에 가서 종업원에게 아주 친절한 서비스를 받으면 고마운 마음이 생겨요. 이때 **고맙다는 뜻으로 종업원에게 직접 주는 돈을 팁**이라고 해요. 외국에서는 음식점이나 호텔 등에서 팁을 주는 문화가 아주 일반적이랍니다.

***팁**은 꽤 많은 날도 있고 – 『엄마의 의자』

* **파리** | 프랑스의 수도로 세계적인 예술의 도시

파리는 프랑스의 수도예요. 세계적인 예술의 도시로 유명해요. 게다가 볼거리, 먹을거리도 많아 전 세계 수많은 관광객이 찾는답니다. 이름난 곳으로는 노트르담 사원, 루브르 박물관, 에펠 탑 등이 있어요. 에펠 탑은 프랑스 혁명 100주년을 기념해 개최된 파리 만국박람회에서 구스타브 에펠의 설계로 세워진 탑이에요. 처음에는 철골 덩어리라고 비난받았는데, 다 만들어진 후에는 파리를 상징하는 탑이 되었어요. 현재는 통신 안테나와 전망대로도 이용되고 있어요.

***파리**에 살고 있는 사람들은 고무처럼 축 늘어져 버린 에펠 탑을 – 『세상에서 가장 맛있는 무화과』

* **팬케이크** | 밀가루, 달걀, 우유, 설탕을 한데 반죽하여 팬에서 구운 케이크

팬케이크는 말 그대로 프라이팬에서 구운 케이크예요. **밀가루에 달걀, 우유,**

설탕을 넣어 반죽한 뒤 둥그런 모양으로 팬에 올려 구운 거지요. 주로 아침 식사로 먹어요. 팬케이크 위에 시럽이나 버터, 과일 등을 올려 먹으면 더욱 맛있어요. 핫케이크라고도 해요.

＊**팬케이크**를 먹었답니다. – 『코끼리와 버릇없는 아기』

＊ **해적선** | 해적들이 타고 다니는 배

해적은 바다를 누비며 노략질을 하는 도적이에요. 강도처럼 폭력을 쓰며 다른 배나 해안 마을을 습격하여 사람을 해치고 재물을 빼앗지요. 이 **해적들이 타고 다니는 배가 해적선**이에요. 해적선에는 보통 해적기가 걸려 있는데, 검은 바탕에 해골과 칼 등이 그려져 있어요. 그래서 보기만 해도 아주 무시무시해요. 우리나라는 옛날에 왜구라고 하는 일본 출신의 해적들에게 괴롭힘을 당한 적이 있답니다.

＊마지막으로 깃발을 꽂자 멋진 **해적선**이 완성됐습니다. – 『집 안 치우기』

＊ **햄버거** | 둥근 빵 사이에 고기 패티와 야채를 끼워 넣어 만든 음식

햄버거는 바쁠 때 간편하고 빠르게 먹을 수 있는 음식이에요. **둥근 빵 사이에 고기 패티와 야채를 끼워 넣어 만들기** 때문에 먹으면 배도 부르지요. 패티는 소고기, 돼지고기 등을 다져 빵가루 등을 넣고 동글납작하게 만들어서 구운 거예요. 그런데 이 햄버거는 원래 몽골 요리에서 시작되었답니다. 몽골족의 일파인 타타르족은 날고기를 말안장에 깔고 다니며 부드럽게 한 후 잘게 썰어서 먹는 풍습이 있었는데, 어느 독일 상인이 이를 보고 다진 고기를 뭉쳐 불에 구워 먹기 시작했어요. 그가 함부르크 출신이어서 함부르크 스테이크라고 이름이 붙여지게 되었어요. 그 후 한 요리사가 이 함부르크 스테이크를 빵에 넣

어 팔았는데, 이것이 햄버거가 되었지요.

*다음에는 **햄버거** 가게로 갔어요. -『코끼리와 버릇없는 아기』

* **협주곡** | 관현악단이 독주 연주자와 함께 연주하는 서양 고전 음악

바이올린, 비올라, 첼로 등의 현악기와 클라리넷, 오보에, 호른, 트럼펫 등의 관악기로 이루어진 악단을 관현악단이라고 해요. 영어로 하면 오케스트라지요. 이들 **관현악단과 함께 독주 연주자, 즉 솔로이스트가 어우러져 연주하는 음악을 협주곡**이라고 해요. 콘체르토라고도 하지요. 독주 악기에 따라 피아노 협주곡, 바이올린 협주곡, 첼로 협주곡 등이 있어요.

*'새로운 악기를 위한 **협주곡**'을 -『신기한 스쿨버스 키즈 6: 유령 박물관에서 열린 음악회』

아이들의 호기심을
해결해 주다!

자연 및 과학 어휘

자연 및 과학과 관련된 용어를 아이들에게 친절하게 설명해 주는 것은 매우 중요합니다. 아이들의 평소 호기심과 가장 관련이 깊기 때문입니다. 아이들이 하는 대부분의 질문은 대체로 과학적인 질문들이 많습니다. "비는 왜 내려요?", "땅속에는 무엇이 살아요?", "태풍은 왜 불어요?" 하고 묻지요. 아이들은 이런 질문의 답을 찾으면서 지적으로 성장합니다.

과학 용어를 알면 나중에 과학 공부를 할 때도 많은 도움을 받을 수 있습니다. 교과 공부란 기본적으로 그 교과에서 사용하는 말을 알아 가는 것이니까요. 용어를 알아야 내용을 이해할 수 있고, 나아가 새로운 상황에 적용하여 스스로 보다 폭넓게 지식을 탐구해 나갈 수 있습니다.

그러면 과학 용어를 어떻게 가르쳐야 할까요? 가장 쉬운 방법은 과학 지식책을 보면서 기본 용어를 익히는 것입니다. 책 내용 중에 설명이 나와 있기 때문에 따로 가르칠 필요가 없지요. 두 번째는 이야기 그림책에서 과학적으로 이해할 필요가 있는 용어를 찾아 그 뜻이 무엇인지 함께 알아보는 것입니다. 이 방법은 아이들의 상상력과 호기심을 자극하고 능동적으로 탐구할 수 있는 여지를 주기 때문에 더욱 추천하고 싶습니다.

과학은 자연 현상을 탐구하는 학문이기 때문에 실물을 아는 것이 중요합니다. 예를 들어 '갯벌'이라고 했을 때, 그 말의 뜻만 아는 게 아니라 실제 갯벌이 어떤 곳이고 어떻게 생겼는지 알아야 한다는 뜻입니다. 당장 실물을 볼 수 없는 경우에는 사진이나 그림을 보면 좋겠지요. 그래야 아이들이 그것을 친근하게 느끼고 더 많은 관심을 갖게 됩니다. 관심이 높아지면 좀 더 적극적으로 탐구하려는 의지가 생깁니다. 이 탐구심은 과학 그 자체에 대한 흥미로 이어져 나중에 과학 공부를 잘할 수 있는 바탕이 됩니다.

책을 읽다가 자연 및 과학과 관련하여 이해할 수 있는 어휘가 나오면 뜻을 알아도 과학적으로 다시 정의해 보세요. 예를 들어 '나무', '구름'과 같이 아주 익숙한 어휘일지라도 각각 '광합성을 하는 식물'이라거나 '물방울이나 작은 얼음 입자가 모여서 하늘에 떠 있는 것'이라고 풀이해 보는 겁니다.

그런데 이렇게 정의만 알려 주면 이해하기 쉽지 않아요. 과학 어휘와 관련한 경험도 말해 주고 개념도 잘 이해했는지 사이사이 질문도 해가며 가르쳐야 합니다.

쏙쏙 지도포인트

- 과학 용어가 실제 가리키는 대상을 실물 사진이나 그림으로 확인해 본다.
- 실제 그 대상을 접한 적이 있다면 경험을 이야기해 본다.
- 과학 용어의 개념을 잘 이해했는지 질문을 던져 본다.

엄마의 어휘사전

* **갯벌** | 밀물 때는 바닷물에 잠기어 있고 썰물 때는 밖으로 드러난 넓은 땅

바닷물이 멀리 밀려 나갈 때를 '썰물'이라고 하고, 밀려올 때를 '밀물'이라고 해요. **밀물 때 바다에 잠기어 있던 땅이 썰물 때 밖으로 드러난 걸 갯벌**이라고 해요. 갯벌은 땅이 질퍽질퍽하고 흙과 모래가 아주 가늘어요. 우리나라 서해안과 남해안에 많지요. 갯벌에는 많은 생물이 살아요. 갯지렁이, 조개, 게 등은 갯벌 아래 굴을 파서 살고, 따개비, 말미잘 등은 바위에 붙어살지요.

*넘실거리던 푸른 바닷물이 빠지고 넓은 **갯벌**이 나타났어요. -『갯벌이 좋아요』

* **겨울잠** | 겨울에 춥고 먹이가 부족해 동물들이 땅속이나 동굴에서 잠을 자는 것

겨울이 되면 쿨쿨 잠을 자는 동물들이 있어요. 개구리, 뱀, 다람쥐, 곰 등이지요. 이들 동물은 **겨우내 땅속이나 동굴, 나무줄기 안에서 잠을 자느라 거의 활동하지 않아요.** 다음 해 봄이 되어야 밖으로 나오지요. 이렇게 겨울잠을 자는 이유는 겨울엔 춥고 먹을 음식도 많이 부족하기 때문이에요. 물론 내내 잠만 자는 것은 아니고 가끔 깨어나 저장해 둔 먹이를 먹기도 한답니다.

*종소리를 듣고 **겨울잠**을 자던 동물들이 -『손 큰 할머니의 만두 만들기』

* **곰팡이** | 스스로 광합성을 하지 못해 다른 생물에 붙어사는 가늘고 긴 실 모양의 식물

음식을 밖에 오래 두면 썩기 시작해요. 물렁해지면서 갈색이나 검은색으로 변하지요. 퀴퀴한 냄새도 나고요. 그러다 어느 순간 작은 솜털 같은 게 나 있는 걸 볼 수 있어요. 이게 바로 곰팡이랍니다. **곰팡이는 몸이 아주 가는 실 모양으로 되어 있는 식물**이에요. 하지만 엽록소가 없어서 '광합성'을 하지 못해 다른 생물에 붙어 양분을 빼앗아 먹으며 살아요. 광합성이란 햇빛을 이용해 물과

이산화탄소로 양분을 만드는 거예요. 식물의 엽록소에서 이 일이 일어나지요. 하지만 곰팡이는 엽록소가 없기 때문에 햇빛을 싫어해요. 어둡고 습기 찬 곳을 좋아하지요. 만약 그곳에 음식이 있으면 이때다 하고 붙어살아요. 그럼 그 음식은 썩기 시작한답니다.

***곰팡이**일 수도 있지. - 『줄무늬가 생겼어요』

* **기러기** | 목이 길고 다리가 짧은 겨울 철새로 강이나 늪가에 삶

우리나라엔 철새가 많이 와요. 철새는 계절에 따라 사는 곳을 이동하는 새예요. 번식을 하는 곳과 겨울을 나는 곳을 오가지요. 북쪽에서 번식을 하고 우리나라에서 겨울을 나면 겨울 철새라고 하고, 반대로 봄에 우리나라에 와서 번식을 하고 가을에 남쪽으로 이동하여 겨울을 나면 여름 철새라고 해요. **기러기는 겨울 철새예요. 오리와 비슷하게 생겼는데 목이 길고 다리가 짧으며, 강이나 늪가에 살아요.** 백로와 왜가리는 여름 철새예요. 백로는 목과 다리가 길고 보통 깃털이 하얀데 반해, 왜가리는 백로와 비슷하면서도 등이 회색이에요. 그리고 머리에 검은 줄이 눈에서 뒷머리까지 이어져 있답니다.

*이맘때쯤이면 늘 **기러기**들은 먹이 구하기가 - 『깃털 없는 기러기 보르카』

* **꼬리지느러미** | 물고기의 꼬리에 붙어 앞으로 나아가는 방향을 조절하는 지느러미

물고기를 보면 등과 배, 꼬리 등에 지느러미가 달려 있어요. 지느러미는 물고기가 물속에서 자유롭게 헤엄치고 움직이는 걸 돕지요. 등지느러미, 가슴지느러미, 배지느러미, 뒷지느러미, 꼬리지느러미가 있어요. 이 중 **꼬리지느러미는 앞으로 나아가는 방향을 조절하고 몸의 평형을 유지**하는 역할을 한답니다.

*순간 무지개 물고기는 **꼬리지느러미** 쪽에서 - 『무지개 물고기』

* **늪지** | 늪으로 둘러싸인 습한 땅

바닥이 진흙이며 움푹하게 파여서 물이 고여 있는 곳을 늪이라고 해요. 아주 질퍽질퍽한 연못이라고 생각하면 돼요. 늪에는 갈대, 개구리밥, 연 등 여러 식물들이 살지요. 이 **늪으로 둘러싸인 습한 땅을 늪지**라고 해요. 늪지에는 주로 개구리, 두꺼비, 잠자리 등이 살고, 종종 새들도 날아오지요.

＊봄이면 플럼스터 부부는 <u>늪지</u>로 돌아와 – 『깃털 없는 기러기 보르카』

* **도르래** | 바퀴에 홈을 파서 줄을 건 뒤 당겨 물건을 움직이는 장치

낚싯대로 고기를 낚는 모습을 떠올려 보세요. 고기가 낚싯바늘에 걸리면 낚싯대에 달린 줄을 돌돌 감아요. 그러면 낚싯줄이 올라오면서 고기도 따라 올라오지요. 이때 낚싯줄을 감는 바퀴 모양의 장치가 바로 도르래랍니다. **도르래는 줄을 걸 수 있도록 홈이 파인 바퀴로 주로 물건을 위로 들어 올릴 때 사용해요.** 도르래를 이용하면 물건을 올릴 때 힘이 덜 들어요.

＊선생님은 조수가 당겨 주는 <u>도르래</u>를 타고 – 『치과 의사 드소토 선생님』

* **매미** | 수컷이 높은 소리로 우는 것이 특징인 대표적인 여름 곤충

매미를 모르는 사람은 아마 없을 거예요. **매미는 여름이면 어김없이 "맴맴" 하고 울어 대는 대표적인 여름 곤충**이지요. 이렇게 소리 높여 우는 매미들은 수컷이랍니다. 짝짓기를 하기 위해 암컷에게 잘 보이려고 큰 소리로 우는 거지요. 매미는 애벌레일 때는 땅속에서 살다가 어른 매미가 될 때 땅 위로 올라와 번데기가 된 다음 허물을 벗고 어른 매미가 돼요. 어른 매미가 되기 위해 땅속에서 6~7년을 사는 반면 세상에 나와서는 7~10일 밖에 살지 못해요.

＊<u>매미</u>들만 귀 따갑게 울어 댑니다. – 『심심해서 그랬어』

* **먹물** | 오징어나 문어가 적으로부터 자신을 보호하기 위해 뿜어내는 검은 물

동물들은 저마다 자신을 보호하는 방식이 있어요. **오징어와 문어는 적이 다가오면 검은 물을 내뿜어 자신을 보호하는데, 이 검은 물을 먹물**이라고 해요. 사실 먹물은 원래 벼루에 먹을 갈면 생기는 물이에요. 여기서 먹은 일종의 검은 물감이지요. 그래서 물을 붓고 먹을 갈면 검은 물이 되는데 이를 먹물이라고 부르는 거지요. 오징어와 문어가 뿜는 물도 검은빛이라 먹물이라고 불러요. 오징어와 문어는 이 먹물을 만드는 먹물주머니가 몸속에 있어요.

＊까만 **먹물**을 내뿜고는 사라져 버렸습니다. -「무지개 물고기」

* **먹이 사슬** | 생태계에서 생물들이 서로 먹고 먹히는 관계를 나타낸 것

숲에 사는 여러 식물과 동물은 서로 먹고 먹히며 생명을 유지하지요. 예를 들어 메뚜기는 풀을, 들쥐는 메뚜기를, 또 새는 들쥐를 먹어요. 이렇게 **생태계 안에서 생물들이 서로 먹고 먹히는 관계를 먹이 사슬**이라고 해요. 누가 무엇을 먹는지 선으로 이어 보면 사슬처럼 복잡하게 서로 연결되어 있거든요.

＊헤아릴 수 없이 많은 **먹이 사슬**이 그런 데서 시작됩니다. -「뒤죽박죽 잔치」

* **메아리** | 산이나 절벽에 소리가 부딪쳐 되울리는 소리

산 위에 올라 "야~호!" 하고 소리치면, 반대편에서 "야아아 호오오!" 하는 소리가 울려요. 메아리가 울리는 거예요. **메아리는 앞으로 나아가던 소리가 산이나 절벽 등에 부딪쳐 되돌아오는 현상**이에요. '산울림'이라고도 하지요. 벽을 향해 던진 공이 벽에 부딪쳐 다시 되돌아오는 것과 같은 원리예요. 소리가 절벽 같은 것에 부딪쳐 반사되어 되돌아와 우리 귀에 들리는 거랍니다.

＊**메아리**만 울릴 뿐 -「신기한 스쿨버스 키즈 6: 유령 박물관에서 열린 음악회」

*** 목성** | 태양계에서 가장 큰 행성으로 태양을 기준으로 다섯 번째에 위치함

우리가 살고 있는 지구는 태양계에 속해요. 태양계는 태양과 그 주위를 도는 행성으로 이루어진 커다란 별 가족이지요. 이 행성들 중 가장 큰 것은 목성이에요. **태양에서부터 다섯 번째 자리에 위치해 있는데, 엷은 고리가 있고 많은 '위성'을 가지고 있어요.** 위성은 그 행성 주위를 도는 천체를 뜻해요. 예를 들어 우리 지구의 위성은 지구 주위를 도는 달이지요. 태양계의 행성을 차례대로 나열해 보면, 수성, 금성, 지구, 화성, 목성, 토성, 천왕성, 해왕성이랍니다.

* 이건 **목성**에서 나는 오렌지뽕가지뽕이라고. - 『난 토마토 절대 안 먹어』

*** 무지개** | 햇빛이 대기 중의 물방울을 통과하며 반원형으로 나타나는 일곱 색깔의 띠

비가 그친 뒤 하늘을 보면 간혹 무지개가 떠 있을 때가 있어요. 무지개는 어떻게 해서 생기는 걸까요? 비가 그치고 나면 대기 중에 물방울이 둥둥 떠다니는데, **햇빛이 이 물방울을 통과하면서 빛이 분산되어 일곱 빛깔 무지개가 나타나는 거**예요. 여기서 '분산'이란 햇빛이나 전등의 빛이 프리즘을 통과하여 여러 가지 색깔로 나누어지는 걸 말해요. 프리즘은 빛을 굴절, 분산시키는 도구인데, 물방울이 프리즘 역할을 하지요. 여기서 '굴절'은 빛이 꺾인다는 뜻이에요. 원래 햇빛은 여러 가지 색깔의 빛들이 합쳐져 있는데, 물방울을 통과하면서 이 빛들이 굴절되어 무지갯빛이 나타나는 거예요. 이때 보라색 빛은 많이 꺾이고 빨강색 빛은 덜 꺾여요. 그래서 보통 무지개의 아래쪽에는 보라색 빛이 있고, 위쪽에는 빨강색 빛이 있지요.

(*아래 예문에서 '무지개'는 과학적 의미로 쓰인 게 아니라 비유적 의미로 쓰였습니다. 하지만 아이에게 무지개의 과학적 의미를 말해 준다면 개념을 더욱 풍부하게 이해할 수 있습니다.)

* 물고기들은 그 물고기를 <u>무지개</u> 물고기라고 불렀습니다. - 『무지개 물고기』

* **밀림** | 큰 나무들이 울창하게 들어서 있는 숲

아프리카나 아마존에 가면 아주 키가 크고 우람한 나무들을 잔뜩 볼 수 있어요. 이 지역은 적도가 지나는 곳으로 태양 빛을 아주 많이 받아 기온이 높고 비도 많이 와요. 그래서 식물이 아주 잘 자라지요. 이렇게 **큰 나무들이 빽빽하게 들어선 깊은 숲을 밀림**이라고 해요. 희귀한 동물, 식물이 많이 살아요.

***밀림**을 탐험하려고 도시에서 왔어요. – 『코끼리랑 집을 바꿨어요』

* **바이러스** | 질병을 일으키는 아주 작은 감염성 입자

겨울이 되면 여기저기서 콜록콜록 기침 소리가 들려요. 감기에 걸린 거지요. 감기는 감기 바이러스에 감염되어 걸리는 질병이에요. **바이러스는 병을 일으키는 아주 작은 입자**랍니다. 우리 몸의 세포보다 더 작지요. 우리 몸에 침입한 바이러스는 몸속 세포의 핵 안으로 들어가 자기와 같은 바이러스를 많이 만들어요. 이렇게 바이러스 수가 갑자기 늘어나는 것을 감염이라고 하지요. 감기 바이러스에 감염되면 콧물이 나고 열이 나며 몸도 욱신거리고 아파요.
한편 박테리아는 세균이에요. 이건 바이러스보다 크고 우리 몸의 세포와 크기가 비슷해요. 바이러스가 우리 몸의 세포를 공격하는 것과 달리 박테리아는 우리 몸의 세포가 하는 일을 방해해요. 세포로 가는 양분을 빼앗아 먹으며 자기와 똑같은 박테리아를 계속 복제하지요. 이것도 감염이라고 해요. 박테리아에 감염되면 그 부위가 아프고 병이 나요.

***바이러스**일지도 모른다. – 『줄무늬가 생겼어요』

* **볼거리** | 볼거리 바이러스에 의한 전염병으로 볼이 부어오르고 열이 남

감기에 걸린 것처럼 얼굴이나 온몸에 열이 나고 머리가 아픈 질병이 있어요.

어린이들이 잘 걸리는 전염병으로 볼거리, 수두, 홍역이 있지요. 셋 다 바이러스에 감염되어 걸리는 병인데, 증상은 감기와 비슷해요. 차이점이 있다면 **볼거리는 볼 아래가 발갛게 붓고, 수두는 온몸에 물집이 생기고 가려워요. 홍역은 피부에 작은 종기 같은 게 돋아나요.** 이 전염병들에 걸리면 집에서 쉬면서 치료해야 한답니다. 하지만 미리 예방 접종을 하면 거의 감염되지 않아요.

＊흠, **볼거리**는 아니군요. -『줄무늬가 생겼어요』

＊ **비료** | 땅을 기름지게 하고 식물이 잘 자라게 하는 영양 물질

농사를 잘 지으려면 무엇보다 땅이 기름져야 해요. 적당히 물기가 있고 양분이 충분해야지요. 그런데 한 번 농사를 짓고 나면 농작물이 땅속 양분을 거의 다 흡수하기 때문에 땅이 거칠어져요. 이때 다음 농사를 위해 비료를 뿌려 준답니다. **비료는 땅을 기름지게 하고 식물이 잘 자라게 하는 영양 물질**이에요.

＊**비료**가 호수로 흘러 들어가고 있어요. -『뒤죽박죽 잔치』

＊ **사막** | 비가 거의 오지 않아 식물이 자라기 힘든 넓은 지형

우리는 이동할 때 보통 자동차를 이용하지만, 어느 곳은 낙타를 타고 이동해요. 바로 사막 지역이지요. **사막은 비가 거의 오지 않아 흙 대신 모래나 자갈, 바위 등으로 덮여 있는 곳**이랍니다. 기온이 높든 낮든 간에 비가 잘 오지 않으면 땅이 이렇게 사막으로 변해요. 그래서 더운 열대 지방에도 사막이 있고, 추운 극지방에도 사막이 있어요. 사막엔 물이 부족하기 때문에 생물이 살기 힘들어요.

＊뜨겁고 메마른 **사막**의 어느 날이었어요. -『선인장 호텔』

* **산소** | 생물이 호흡을 할 때 필요한 기체

우리는 숨을 쉴 때 공기를 들이마시고 내뿜어요. 이때 우리 몸이 중요하게 받아들여 사용하는 공기는 산소예요. **산소는 폐를 거쳐 핏줄을 통해 우리 몸속 모든 세포에 전달**되지요. 산소가 있어야 세포가 일을 해요. 사람만이 아니라 동물도 마찬가지예요. 불을 붙일 때도 산소가 필요하답니다. 산소는 물질이 타는 것을 도와주거든요. 한편 산소와 수소가 결합하면 물이 되지요.

***산소**가 없어서 물고기들이 죽을 수밖에 없지요. - 『뒤죽박죽 잔치』

* **산호초** | 산호의 껍데기와 분비물이 쌓여 만들어진 암초

바닷속을 아름다운 숲으로 만들어 주는 산호초의 정체는 무엇일까요? 굳이 말하자면 동물이랍니다. 왜냐하면 산호초를 이루는 산호가 해파리처럼 입과 촉수를 가진 동물이니까요. **산호초는 이 산호의 껍데기와 분비물이 쌓여 만들어진 암초**예요. 암초는 물속에 잠겨 보이지 않는 바위나 산호를 일컫지요. 산호는 낮엔 산호초 안에 숨어 있다가 밤이 되면 촉수를 뻗어 지나가는 플랑크톤이나 물고기를 잡아먹지요. 산호는 따뜻한 열대 바다에서 많이 산답니다.

***산호초** 뒤에 있는 깊은 동굴에 가면 - 『무지개 물고기』

* **선인장** | 보통 원기둥 모양의 줄기에 잎 대신 가시가 붙어 있는 식물

식물은 보통 뿌리, 줄기, 잎, 꽃으로 이루어져 있어요. 그런데 **선인장은 잎이 없고 대신 줄기에 뾰족한 가시가 돋아 있지요.** 이 가시는 사실 잎이 변한 것이랍니다. 사막처럼 건조한 지역에서 자라다 보니 물을 얻기 쉽지 않아 줄기는 통통해지고 잎은 가시가 되어 버린 거지요. 줄기가 통통하면 물을 담아 둘 수 있고, 잎이 가시가 되면 수증기가 새어 나가는 걸 막을 수 있어요. 또 가시는

동물들이 선인장의 물을 빼앗아 가지 못하도록 막아 주기도 한답니다.

***선인장**에서 빨간 열매 하나가 떨어졌어요. -「선인장 호텔」*

* **안킬로사우루스** | 온몸이 딱딱한 뼈로 된 갑옷으로 덮여 있는 초식 공룡

공룡은 먹이가 무엇이냐에 따라 초식 공룡과 육식 공룡으로 나눌 수 있어요. 초식 공룡은 말 그대로 식물의 줄기나 잎, 열매 등을 따먹고, 육식 공룡은 같은 공룡이나 동물을 잡아먹지요. **안킬로사우루스는 온몸이 갑옷처럼 된 딱딱한 뼈로 덮여 있는 초식 공룡**이에요. 이름의 뜻은 '연결된 도마뱀'이랍니다. 육식 공룡이 공격해 오면 단단하고 힘이 센 꼬리를 휘둘러 물리쳤대요. 킬란타이사우루스는 육식 공룡이에요. 육식 공룡은 사냥을 잘할 수 있도록 이빨이 뾰족하고 발톱이 날카로워요.

*아기 **안킬로사우루스**가 태어났습니다. -「고 녀석 맛있겠다」*

* **음파** | 물체의 진동에 의해 소리가 퍼져 나가는 것

물체를 치거나 흔들면 소리가 나요. 여기서 물체가 흔들리는 걸 진동이라고 하는데, 소리는 바로 이 진동 때문에 나는 거랍니다. 진동을 멈추면 소리가 나지 않아요. 진동을 하는 동안 소리가 공기 중으로 퍼져 나가는 거지요. 그 모양이 꼭 잔잔한 호수에 돌을 던지면 일어나는 물결 같아요. 그래서 **소리가 물결처럼 둥글게 퍼져 나가는 것을 음파**라고 부른답니다. 음파의 '음(音)'은 소리라는 뜻이고, '파(波)'는 물결이라는 뜻이에요. 진동이 빠르면 높은 소리가 되는데, 이때 음파는 촘촘하게 퍼져 나가요. 반면 진동이 느리면 낮은 소리가 되는데, 음파는 점점 벌어져 퍼져 나가지요.

*소리가 퍼져 나가는 것을 **음파**라고 -「신기한 스쿨버스 키즈 6: 유령 박물관에서 열린 음악회」*

※ **자석** | 철을 끌어당기는 돌

가위, 클립, 못, 지우개, 연필 중에서 자석을 가까이 대면 붙는 물체는 무엇일까요? 가위, 클립, 못이에요. 이 세 물체의 공통점은 모두 철로 만들어졌다는 거지요. **자석은 바로 철을 끌어당기는 돌**이랍니다. 이때 자석이 가진 힘을 '자기력'이라고 해요. 자기력이 가장 센 곳은 자석의 양쪽 끝에 있는 두 극이에요. 각각 N극, S극인데, 자석을 아무리 잘게 잘라도 언제나 N극, S극으로 나뉘지요.

＊친구들에겐 작은 냉장고에 붙이는 **자석**을 선물로 주었어요. – 『이모의 결혼식』

※ **지진** | 지구 내부의 힘에 의해 땅이 흔들리고 갈라지는 현상

지진이 일어나면 땅이 갈라지고 건물이 무너지고 길이 뒤틀려 거리가 엉망진창이 돼요. **지진은 지구 내부의 힘에 의해 땅이 흔들리고 갈라지는 현상**이에요. 지진을 일으킨 힘이 처음 나온 지점을 '진원'이라고 해요. 진원은 땅속 깊은 곳에 있지요. 그리고 이 진원 위의 땅을 '진앙'이라고 하는데, 지진의 흔들림이 처음 발생한 곳이에요.

＊갑자기 웬 **지진**이람? – 『재주 많은 다섯 친구』

※ **해초** | 바다에서 나는 종자식물로 새우말, 거머리말 등이 있음

바다에도 식물이 자라요. 그중 **꽃이 피거나 열매를 맺는 식물을 해초**라고 해요. 해초의 '해(海)'는 바다라는 뜻이고, '초(草)'는 풀이라는 뜻이랍니다. 뜻 그대로 하면 바다의 풀이지요. 대표적인 해초에는 새우와 비슷하게 생긴 새우말, 우리나라 바다에서 많이 보이는 거머리말 등이 있어요.

＊꽃발게가 **해초** 사이를 지나칠 때였어요. – 『갯벌이 좋아요』

* **화산** | 땅속에 있는 마그마가 가스와 함께 땅 밖으로 솟구치는 지점 또는 그 결과 만들어진 지형

제주도는 화산 활동으로 만들어진 섬이에요. **화산은 땅속에 있는 마그마가 가스와 함께 땅 밖으로 뿜어져 나와 만들어진 지형**이에요. 마그마가 땅 위로 흘러나온 게 용암이지요. 화산 활동이 아주 오래 계속되면 그곳이 높은 산이 된답니다. 한라산이 바로 화산이 분출한 지점이에요. 화산 활동이 끝난 뒤 용암이 나온 분화구가 굳어 물이 고인 곳이 백록담이지요.

***화산**이 터지는 소리에 티라노사우루스는 잠이 깼습니다. - 『고 녀석 맛있겠다』

초등 입학, 걱정 없다!
교과 공부를 위한 기초 학습 용어

초등학교 1학년 교과서를 훑어보면 생각보다 어려운 말이 별로 없습니다. 아이가 읽는 그림책에 나온 어휘보다 쉬워 보입니다. 그럼에도 교과 공부를 위한 기초 학습 용어를 이 장에 따로 실은 이유가 있습니다.

첫째, 그림책 어휘의 수준이 높음에도 학습과 직접적인 관련이 있는 어휘는 아무래도 부족하기 때문입니다. 예를 들어 낱말, 낱자, 짜임 같은 말들이지요.

둘째, 교과서 본문을 제대로 이해하려면 실마리가 되는 단어의 뜻을 그 교과에서 가르치고자 하는 목적에 맞게 이해해야 하기 때문입니다. 예를 들어 '인물의 모습과 행동을 상상하며'에서 '상상'이라는 말은 언뜻 보면 아이들이 다 아는 쉬운 말인 것 같습니다. 그런데 실제 아이들을 지도해 보면 대부분 이 말을 공상하다의 뜻으로 받아들입니다. 그도 그럴 것이 아이들이 엉뚱한 생각이나 특이한 생각을 말할 때면 어른들이 상상력이 좋다고 칭찬해 주었을 테니까요. 그럼 아이들은 상상이라는 말을 현실에는 없는 환상적이거나 공상적인 생각을 하는 것으로 이해하게 되지요. 그런데 이렇게 이해하면 교과 본문을 통해 가르치고자 하는 바를 제대로 파악할 수 없습니다. 위에서 상상은 '허황된 생각'이 아니라 '눈앞에 없는데 실제로 있는 것처럼 그 모습을 떠올리다'라는 뜻이니까요.

이처럼 교과 공부를 위한 기초 학습 용어를 지도할 때는 일상생활에서 자주 사용한다고 그냥 넘어가지 말고 학습적으로 사용된 의미를 가르쳐야 합니다. 안다고 생각했던 말들도 다시 한 번 제대로 익혀야 합니다. 그래서 학습의 실마리가 되는 용어가 나오면 색깔 펜으로 표시를 하여 주의를 기울이도록 하고, 구체적인 예를 들어 충분히 이해할 수 있도록 해야 합니다.

이 장에 실린 학습 어휘들은 초등학교 1학년 교과서에 나오는 용어들입니다. 입학 즈음하여, 또는 교과서로 첫 공부를 시작할 때 하나씩 익혀 나가면 아주 큰 도움이 될 것입니다. 그런데 아무래도 학습 어휘이다 보니 아무리 뜻을 쉽게 풀이해도 아이 혼자 이해하기는 조금 버거울 수 있습니다. 그러니 앞의 장들처럼 뜻풀이를 그대로 읽어 주되 상황에 따라 보충 설명을 해주는 게 좋습니다.

쏙쏙 지도포인트

- 기초 학습 용어가 나오면 색깔 펜으로 동그라미 표시를 하여 주의를 기울이도록 한다.
- 학습적으로 어떤 의미로 쓰였는지 뜻을 알아본다.
- 구체적으로 이해할 수 있도록 다양한 예를 들어 설명한다.

엄마의 어휘사전

* **감상** | 예술 작품이나 경치를 이해하며 즐기고 평가하는 것

"아는 만큼 보인다"는 말이 있어요. 어떤 문화재나 예술품의 가치를 느끼려면 그에 대해 어느 정도 알고 있어야 해요. 감각적인 느낌만으로는 제대로 감상할 수 없지요. 여기서 **감상이란 작품을 보고 그에 대해 느끼고 이해하며 즐기고 평가하는 것**을 말해요. 이해한다는 것은 그 주제나 의미를 아는 것이고, 평가한다는 것은 가치나 수준을 따진다는 거예요. 예를 들어 '친구들의 작품을 감상해 보라'는 질문이 나오면 무엇을 표현했는지, 왜 그렇게 표현했는지 알아보고, 다른 것들과 비교하여 독특한 점을 찾아봐야 해요.

＊친구들의 작품을 **감상**하여 보세요.

* **경험** | 실제로 보고 듣고 몸소 겪은 것

국어에서 말하기나 글쓰기를 공부할 때 경험이라는 말이 많이 나와요. **경험은 실제로 겪은 일**을 뜻해요. 보통 몸으로 직접 하거나 당한 일을 떠올리는데, 본 일과 들은 일도 모두 경험에 포함된답니다. 그래서 '비슷한 경험을 말해 보세요'와 같은 질문이 나오면 일단 직접 몸으로 행동한 일을 떠올려 보고, 그다음 본 일, 들은 일을 차례로 생각해 보세요. 만약 없다면 읽은 책 중에서 관련 내용을 찾아보거나 다른 사람에게 들은 경험을 말할 수도 있답니다.

＊그림의 내용과 비슷한 **경험**을 떠올려 보아요.

* **글자** | 뜻이나 소리를 나타내는 기호

사전에서 글자의 뜻을 찾아보면 '말을 일정한 체계로 적는 기호'라고 나와 있어요. 글자에는 한글, 영어, 한자 등 여러 가지가 있지요. 그런데 **교과 공부를 할 때 이 말은 '두 글자로 적어 보세요'와 같이 한 자 한 자를 뜻하는 말로 쓰**

인답니다. 예를 들어 '학교, 나라, 친구' 등은 두 글자로 이루어진 낱말이지요.

*두 **글자** 낱말을 떠올린다.

* **까닭** | 어떤 일이나 현상에 대해 그것이 일어나게 한 일이나 요소

생각을 발달시키는 한 방법은 어떤 일이나 현상의 원인을 여러 가지로 찾아보는 거예요. **원인이란 순우리말로 하면 '까닭'인데, 그 일이나 현상이 일어나게 한 앞선 일이나 요소**를 말하지요. 만약 '그 일의 까닭은 무엇일까요?'라는 질문이 나오면, 그 일보다 앞선 일들 중에서 그 일이 일어나게 한 요소를 찾아보면 돼요. 무엇 때문에 그런 행동을 하고, 그렇게 말하고, 그런 일이 벌어졌는지 관련된 일을 찾으면 돼요.

*악어라고 말한 **까닭**은 무엇일까요?

* **낱말** | 자립하여 쓸 수 있는 말

낱말은 자립하여 쓸 수 있는 말이에요. 단어라고도 하지요. 자립하여 쓸 수 있다는 건 홀로 쓸 수 있다는 뜻이에요. '하늘, 바람, 달리다, 높다, 빨리, 손수건, 풋사과' 등이 있어요. 여기서 '손수건'은 '손'과 '수건'으로 되어 있는데, 둘 다 홀로 쓸 수 있기 때문에 '손'과 '수건'도 각각 낱말이에요. 그런데 '풋사과'에서 '풋-'은 홀로 쓸 수 없고 다른 말에 붙어서만 쓰이므로 낱말이 아니랍니다. 반면 사과는 혼자서도 쓸 수 있기 때문에 낱말이지요.

***낱말**을 바르게 써봅시다.

* **낱자** | 자음과 모음을 같이 이르는 말

한글은 자음 14자와 모음 10자로 이루어져 있어요. 이 **자음과 모음을 함께 이르러 낱자, 또는 자모**라고 해요. 자음은 'ㄱ, ㄴ, ㄷ, ㄹ, ㅁ, ㅂ, ㅅ, ㅇ, ㅈ, ㅊ, ㅋ, ㅌ, ㅍ, ㅎ'이 있고, 모음은 'ㅏ, ㅑ, ㅓ, ㅕ, ㅗ, ㅛ, ㅜ, ㅠ, ㅡ, ㅣ'가 있어요. '나무'는 'ㄴ, ㅏ, ㅁ, ㅜ'로 총 4개의 낱자로 되어 있어요. '오리'는 3개의 낱자로 이루어져 있는데, 'ㅗ, ㄹ, ㅣ'예요. 여기서 'ㅇ'은 자음이 아니라 'ㅗ'라는 모음을 쓸 때 글자의 균형을 맞추기 위해 자음이 없다는 뜻으로 적은 것이랍니다. 그런데 '강'의 'ㅇ'은 낱자에 포함시켜요. 받침에 있는 'ㅇ'은 소리가 나거든요. 그래서 '강'은 낱자가 총 3개지요.

＊여러 가지 낱말에서 같은 **낱자**를 찾아보세요.

* **느낌** | 몸이나 마음에서 일어나는 기운 또는 감정

책을 읽거나 영화를 본 후 느낀 점이 무엇이냐고 물으면 언뜻 떠오르지 않아요. **느낌은 몸이나 마음에서 일어나는 기운 또는 감정**이기 때문에 언어로 표현하기 쉽지 않거든요. 그래서 느낀 점을 표현하려면 그와 관련된 말을 배워야 한답니다. '기쁘다, 다정하다, 뿌듯하다, 포근하다, 상쾌하다, 설레다, 괴롭다, 쓸쓸맞다, 분하다, 부끄럽다, 서럽다, 지겹다' 등이 있지요. 한편 다른 사물에 빗대어 느낌을 표현할 수도 있어요. '구름 위를 나는 것 같다', '마음속 꽃이 활짝 웃었다', '엄마 품처럼 따뜻하다'처럼 말이에요.

＊시나 이야기를 읽고 자기의 생각이나 **느낌**을 다른 사람과 이야기하여 봅시다.

* **단원** | 한 주제나 내용을 중심으로 묶은 학습 단위

교과서를 펼쳐 보면, 공부할 내용이 주제별, 내용별로 묶여 있어요. 이를 단원

이라고 하지요. **한 주제나 내용을 중심으로 묶은 학습 단위**예요. 그래서 공부를 할 때는 가장 먼저 단원명과 단원의 학습 목표를 확인해야 해요. 그래야 꼭 알아야 하는 내용을 공부할 수 있어요. 공부를 마친 뒤에는 단원의 마무리를 보면서 공부한 내용을 정리하고 되돌아보아야 해요.

*공부할 내용을 떠올리며 **단원**의 학습 목표를 살펴봅니다.

* **따옴표** | 대화나 말을 인용할 때 쓰는 문장 부호

글을 쓸 때, 대화나 말을 섞어 쓰면 그 말을 인용했음을 나타내기 위해 따옴표를 사용해야 해요. 여기에는 크게 큰따옴표(" ")와 작은따옴표(' ')가 있어요. **큰따옴표는 직접 대화를 표시할 때 사용하고, 작은따옴표는 마음속에서 한 말을 적을 때나 중요한 부분을 두드러지게 표시할 때 사용**해요. "밥 먹었니?"는 직접 대화이고, '아무래도 안 되겠어'는 마음속 말이지요.

***따옴표**의 종류와 쓰임을 알아봅시다.

* **때** | 어떤 시간이나 시기

언제 일어난 사건인지 확인하며 이야기를 읽으면 더 잘 이해할 수 있어요. 아침인지 저녁인지, 과거인지 미래인지, 또 어떤 일이 일어나 있는 경우인지 두루 살펴보는 거지요. 이렇게 **어떤 시간이나 시기, 계절, 어떤 경우 등을 때라고 해요.**

*글을 읽고 **때**와 장소에 알맞은 인사말을 알아봅시다.

* **모음자** | 모음을 나타내는 낱자나 글자. 홀소리

우리 한글은 자음과 모음으로 이루어져 있는데, 자음은 홀로 소리를 낼 수 없지만, **모음은 홀로 소리를 낼 수 있어요.** 그래서 '홀소리'라고도 해요. 예를 들어 자음 'ㄱ'은 모음 'ㅏ'와 만나야 '가'라는 소리가 되지만, 모음은 'ㅏ'만 있어도 '아'라는 소리가 나요. 이때 쓰인 'ㅇ'은 소리가 없어요. 모음자로 시작하는 말에는 '어머니, 오디오, 아버지, 우리, 여우' 등이 있답니다.

***모음자**를 찾아 색칠하여 봅시다.

* **문장** | 생각이나 감정을 언어를 사용해 완결된 내용으로 표현한 최소 단위

생각이나 감정을 표현하는 방법은 여러 가지가 있어요. 그림을 그리거나 음악을 연주하거나 춤을 추는 방법 등이지요. 그리고 말과 글을 사용하여 표현하기도 해요. 이때 최소 단위가 문장이랍니다. **문장은 우리의 생각과 감정을 완결된 내용으로 표현**한 거예요. '바람이 분다', '철수가 밥을 먹었다' 등이 바로 문장이에요. 문장을 다 쓰면 마지막에 마침표(.), 느낌표(!), 물음표(?)를 찍어 문장이 끝났음을 알려 주어야 해요.

*뜻을 잘 나타내려면 **문장**을 바르게 써야 합니다.

* **문장 부호** | 문장의 뜻을 이해하거나 읽기 쉽도록 하기 위해 쓰는 여러 가지 부호

다음 세 가지 문장을 비교해 보세요. '① 집에 가. ② 집에 가? ③ 집에 가!' 쓰인 글자는 모두 같은데 뜻이나 느낌은 달라요. 그 이유는 바로 마침표(.), 물음표(?), 느낌표(!) 때문이랍니다. 이들을 문장 부호라고 하는데 **문장의 뜻을 이해하거나 읽기 쉽도록 하기 위해 쓰는 부호**예요. 여기서 마침표는 서술이나 명령, 부탁을 나타낼 때, 물음표는 의문을 나타낼 때, 느낌표는 감탄이나 놀람,

강한 느낌을 나타낼 때 쓰이지요. 이 외에도 낱말이나 구, 문장을 열거할 때 사용하는 쉼표(,), 인용할 때는 쓰는 큰따옴표와 작은따옴표, 할 말을 줄이거나 말이 없음을 나타내는 말줄임표(…), 짝을 이루는 말 사이에 쓰는 가운뎃점(·) 등이 있어요.

***문장 부호**의 쓰임에 맞게 다음 문장을 읽어 봅시다.

* **반복** | 같은 일이나 말 등을 되풀이함

공부를 할 때 여러 번 반복해서 보라고 해요. **반복은 같은 일이나 말을 되풀이하다**는 뜻이에요. 국어 교과에서 시를 배울 때도 이 말이 나온답니다. 시는 노래처럼 리듬감이 느껴지는 언어로 쓰인 짧은 글이에요. 이 리듬감을 느끼게 하는 방법은 같은 말 혹은 글자 수를 일정하게 반복하는 거예요. 예를 들어 '비눗방울 날아라 / 바람 타고 동동동 / 구름까지 올라라 / 둥실둥실 두둥실'에서 '-아라'라는 말이 반복되고 있지요. 그리고 각 행의 글자 수가 전부 네 글자와 세 글자로 일정해요. 이 두 가지 방식 덕분에 마치 노래처럼 리듬감이 느껴져요.

***반복**되는 말의 느낌을 살려 시를 읽어 봅시다.

* **받침** | 글자에서 모음 아래에 받쳐 적은 자음자

'가, 강, 값' 세 글자를 비교해 보세요. 두 낱자 'ㄱ'과 'ㅏ'는 같은데, 받침이 달라요. '가'는 받침이 없고, '강'은 'ㅇ', '값'은 'ㅄ' 받침이지요. 이처럼 **받침이란 글자의 모음 아래에 받쳐 적은 자음자**를 말해요. 받침이 들어간 말을 읽을 땐 주의해야 한답니다. '강'은 그냥 '강'이라고 읽으면 되지만 '값'은 '갑'이라고 읽어야 해요. 'ㅄ'처럼 서로 다른 두 개의 자음으로 이루어진 받침을 겹받침이

라고 하는데, 앞에 자음으로 발음되는 경우도 있고, 뒤에 자음으로 발음되는 경우도 있어요. '몫'은 '목'이라고 발음하고, '삶'은 '삼'이라고 발음하지요.

***받침**이 있는 글자를 소리 내어 읽어 봅시다.

* **발음** | 목소리나 말소리를 내는 것

말을 한다는 것은, **목에서 소리를 내는 거**예요. 이를 발음이라고 하지요. 이때 사용되는 기관으로는 폐, 성대(목청), 코, 입천장, 혀, 입술 등이에요. 발음을 잘 하려면 자음과 모음이 발음 기관의 어느 위치에서 소리 나는지 알아야 해요. 예를 들어 'ㅂ'은 두 입술 사이에서 나고, 'ㄷ'은 혀끝이 윗잇몸에 닿으며 소리 나지요. 또 'ㅈ'은 혓바닥과 센입천장 사이에서 소리가 난답니다. 그리고 'ㄱ'은 혀의 뒷부분과 여린입천장 사이에서 소리 나고, 'ㅎ'은 목청에서 소리가 나지요. 그리고 모음 같은 경우는 혀의 높이나 입술의 모양 등에 따라 달라져요. 'ㅏ'는 혀의 높이가 낮고 'ㅣ'는 혀의 높이가 높아요. 그래서 'ㅏ'를 발음할 때 입이 더 크게 벌어지지요. 그리고 'ㅗ'와 'ㅜ'를 발음할 때는 입술 모양이 둥글게 오므려지고, 'ㅣ'나 'ㅡ'를 발음할 땐 입술이 자연스럽게 펴져요.

*입 모양을 생각하며 'ㅏ'와 'ㅣ'를 **발음**하여 봅시다.

* **발표** | 어떤 사실이나 한 일, 작품 등을 널리 드러내어 알리는 것

발표를 해본 적 있나요? **발표는 질문에 대한 답이나 생각뿐만 아니라, 알리고 싶은 일, 작품 등을 여러 사람 앞에서 말하거나 보이는 거**예요. 친구들 앞에서 생각이나 글, 그림 등을 발표할 때는 자신감을 갖고 큰 소리로 말해야 하지요. 만약 떨린다면 "사람들 앞에서 말하는 건 정말 떨리는 일이야. 하지만 난 떨려도 잘할 수 있어" 하고 되뇌어 보세요. 처음에는 서툴더라도 연습을 거듭하다

보면 점점 발표가 능숙해져요.

*친구들 앞에서 **발표**하여 봅시다.

* **상상** | 눈앞에 없는데 지금 보는 것처럼 모습, 냄새, 촉감, 맛 등을 떠올리는 것

요즘에는 단순히 공부만 잘하는 게 아니라 상상력이 풍부해야 한대요. 상상력은 상상할 수 있는 능력이에요. 여기서 **상상이란 첫째, 실제로 경험하지 않은 일을 마음속으로 그려 보는 것, 둘째, 눈앞에 없는데 실제로 있는 것처럼 느껴 그 모습과 냄새와 촉감과 맛 등을 떠올리는 거**예요. 예를 들어 '뒷이야기를 상상해서 써보세요.'에 나온 상상은 첫 번째 뜻의 상상이에요. 그래서 이런 질문엔 실제 있었던 일이 아니라 있음직한 이야기를 지으면 돼요. 한편 '등장인물의 모습을 상상해 보세요.'에 나온 '상상'은 두 번째 뜻의 상상이지요. 이 경우엔 그 인물이 실제 눈앞에 있는 것처럼 생김새뿐 아니라 목소리, 행동까지 구체적으로 떠올려 보는 거지요.

*재주꾼 오 형제에게 어떤 일이 일어날지 **상상**하여 말해 봅시다.

* **생각** | 머릿속으로 무언가를 헤아리고 판단하고 바라고 느끼는 것

교과서에는 '생각해 보라'는 말이 정말 많이 나와요. **생각은 머릿속에 떠오르는 모든 판단, 기억, 의견, 관심, 기대, 바람, 느낌** 등을 말한답니다. 생각을 잘하려면 그와 관련한 지식이 있어야 하고 생각을 떠올리는 법을 알아야 해요. 생각을 떠올리는 대표적인 방법은 질문을 해보는 거예요. '이유가 뭐지? 결과가 뭐지? 구체적인 예는 뭐가 있을까? 방법은 어떻게 되지?'와 같은 질문들을 할 수 있어요.

*무엇을 알리는 안내장인지 **생각**하며 다음 글을 읽어 봅시다.

* **설명** | 어떤 일이나 사실을 상대방이 알기 쉽게 풀어서 말하는 것

게임을 하고 있는데 친구가 무슨 게임인지 궁금해해요. 그럼 친구에게 하고 있는 게임에 대해 설명을 해주어야 해요. **설명이란 어떤 일이나 사실을 상대방이 알기 쉽게 풀어서 말하는 거**예요. 상대방이 잘 이해할 수 있도록 구체적인 예를 들거나 비교를 하거나 뜻을 말해 주거나 구성 요소를 하나씩 분석하여 말해 주면 좋아요. 국어 공부를 할 때 설명하는 글이 나오면 설명 대상이 무엇이고, 어떤 설명 방법을 사용하고 있는지 찾아보면 된답니다.

＊글을 읽고 무엇을 **설명**하는지 알아봅시다.

* **소개** | 어떤 사람이나 사물을 잘 모르는 사람들에게 알려 주는 것

새 학년이 되면 친구들끼리 돌아가며 자기소개를 해요. 자기 이름과 가족, 좋아하는 것, 성격, 장래 희망 등을 말하는 거지요. 이렇게 서로 소개를 하면 조금 친해진 느낌이 들어요. **소개는 어떤 사람이나 사물을 잘 모르는 사람들에게 알려 주는 거**예요. 나에 대해 잘 모르는 새 친구들에게 나에 대해 알려 주면 나한테 관심이 생길 수 있어요. 새로운 상품, 영화, 책, 가족 등 많은 걸 소개할 수 있어요.

＊친구들 앞에서 자기를 **소개**할 내용을 정하여 봅시다.

* **시** | 운율이 느껴지는 언어로 자신의 감정이나 생각을 짧게 함축하여 쓴 글

시를 소리 내어 읽으면 꼭 노래하는 느낌이 나요. **시는 운율이 느껴지는 언어로 자신의 감정이나 생각을 짧게 줄여 쓴 글**이에요. 여기서 운율이란 노래와 같은 리듬을 말해요. 예를 들어 '밥을 꼭꼭 씹어 먹었습니다'라고 하지 않고 '밥을 먹었네. 꼭꼭 씹었네'라고 쓰는 거예요. 뒤의 문장이 훨씬 리듬감이 느껴지지요. '먹었네'와 '씹었네'에서 '-었네'가 반복되고 앞 문장과 뒷 문장의 글

자 수가 같아서 꼭 노래 같아요. 그리고 시는 감정이나 생각을 짧게 표현하되 생생한 느낌을 담아요. 예를 들어 아기의 귀여운 모습을 표현할 때 막연히 귀엽다고 하지 않고 '신규야 부르면 코부터 발름발름 대답하지요'라는 식으로 생생하게 표현해요. '발름발름'이라는 표현이 그런 느낌을 주지요. 이러한 시의 특징을 알면 시를 더 잘 이해할 수 있답니다.

***시**를 읽고 생각이나 느낌을 말하는 방법을 알아봅시다.

* **실감** | 실제로 체험한 듯한 느낌이 드는 것

요즘에 나오는 3D나 4D 영화는 실제 눈앞에서 일이 벌어지는 것처럼 생생해요. 아주 실감 나지요. **실감이란 실제로 체험하는 듯한 느낌이 드는 걸** 말해요. 글로 표현된 이야기나 시를 읽을 때도 이런 느낌을 받을 때가 있답니다. 이야기의 한 장면이 사실적으로 묘사되거나 인물들이 나누는 대화가 평소 우리가 나누는 말처럼 일상적일 때 아주 실감 나게 느껴져요.

*인물의 행동과 모습을 상상하면 더 **실감** 나게 이야기를 감상할 수 있습니다.

* **옛이야기** | 옛날부터 입에서 입으로 전해 내려오는 이야기

'옛날 옛적에~'로 시작되는 이야기가 있어요. 우리가 **전래동화라고도 부르는 옛이야기**랍니다. 입에서 입으로 전해 내려오다가 나중에야 글자로 기록되었기 때문에 누가 지었고, 언제부터 있었던 이야기인지 잘 몰라요. 하지만 아주 오랫동안 사랑받아온 만큼 재미있고 신기한 이야기가 많아요. 나아가 우리에게 삶의 지혜와 교훈도 전해 주지요. 〈반쪽이〉, 〈팥죽 할머니와 호랑이〉, 〈해와 달이 된 오누이〉 등이 있어요.

*자기가 알고 있는 재미있는 **옛이야기**의 제목을 써봅시다.

* **이야기** | 어떤 사건이나 현상에 대해 일정한 내용을 가지고 하는 말이나 글

사람 사이에 주고받는 말을 보통 이야기라고 해요. 그런데 국어 교과에서는 조금 다른 뜻으로도 쓰여요. 아무 말이나 다 이야기가 아니라, **구체적인 때와 장소 안에서 누군가가 겪은 일을 흥미롭게 꾸며 쓴 것을 이야기**라고 하지요. 이야기는 보통 일어난 일이 시간 순서대로 나와 있고, 인물들 간의 갈등과 해결이 주된 내용이에요. 예를 들어 〈재주꾼 오 형제〉 이야기는 자식이 없던 노부부에게 태어난 단지손이가 세상 구경을 떠나 친구들을 만나 호랑이와 대결하는 내용이 순서대로 나와요. 이야기를 읽거나 들을 때는 누가 언제 무엇을 어떻게 했는지, 갈등과 어려움은 무엇이고 어떻게 해결했는지를 잘 헤아려야 해요. 다 읽고 나서는 이를 중심으로 줄거리를 요약할 수 있어야 해요.

* 누가 무엇을 하였는지 생각하며 **이야기**를 들어 봅시다.

* **인물** | 문학 작품이나 이야기 속에 등장하는, 사람뿐만 아니라 성격을 지닌 모든 것

책에는 동물이 나오는 이야기도 있고, 사람이 나오는 이야기도 있어요. 어떤 이야기든지 간에 그 안에서 **성격을 지니고 말과 행동을 하며 사건을 만들어 가는 이를 인물**이라고 해요. 〈흥부전〉에 나오는 인물은 흥부, 놀부, 도깨비 등이고, 〈토끼전〉에 나오는 인물은 토끼, 자라, 용왕 등이지요. 이야기 속에서 인물의 성격은 변하기도 하고 변하지 않기도 해요. 예를 들어 흥부는 처음부터 끝까지 성격이 착한데 반해, 놀부는 처음에는 아주 나빴다가 나중에 반성하여 착해지지요.

* 기억에 남는 **인물**의 말과 행동을 떠올려 보세요.

* **인사말** | 사람 사이에 지켜야 할 기본 예의로 하는 말

누군가와 대화를 나누거나 여러 사람 앞에서 발표를 할 때, 처음하는 말이 있어요. "안녕하세요?" "오늘 기분은 어떤가요?"와 같이 꼭 필요한 말은 아니지만 분위기를 부드럽게 하고 따뜻한 마음을 전하기 위해 하는 말들이지요. 이런 말을 **인사말이라고 하는데, 사람 사이에 지켜야 할 기본 예의로 하는 말**이에요. 인사말을 적절하게 쓰면 상대방에게 관심과 친근감을 표현할 수 있어요. 또 예의바른 사람이라는 인상을 심어 줄 수도 있답니다.

*바른 자세와 마음가짐으로 **인사말**을 해봅시다.

* **인상** | 어떤 대상을 보거나 들었을 때 마음에 전해지는 느낌

독후감을 쓰는 방법 중의 하나로 '인상적인 부분과 감상 쓰기'가 있어요. 이걸 잘 쓰려면 인상이 무엇인지 알아야 해요. **인상이란 어떤 대상을 보거나 들었을 때 마음에 전해지는 느낌**을 말해요. 좀 더 쉽게 말하면 마음이 '쿵!' 하는 느낌이에요. 책을 읽다가 이런 느낌이 오면 그 부분에 표시를 해둬요. 그리고 책을 다 읽은 후 다시 그 부분을 읽으면서 어떤 점이 '쿵' 했는지, 왜 '쿵' 했는지, 어떤 상상을 했는지 등을 천천히 정리해 보세요. 여기서 정리한 내용이 바로 감상이 된답니다. 일기를 쓸 때도 하루 일들 중에서 마음에 남는 일을 쓰면 돼요.

*그날 있었던 일 중에서 **인상** 깊었던 일을 글로 써봅니다.

* **자음자** | 자음을 나타내는 낱자나 글자

자음은 발음을 할 때 날숨이 발음 기관의 방해를 받으며 나오는 소리예요. 글자를 만들 때는 홀로 쓰일 수 없고 꼭 모음이 필요해요. 자음을 읽는 방법을

순서대로 하면 다음과 같아요. 기역(ㄱ), 니은(ㄴ), 디귿(ㄷ), 리을(ㄹ), 미음(ㅁ), 비읍(ㅂ), 시옷(ㅅ), 이응(ㅇ), 지읒(ㅈ), 치읓(ㅊ), 키읔(ㅋ), 티읕(ㅌ), 피읖(ㅍ), 히읗(ㅎ)이에요. 기역, 디귿, 시옷만 읽는 방법이 조금 다르지요. 한편 'ㄸ, ㅃ, ㅆ, ㅉ'은 각각 '쌍디귿, 쌍비읍, 쌍시옷, 쌍지읒'이라고 읽는답니다.

＊한글의 **자음자**를 알고 순서에 맞게 써봅시다.

＊ **제시하다** | 글이나 말로 생각을 드러내거나 물건 같은 것을 내어 보이다

'물건을 제시하라'는 말은 이해하기 어렵지 않아요. 말 그대로 물건을 직접 꺼내 보이라는 뜻이지요. 그럼 '생각을 제시하라'는 말은요? 생각을 어떻게 하라는 뜻일까요? 이건 말이나 글로 생각을 표현하라는 뜻이에요. 이렇게 **제시하다에는 글이나 말로 생각을 드러내거나 물건 같은 것을 내어 보인다**는 뜻이 있어요.

＊표정에 알맞은 낱말 카드를 **제시한다**.

＊ **조사하다** | 어떤 일이나 사물의 내용을 분명하게 알기 위해 자세히 살피거나 밝히다

학교 과제 중에 무언가를 조사해 오라는 숙제가 있어요. **조사는 어떤 일이나 주제에 대해 관련 내용을 다양하고 정확하게 알아보는 거**예요. 그래서 만약 공룡에 대해 조사해 오라고 하면, 공룡의 생김새와 종류, 먹이, 서식지, 멸종 이유 등을 찾아 정리하면 돼요. 조사하는 방법에는 책이나 인터넷을 찾아보거나 신문을 스크랩하거나 주변 사람에게 물어보거나 직접 사진을 찍어 조사하는 방법 등이 있어요.

＊가을에 사람들이 생활하는 모습을 **조사해** 발표하여 보세요.

* **짐작하다** | 무언가를 대강 헤아려 보다

다른 사람의 생각이나 느낌을 말로 분명하게 표현하지 않으면 잘 몰라요. 하지만 그 사람의 행동이나 표정, 상황 등을 보고 대강 헤아려 볼 수는 있어요. 예를 들어 활짝 웃으면 기분이 좋다는 뜻으로 볼 수 있지요. 이렇게 **무언가를 대강 어림쳐 헤아려 볼 때, 짐작하다**라고 해요. 이야기를 읽고 등장인물의 말과 행동을 통해 그 속마음을 짐작해 볼 수 있답니다.

＊인물의 마음을 **짐작하여** 읽어 봅시다.

* **짜임** | 어떤 물건이나 글이 어떻게 이루어졌는지 그 조직 방식이나 구성

국어를 잘하려면 글의 짜임과 글자의 짜임을 잘 알아야 해요. **짜임이란 글이나 글자가 이루어진 방식**을 말해요. 이 짜임을 아는 방법은 전체를 이루는 부분들의 관계를 살펴보는 거예요. 예를 들어 'ㅐ'의 짜임은 'ㅑ+ㅣ'이고, '가'의 짜임은 'ㄱ+ㅏ'예요. 학년이 올라가면 문장의 짜임과 글의 짜임도 배운답니다. 좀 어렵지만 예를 들어 볼게요. '하늘이 파랗다'라는 문장은 '하늘이'와 '파랗다'로 되어 있고, '우리는 밥을 먹는다'라는 문장은 '우리는', '밥을', '먹는다'로 짜여 있어요. 한편 글의 짜임은 종류에 따라 조금씩 다른데, 설명문은 '처음-중간-끝'으로 이루어져 있고, 논설문은 '서론-본론-결론'으로 되어 있으며, 소설은 '발단-전개-위기-절정-결말'로 구성되어 있답니다.

＊글자의 **짜임**을 알아봅시다.

* **토박이말** | 우리 조상 대대로 쓰던 고유의 말

우리말 속에는 크게 세 가지 말이 섞여 있어요. 토박이말, 한자어, 외래어예요. **토박이말은 순우리말이라고도 하는데, 조상 대대로 쓰던 고유의 말**이에요.

어버이, 하늘, 아름답다, 가다, 매우 등이 있지요. 그리고 한자어는 한자로 된 말이에요. 부모(父母), 학교(學校), 책(冊) 등 아주 많아요. 마지막으로 외래어는 외국에서 들어온 말이에요. 바꾸어 쓸 우리말이 없다 보니 어느새 우리말이 되어 버렸지요. 빵, 담배, 냄비, 텔레비전, 인터넷 등이 있답니다.

＊우리말에 처음부터 있던 말을 **토박이말**이라고 해요.

＊ **표현** | 생각이나 느낌을 글이나 음악, 그림 등으로 드러내어 나타내는 것

하고 싶은 말이나 드러내고 싶은 감정이 있으면 어떻게 할까요? 직접 말하거나 글로 쓰면 돼요. 아니면 노래를 만들거나 그림을 그리는 방법도 있지요. 이렇게 **생각이나 느낌을 글, 음악, 그림으로 드러내어 나타내는 것을 표현**이라고 해요. 그래서 글을 읽거나 음악을 듣거나 그림을 볼 때는 그것을 창작한 사람이 무엇을 어떻게 표현하고자 했는지 생각해 보아야 한답니다.

＊알리려고 하는 내용이 쉽게 **표현**되어 있어요.

이 책에 실린 어휘들이 나온 50권의 그림책 목록

1	『장갑』	에우게니 M. 라쵸프	한림출판사
2	『구름빵』	백희나	한솔수북
3	『난 토마토 절대 안 먹어』	로렌 차일드	국민서관
4	『무지개 물고기』	마르쿠스 피스터	시공주니어
5	『재주 많은 다섯 친구』	양재홍	보림
6	『팥죽 할머니와 호랑이』	조대인	보림
7	『백만 마리 고양이』	완다 가그	시공주니어
8	『순이와 어린 동생』	쓰쓰이 요리코	한림출판사
9	『우리 순이 어디 가니』	윤구병	보리
10	『심심해서 그랬어』	윤구병	보리
11	『동강의 아이들』	김재홍	길벗어린이
12	『고양이』	현덕	길벗어린이
13	『코끼리랑 집을 바꿨어요』	이솔	책속물고기
14	『코끼리와 버릇없는 아기』	엘프리다 비퐁	보림
15	『고 녀석 맛있겠다』	미야니시 타츠야	달리
16	『괴물들이 사는 나라』	모리스 샌닥	시공주니어
17	『도깨비를 빨아 버린 우리 엄마』	사토 와키코	한림출판사
18	『돼지책』	앤서니 브라운	웅진주니어
19	『고릴라』	앤서니 브라운	비룡소
20	『치과 의사 드소토 선생님』	윌리엄 스타이그	비룡소
21	『줄무늬가 생겼어요』	데이빗 섀논	비룡소
22	『민들레 사자 댄디라이언』	리지 핀레이	책속물고기
23	『집 안 치우기』	고대영	길벗어린이
24	『빈 화분』	데미	사계절
25	『엄마의 의자』	베라 B. 윌리엄스	시공주니어
26	『마녀 위니』	밸러리 토머스	비룡소
27	『아름다운 책』	클로드 부종	비룡소
28	『손 큰 할머니의 만두 만들기』	채인선	재미마주
29	『만희네 집』	권윤덕	길벗어린이

30	『세상에서 제일 힘센 수탉』	이호백	재미마주
31	『지각대장 존』	존 버닝햄	비룡소
32	『깃털 없는 기러기 보르카』	존 버닝햄	비룡소
33	『강아지 똥』	권정생	길벗어린이
34	『책 먹는 여우』	프란치스카 비어만	주니어김영사
35	『까마귀의 소원』	하이디 홀더	마루벌
36	『이모의 결혼식』	선현경	비룡소
37	『쿠키, 한 입의 인생 수업』	에이미 크루즈 로젠탈	책읽는곰
38	『틀려도 괜찮아』	마키타 신지	토토북
39	『세상에서 가장 맛있는 무화과』	크리스 반 알스버그	미래아이(미래M&B)
40	『양초 귀신』	강우현	다림
41	『해치와 괴물 사형제』	정하섭	길벗어린이
42	『까막나라에서 온 삽사리』	정승각	초방책방
43	『설문대할망』	송재찬	봄봄
44	『고구려 나들이』	전호태	보림
45	『아씨방 일곱 동무』	이영경	비룡소
46	『내가 처음 만난 예술가 7: 이중섭』	최석태	길벗어린이
47	『갯벌이 좋아요』	유애로	보림
48	『뒤죽박죽 잔치』	장 피에르 기예	다섯수레
49	『신기한 스쿨버스 키즈 6: 유령 박물관에서 열린 음악회』	조애너 콜	비룡소
50	『선인장 호텔』	브렌다 기버슨	마루벌

＊난이도순 정렬입니다.

우리아이 첫 공부
어휘사전

초판 1쇄 인쇄 2016년 11월 10일　**초판 2쇄 발행** 2017년 4월 25일

지은이 강승임　**펴낸이** 김종길　**펴낸곳** 글담출판사
책임편집 이경숙　**편집** 박성연 · 이은지 · 이경숙 · 김진희 · 김보라 · 안아람
마케팅 박용철 · 임우열　**디자인** 정현주 · 박경은 · 이고은　**홍보** 윤수연　**관리** 김유리

출판등록 1998년 12월 30일 제2013-000314호
주소 (121-840) 서울시 마포구 양화로 12길 8-6(서교동) 대륭빌딩 4층
전화 (02)998-7030　**팩스** (02)998-7924
이메일 geuldam4u@naver.com　**페이스북** www.facebook.com/geuldam4u
블로그 http://blog.naver.com/geuldam4u　**인스타그램** geuldam

ISBN 979-11-86650-25-7　13590
책값은 뒤표지에 있습니다.　잘못된 책은 바꾸어 드립니다.

이 도서의 국립중앙도서관 출판시도서목록(CIP)은 e-CIP홈페이지(http://www.nl.go.kr/ecip)와 국가자료공동목록시스템(http://www.nl.go.kr/kolisnet)에서 이용하실 수 있습니다. (CIP 제어번호 : CIP2016026527)

이 책은 저작권자와의 계약에 따라 발행한 것이므로
이 책 내용을 사용하려면 반드시 글담출판사의 동의를 받아야 합니다.

글담출판에서는 참신한 발상, 따뜻한 시선을 가진 원고를 기다리고 있습니다. 원고는 글담출판 블로그와 이메일을 이용해 보내주세요. 여러분의 소중한 경험과 지식을 나누세요.
블로그 http://blog.naver.com/geuldam4u　**이메일** geuldam4u@naver.com